古代歷史文化研究輯刊

十四編

王明蓀 主編

第13冊

隋唐政治與文化研究論文集(下)

李文才 著

國家圖書館出版品預行編目資料

隋唐政治與文化研究論文集（下）／李文才 著 — 初版 — 新
北市：花木蘭文化出版社，2015〔民 104〕
目 6+214 面；19×26 公分
（古代歷史文化研究輯刊 十四編：第 13 冊）
ISBN 978-986-404-321-7（精裝）
1. 政治文化　2. 隋唐
618　　　　　　　　　　　　　　　　　　104014376

ISBN-978-986-404-321-7

9 789864 043217

古代歷史文化研究輯刊
十四編　第十三冊　　　　　ISBN：978-986-404-321-7

隋唐政治與文化研究論文集（下）

作　　者　李文才
主　　編　王明蓀
總 編 輯　杜潔祥
副總編輯　楊嘉樂
編　　輯　許郁翎
出　　版　花木蘭文化出版社
社　　長　高小娟
聯絡地址　235 新北市中和區中安街七二號十三樓
　　　　　電話：02-2923-1455／傳眞：02-2923-1452
網　　址　http://www.huamulan.tw 信箱 hml 810518@gmail.com
印　　刷　普羅文化出版廣告事業
初　　版　2015 年 9 月
全書字數　504881 字
定　　價　十四編 28 冊（精裝）台幣 52,000 元

隋唐政治與文化研究論文集(下)

李文才　著

目

次

晚唐五代沙州淨土寺的收入與支出研究
——基於對 P.2049 號背籍帳文書的考察

　　學界對於晚唐五代時期敦煌寺院經濟的研究，已取得豐碩成果，諸如敦煌地區的佛教經濟狀況、寺戶的身份與地位、常住百姓、敦煌寺院與借貸、歸義軍與敦煌佛寺的關係等問題，均有高水平的研究著作面世，在所有這些著作中，實際都圍繞一個核心問題展開，這個核心問題就是——敦煌地區的寺戶制度。〔註1〕學界關於敦煌寺戶制度的研究成果，既可以爲我

〔註1〕 有關敦煌寺戶制度研究的主要代表性論著有：【日】那波利貞：《梁户考》，《支那佛教史學》第二卷第一、二、四號，1938 年；【日】藤枝晃：《沙州歸義軍節度使始末》，《東方學報》第 12 冊第 3、4 分冊，第 13 冊第 1、2 分冊，京都，1942～1943 年；【法】謝和耐：《五至十世紀中國社會佛教經濟概況》，西貢（法國遠東學院出版），1956 年；【日】仁井田陞：《唐末五代敦煌寺戶佃戶有關文書——關於人身不自由的規定》，《中國法制史研究》第三部，東京：東京大學東洋文化研究所，1962 年；【日】竺沙雅章：《論敦煌的寺戶》，《史林》第 44 卷第 5 期，1961 年；【日】池田温：《中國古代籍帳研究》，東京：1977 年，2007 年中華書局出版龔澤銑的譯本。其他一些日本學者如：堀敏一、土肥義和、北原薰、冢本隆善、山崎宏、道端良秀等人相關論著，也或多或少地涉及敦煌寺戶制度領域的問題。代表敦煌寺戶制度研究領域最高水平的學術著作，當屬姜伯勤氏所著《唐五代敦煌寺戶制度》一書，該書於 1987 年由中華書局出版，2011 年中國人民大學出版社又出版了增訂本。姜氏大著不僅詳縷中外學界對敦煌寺戶問題的研究成果（本注釋所列之學術史追溯，即本之於姜氏這部大作），而且在借鑒這些研究成果的基礎上，將研究推上了一個新臺階，從而成爲研究該課題的里程碑式的學術著作。姜氏通過對敦煌寺院地產結構、寺戶編制形式、地租形態等生產關係和依佛教內律所規定的寺戶地位的法律關係的考察，就敦煌寺戶制度問題得出了重要結論：敦煌寺戶是從印度傳來的內律中的「淨人」制度與晉唐間田客蔭戶部曲制相結合的產物，換言之，敦煌寺戶是中國化了的採取內地田客蔭户部曲制度內容的中國式「淨人」，是生長在中國土地上的農奴式人口。

們進一步探討和研究敦煌地區佛教與社會諸問題提供重要參考，也可以爲我們剖析眾多敦煌吐魯番經濟文書提供理論指導。本文擬在參考前人研究的基礎上，對 P.2049 號背《後唐同光三年正月沙州淨土寺直歲保護手下諸色入破歷算會牒》進行釋讀，在此基礎上對淨土寺當年的收入與支出等相關問題展開分析。

P.2049 號背《後唐同光三年正月沙州淨土寺直歲保護手下諸色入破歷算會牒》的時間爲後唐同光三年（925），共餘 474 行，係 925 年正月直歲保護所做的淨土寺收支決算報告文書。〔註2〕據籍帳開始：「右保護，從甲申年正月壹日已後，至乙酉年正月壹日已前，眾僧就北院算會，保護手下承前帳迴殘，及自年田收、園稅、梁課、利潤、散施、佛食所得麥粟油蘇米麵黃麻麩查（渣）豆布氎紙等。總壹阡三伯捌拾捌碩三斗三勝半抄……」可知，這是直歲僧人保護，於正月初一在淨土寺北院，當著全體僧眾的面，彙報上一年寺院各項收入和支出的帳目情況。〔註3〕

本籍帳爲典型的四柱式諸色入破歷算會牒，由六個部分組成，除起首、結尾兩部分外，核心內容可解剖爲四個部分，即：第一柱前帳舊、第二柱新附入、第三柱破除用、第四柱應在及見在。第四柱應在及見在，若轉入下一會計年度，就成爲新一年的前帳舊。其形式則爲，四柱均頂格記帳，直至行

〔註2〕按，池田溫《中國古代籍帳研究》第 617～630 頁、那波利貞《支那佛教史學（二）》第 124～129 頁，對本件文書均有著錄。

〔註3〕按，就筆者所見敦煌寺院籍帳文書顯示，敦煌寺院彙報收支帳目的時間，多在新年正月初一進行，其所彙報帳目乃是上一年度收支的情況。有跡象顯示，内地寺院的帳目彙報時間與敦煌地區可能略有不同。日僧圓仁曾於唐文宗、武宗之際到唐朝巡禮求法，開成三年至四年（838～839）之際，圓仁住在揚州開元寺，他親眼目睹了開元寺彙報帳目的情形，據他記述，開成三年十二月廿九日晚，禮佛儀式完畢後，大約在三十日凌晨時分，「庫司典座僧」當全體眾僧的面彙報帳目，略云：「廿九日……寺家後夜打鐘，眾僧參集食堂禮佛。禮佛之時，眾皆下床，地上敷座具。禮佛了，還上床坐。時有庫司典座僧，在於眾前，讀申歲內種種用途帳，令眾聞知。未及曉明，燈前喫粥。飯食了，便散歸其房。遲明，各出自房觀禮……」（【日】圓仁撰、顧承甫、何泉達點校：《入唐求法巡禮行記》卷一，第 24～25 頁，上海，上海古籍出版社，1986。）由此可見，圓仁在揚州開元寺所見寺院財務帳目彙報，時間是在本年最後一天，即臘月三十日凌晨左右，是在食堂舉行禮佛儀式之後，由負責財務出納的「庫司典座僧」當眾申讀。揚州開元寺的情況，或許就是當時內地寺院的通行做法，這與敦煌地區寺院於新年正月初一彙報上一年度的帳目，時間上略有不同。但兩者都是當著全體僧侶的面公開宣讀帳目，則無不同矣。

末，形似一根根的柱子；分類數則居中偏下起寫；新附入和破用明細，起首書寫的高度在二柱、三柱與分類數之間，按照物品分類（如麥、粟、豆等）分類順次記述，記完一類，再記一類。每筆帳目只記物品名稱、數量、來源或用途，不記日期。〔註4〕

以下從收入、支出兩個方面，對本件文書進行分析。

一、925 年淨土寺收入之分析

根據籍帳內容可知，925 年淨土寺的收入來源主要包括：田收、園稅、梁課、利潤、散施（各種布施）、佛食所得；收入的物品則有麥、粟、油、蘇、米、麵、黃麻、麩、渣、豆、布、氎、紙等。據文書第 27～34 行淨土寺「自年新附入」（即當年新入帳）的各項收入帳目，分別爲：麥，184.15 碩；粟，182.75 碩；油，3 碩；麵，40.6 碩；連麩麵，5.7 碩；黃麻，0.74 碩；麩，8 碩；渣，27 餅；豆，97.8 碩；布，140 尺；氎，25 尺。〔註5〕

茲依次剖析淨土寺「自年新附入」各項帳目的構成情況。

（一）麥

麥爲淨土寺年一年收入的大宗，共 184.15 碩。文書第 42～123 行爲「麥」的具體收入途徑，除去其中第 42～49 行外，其他所載均爲「利潤入」的麥子。因此，這裏只要將第 42～49 行非利潤入途徑所獲「麥」入數據統計清楚，然後用總數 184.15 碩減去這個數額，所得就是「利潤入」部分的麥入數。

我們可以根據籍帳所載，將第 42～49 行非利潤入途徑的「麥入」，大致分爲「散施」、「佛食所得」、「田收」、「園稅」、「貿易交換」等項，其中：「散施」共 1.85 碩，占比 1%；「佛食所得」共 9.55 碩，占比 5.19%；「田收」共 10 碩，占比 5.43%；「園稅」共 21.4 碩，占比 11.62%；「貿易交換」共 6.1 碩，

〔註4〕 前揭唐耕耦撰：《敦煌寺院會計文書研究》第一章，第 39 頁。

〔註5〕 按，第 35～41 行也是「自年新附入」的各項收入帳目，除漏掉「二丈伍尺氎」，其他數據與第 27～34 行均相同；另外，第 27 行「伍伯肆拾壹碩玖斗肆勝麥粟油麵黃麻麩查豆布等，自年新附入」與第 35 行「伍伯三拾玖碩玖斗肆勝麥粟油麵黃麻麩查豆布等，自年新附入」，在總帳的數目上也相差 2 碩。但無論是第 27～34 行還是第 35～41 行，各項收入數據累加起來，均與其總帳數額不同，除布、氎外，各項累加起來的總數爲 549 碩 7 斗 4 升（即 549.74 碩）。這種統計誤差，是會計進行數據統計過程中的常見現象，即便現代會計統計工作中，也難以做到完全精確無誤。

占比 3.31%。以上 5 類收入共計 48.9 碩，占總收入（184.15 碩）的比例爲：26.55%。淨土寺 925 年「利潤入」的麥子，由此可以計算出來：184.15－48.9=135.25 碩，「利潤入」在總收入中所佔比重爲：135.25÷184.15=73.45%。

爲簡明起見，茲將 925 年淨土寺「麥入」途徑及其所佔比例，列爲下表（表 1：925 年淨土寺新附「麥入」途徑及所佔比例表），並據表中相關數據製作爲餅狀示意圖如下（圖 1：925 年淨土寺新附「麥入」途徑及所佔比例圖）：

表 1：925 年淨土寺新附「麥入」途徑及所佔比例表

收入數量	收入途徑	收入性質	所佔比例
0.3 碩	二月八日沿佛散施入	散施	
0.4 碩	張賢者齋儭入	散施	
0.3 碩	麻胡弟妻家念誦入	散施	
0.85 碩	周都頭念誦入	散施	
散施收入共計：1.85 碩			1%
4.2 碩	自年春季佛食用	佛食所得	
4.2 碩	秋季佛食入	佛食所得	
1.15 碩	十二月城上結壇神佛及僧料入	佛食所得	
佛食所得共計：9.55 碩			5.19%
10 碩	茱田渠地課入	田收	
田收共計：10 碩			5.43%
13 碩	自年人上菜價入	園稅	
8.4 碩	園南麻地課入	園稅	
園稅收入共計：21.4 碩			11.62%
0.5 碩	鹽團換麵入	貿易交換	
5.6 碩	官家換麵入	貿易交換	
貿易交換收入共計：6.1 碩			3.31%
以上 5 項「非利潤入」收入　總計：48.9 碩			26.55%
「利潤入」總計：184.15-48.9=135.25 碩			73.45%

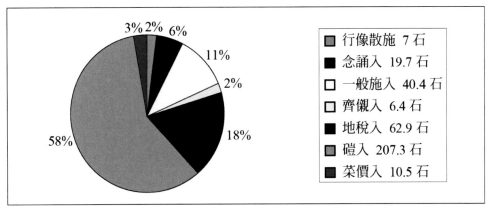

圖 1：925 年淨土寺新附「麥入」途徑所佔比例圖

（二）粟

粟也是 925 年淨土寺收入的大宗物品，共 182.75 碩。文書第 124～128 行，係「利潤入」以外的其他途徑收入。

用上面計算麥入的方法，計算出淨土寺當年「粟入」的構成比例。除「利潤入」之外的其他各種途徑收入，包括：「散施」，共 2.55 碩，占比 1.40%；「田收」共 26 碩，占比 14.23%；「園稅」共 23 碩，占比 12.58%。上述三類收入共計 51.5 碩，占總收入（182.75 碩）比重爲：28.21%，由此可以計算出當年「利潤入」的粟數爲：182.75－51.55=131.2 碩，所佔比重爲：131.2÷182.75=71.79%。

仿以上「麥入」例，將 925 年淨土寺「粟入」途徑及其所佔比例，列爲下表（表 2：925 年淨土寺新附「粟入」途徑及所佔比例表），並據表中相關數據製作爲餅狀示意圖如下（圖 2：925 年淨土寺新附「粟入」途徑及所佔比例圖）：

表 2：925 年淨土寺新附「粟入」途徑及所佔比例表

收入數量	收入途徑	收入性質	所佔比例
0.5 碩	二月八日沿佛散施入	散施	
1.1 碩	春官齋𪢮入	散施	
0.95 碩	周都頭大眾念誦入	散施	
散施收入共計：2.55 碩			1.40%
10 碩	自年延康渠地稅入	田收	

16 碩	自年無窮地收入	田收	
田收共計：26 碩			14.23%
15.4 碩	自年人上菜價入	園稅	
7.6 碩	自年僧菜價入	園稅	
園稅收入共計：23 碩			12.58%
以上 3 項「非利潤入」收入　總計：51.5 碩			28.21%
「利潤入」總計：182.75－51.55=131.2 碩			71.79%

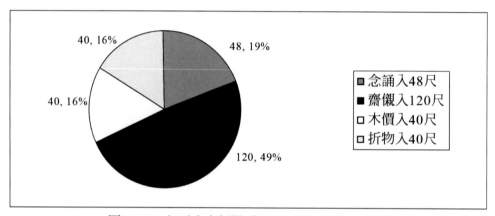

圖 2：925 年淨土寺新附「粟入」途徑所佔比例圖

（三）豆

豆也是淨土寺收入的大宗物品，僅次於麥、粟，共 97.8 碩。「豆入」一項主要也是「利潤入」，僅第 198～199 行、第 239～240 行所載「豆入」為非利潤入。

用上面相同的方法，計算出淨土寺當年「豆入」的構成比例。除「利潤入」之外的其他各種途徑收入，包括：「散施」，共 0.7 碩，占比 0.72%；「貿易交換」共 6.5 碩，占比 6.64%。上述二類收入共計 7.2 碩，占總收入（97.8碩）的比重為：7.36%，由此可以計算出當年「利潤入」的豆數為：97.8－7.2=90.6碩，所佔比重為：90.6÷97.8=92.64%。

仿以上「麥入」、「粟入」例，將 925 年淨土寺「豆入」途徑及其所佔比例，列為下表（表 3：925 年淨土寺新附「豆入」途徑及所佔比例表），並據表中相關數據製作為餅狀示意圖如下（圖 3：925 年淨土寺新附「豆入」途徑及所佔比例圖）：

表3：925 年淨土寺新附「豆入」途徑及所佔比例表

收入數量	收入途徑	收入性質	所佔比例
0.2 碩	二月八日沿佛入	散施	
0.5 碩	胡麻弟妻家念誦入	散施	
散施收入共計：0.7 碩			0.72%
2.3 碩	趙江子換粟入	貿易交換	
2.2 碩	馬鶻子換粟入	貿易交換	
2.0 碩	王章忤換粟入	貿易交換	
貿易交換共計：6.5 碩			6.64%
以上 2 項「非利潤入」收入　總計：7.2 碩			7.36%
「利潤入」總計：97.8－7.2＝90.6 碩			92.64%

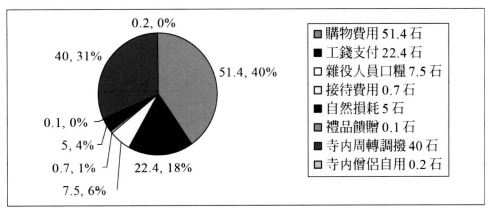

圖 3：925 年淨土寺新附「豆入」途徑及所佔比例圖

（四）油、麵、粗麵、黃麻、麩、渣、布

油、麵、粗麵、黃麻、麩、渣、布等收入情況，分別記載於文書的第 193～197 行、第 241～244 行。茲據文書所載製成下表（表 4：925 年淨土寺油、麵、粗麵、黃麻、麩、渣、布等收入情況表）：

表4：925 年淨土寺油、麵、粗麵、黃麻、麩、渣、布等收入情況表

物品名稱	收入數量	收入途徑	收入性質
油	3 碩	自年梁課入	梁課

麵	40.6 碩	自年春磑入	磑課
粗麵	2.2 碩	自年春磑入	磑課
麵	3.6 碩	秋磑入	磑課
黃麻	0.1 碩	春官齋嚫入	散施
	0.64 碩	城上轉經神佛僧料入	散施
麩	8 碩	自年春磑入	磑課
渣	27 餅	自年梁課入	梁課
布	1 匹（40 尺）	春官齋嚫入	官府布施
	1 匹	僧官修窟油價入	交換
	1 匹	秋官齋嚫入	官府布施
	0.5 匹	王義集齋嚫入	私人布施
氎	2 丈 5 尺（25 尺）	周都頭經嚫入	私人布施

　　「油」、「渣」兩項收入全部來自梁課，占比均爲 100%。「麵」、「粗麵」、「麩」三項收入則全部來源於磑課，占比均爲 100%。布、氎等紡織品的收入，主要來自於官私布施，還有一部分是通過交換獲得。其中「布」一項，有兩個來源：「布施」所得共 100 尺，占比 71.43%；「交換」所得共 40 尺，占比 28.57%。「氎」共 25 尺，來自私人布施，占比 100%。

　　綜合以上「表 1」、「表 2」、「表 3」、「表 4」之統計數字，將淨土寺當年各項收入的構成比例匯總成表（表 5：925 年淨土寺各項收入來源構成比例匯總表），以供進一步分析：

表 5：925 年淨土寺各項收入來源構成比例匯總表

	利潤	布施	田收	園稅	佛食所得	貿易交換	梁課	磑課	總計
麥	73.45%	1%	5.43%	11.62%	5.19%	3.31%	--	--	100%
粟	71.79%	1.40%	14.23%	12.58%	--	--	--	--	100%
豆	92.64%	0.72%	--	--	--	6.64%	--	--	100%
油	--	--	--	--	--	--	100%	--	100%
麵	--	--	--	--	--	--	--	100%	100%
連麩麵	--	--	--	--	--	--	--	100%	100%
黃麻	--	100%	--	--	--	--	--	--	100%

麩	--	--	--	--	--	--	--	100%	100%
渣	--	--	--	--	--	--	100%	--	100%
布	--	71.43%	--	--	--	28.57%	--	--	100%
氀	--	100%	--	--	--	--	--	--	100%

茲據「表 5」數據，對淨土寺 925 年的收入情況作進一步分析。

淨土寺的主收入為麥、粟、豆三項，三者在該寺經濟收入的構成中佔有支柱性地位。因此，對麥、粟、豆三項收入的來源進行研究，基本可以揭示淨土寺的經濟運營狀況。在麥、粟、豆三項具有決定性意義的收入中，來自於「利潤入」，即經營高利貸所獲取的利潤，分別占 73.45%、71.79% 和 92.64%，均超過七成，其中「豆」入一項更是超過九成。而來自「田收」、「園稅」、「貿易交換」等其他經營性收入，以及齋儭布施等非經營性收入，則占其收入的很小部分，全部加在一起還不到 30%。這充分說明在晚唐五代時期，經營高利貸的利潤收入已經成為敦煌地區寺院經濟收入最重要，也是最主要的來源。淨土寺收入構成所呈現的這個特點，其形成的根本原因，正如學者所指出的那樣，乃是由於寺戶制度的衰落所導致。〔註 6〕

除了麥、粟、豆三項主要收入外，其他各項收入也呈現出各自不同的特點。所謂「梁課」，即淨土寺油梁承租戶所交納的油梁使用費，梁戶租用淨土寺的油梁，要向淨土寺交納相應數量的油品作為租金，這無需討論。在這裏我們要關注的是，梁戶還必須向淨土寺交納餅渣，即加工油料所產生的副產品。就本件籍帳所載來看，「梁課」包括 3 碩油和 27 餅渣。如果這兩個數字之間呈對應關係，我們或可推測認為：梁戶每向淨土寺交納 1 碩油的梁課，同時還需交納 9 個餅渣。寺院要求梁戶交納餅渣，大概有兩個用途，一是可以充當畜力的飼料，這和磑戶所交納的「麩」用途相同；二是可以充當寺院下層僧侶或臨時雇傭人員的食料。

磑課是淨土寺碾磑承租戶向寺裏交納的碾磑使用費，與「梁課」性質相同，

〔註 6〕 前揭《唐五代敦煌寺戶制度》第五章《寺戶制衰落中寺院經濟結構的變遷》，其中第一節《寺院地產的衰微及其對寺院經濟構成的影響》，通過對淨土寺 925 年、安國寺 884～886 年各項收入的比較，對敦煌寺院在歸義軍時期的經濟收入構成情況進行剖析，並得出「在經濟基礎方面，以寺戶勞役制為支柱的寺莊經濟結構，讓位於以高利貸、租佃制和出租加工業相結合的寺院經濟體制」的重要結論。（第 269 頁）

磑課分爲春磑、秋磑兩種，即分春、秋兩季交納，就本表所反映的情況看，春磑的數量遠遠大於秋磑。磑課交納的物品包括麵（細麵）、連麩麵（粗麵）和麩。其中「麩」爲加工麵粉所產生的副產品，磑戶所以要向寺院交納「麩」，應當是因爲淨土寺有馬車、牛車或驢車等乘用車輛，麥麩可以用作這些拉車畜力的食料。

就本件文書所反映的情況來看，布、䩞等紡織品全部來自於官私布施。所以如此，這大概由於敦煌地區的紡織業，還是以家族爲單位進行的手工生產，寺院沒有辦法通過像出租碾磑、油梁給磑戶、梁戶然後收取磑課或梁課那樣的方式，以獲取所需的各種紡織品，故只能主要依賴於官私布施。

二、925 年淨土寺支出之分析

本件籍帳所反映的 925 年淨土寺各項支出，包括雇傭各種勞動力、付給「園子」等寺院勞動者口糧、臥酒或沽酒支出的糧食、寺院或僧眾購買各種用品、與其他寺院間的相互饋贈、各種招待費用支出、各種節日慶典的消費支出等，這些支出多折算爲麵粉等食物原料。

以下分析淨土寺本年各項支出（即所謂「破用」）的具體情況。

根據文書第 245 行知，淨土寺於本年（925）諸色「破用」共計 168 碩 6 斗 8 升半（168.685 碩），具體包括：麥（67 碩 8 斗）、粟（43 碩 8 斗）、油（2 碩 5 斗 3 升半）、蘇（3 升）、麵（36 碩 2 升）、連麩麵（4 碩）、黃麻（5 碩 3 斗）、麩（3 碩 4 斗）、渣（10 餅）、豆（4 碩 8 斗）等物品。所有支出物品均分類記帳；所有支出物品的用途，均標注較爲明確，有些還標注出支付的地點；物品支用時間並非逐日記帳，有些地方標注具體日期，但多數並無明確日期。

茲將淨土寺 925 年各項支出分類統計數據表列如下，以供分析：

表 6：925 年淨土寺諸色支出表

破用物品	破用數量	帳目情況	誤差率
麥	71.85 碩	扣除自然損耗 4.5 碩，餘 67.35 碩，與 67.8 碩，相差 0.45 碩	0.66%
粟	43.4 碩	與 43 碩 8 斗相比，短少 0.4 碩	0.91%
油	2.47 碩，另 10.5 抄	與 2 碩 5 斗 3 升半相差 6 升半。〔註7〕	2.56%

─────────────

〔註 7〕 查《辭源》、《漢語大字典》可知，中國古代計量單位之間的轉換關係如下：6 粟=1 圭，10 圭=1 撮，10 撮=1 抄，10 抄=1 勺，10 勺=1 合，10 合=1 升，10 升=1 斗，10 斗=1 石（碩）。據此可知：10 抄=0。001 升，故而此處 10 抄半幾乎可以忽略不計。這樣一來，統計數字與分類總帳之間的誤差，即爲 6 升半。

蘇	0.03 碩（3 升）	與總帳目 3 升，完全相同	0
面	40.02 碩	與總帳目 36.02 碩相比，多出 4 碩，相差較大。〔註8〕	?
黃麻	5.3 碩	與總帳目 5.3 碩，完全相同	0
麩	3.4 碩	與總帳目 3.4 碩，完全相同	0
渣	10 餅	與總帳目 10 餅，完全相同	0
豆	4.8 碩	與總帳目 4 碩 8 斗，完全相同	0

（一）關於記賬的誤差問題

在本件籍帳中，蘇、黃麻、麩、渣、豆五種物品的「破用」數據統計，與分類支出總帳完全相同。麥、粟、油、麵四類，統計數字與分類總帳有一定出入，誤差的原因當是由於這些物品的支出次數頻繁，故記賬時難免有所誤差，不過從誤差數量來看，都不是很大。

麥，分類總帳本年共「破用」麥 67 碩 8 斗，上表所列各項數據的統計數爲 71 碩 8 斗 5 升，扣除自然損耗（即第 261～262 行「逐年圖下濕爛蟲吃不堪用」）一項 4.5 碩，則本年實際「破用」數爲 67.35 碩，與總帳 67.8 碩之間相比，少了 4 斗 5 升，誤差率爲 0.66%。

粟，分類總帳本年共「破用」粟 43 碩 8 斗，上表所列各項數據的統計數爲 43 碩 4 斗，比分類總帳少了 4 斗，誤差率爲 0.91%。

油，分類總帳本年共「破用」油 2 碩 5 斗 3 升半，上表所列各項數據的統計數爲 2 碩 4 斗 7 升，外加 10 抄半，這兩者之間相差 6 升半，誤差率爲 2.56%。

麵，分類總帳本年共「破用」麵 36 碩 2 升，上表中所列各項數據的統計數爲 40 碩 2 升，比分類總帳多出 4 碩，相差較大。不過，我們注意到，在籍帳所載的分類總帳中，另有「連麩麵」4 碩，然而「連麩麵」一項在籍帳中卻沒有反映，因此，統計數據所多出的 4 碩，應該就是本年所「破用」的連麩麵的統計數。

綜上所述，直歲僧保護所做的 925 年淨土寺支出帳目，即便從今之會計學的角度看，也是相當的精確。因爲多數支出項目沒有誤差，即使是有所誤差的支出項目中，誤差率也控制在極小範圍。這個情況從某種意義上表明，敦煌諸寺在財務管理方面有著嚴格的制度，對於各項收入與支出，寺院均有

〔註 8〕 在上述分類總帳中，另有連麩麵（粗麵）4 碩在籍帳中沒有反映，所相差的 4 碩，應該就是連麩麵。

專門的「直歲」僧侶負責記賬，並且每年都要在眾僧的監督之下，向全體僧眾彙報所負責的籍帳的記錄情況。淨土寺財務帳目的記錄何以如此精確，這除了因為寺院財務管理有嚴格制度約束之外，也負責財務收支管理的「直歲」僧侶履行職責時態度嚴謹，有直接關係，可以說，這種嚴謹恭敬的態度也是減少財務籍帳文書錯誤的一個重要原因，僧侶在記錄帳目時之所以恭謹嚴肅，與其對佛祖的誠心皈依、對佛法的敬畏與虔誠信仰，應當也有關係。

（二）支出物品的用途及其性質

淨土寺所支出的各種物品，具體用途及其性質，乃是研究重點。根據籍帳提供的信息，茲將淨土寺支出（即「破用」）物品的用途分為如下類別，並據以分析這些用途的性質。

1、支付購物費用

這一類支出費用主要用於支付購買寺院所需物品。從籍帳所提供的信息來看，淨土寺支付這些購物費用的方式不盡相同，約略分為如下三種：1. 直接支付購物費用（相當於今之現款支付）；2. 預先支付購物費用（相當於今預付款消費）；3. 事後支付購物費用（相當於今之先消費後還款）。

首先，來看 1. 直接支付購物費用，這種支付方式最為常用。

如第 251 行「麥三碩，先年西倉內索奴奴入破銅鍋子用」，意即從西倉支出麥子 3 碩，作為索奴奴上一年所交納給淨土寺破銅鍋的折價，這 3 碩麥子，相當於淨土寺向索奴奴購買破銅鍋所支付的購物費用。再如第 435 行：「豆壹斗，破盆買芣用」，「盆」指七月十五日至十七日盂蘭盆會，唐五代敦煌地區亦把盛供品之器稱為「盆」或「佛盆」，盆中供養之物除麵食、瓜果之外，還有酒。所謂「煮佛盆」、「造佛盆」，乃是準備和擺設供品供佛；十七日「破盆」，則是僧徒取供佛之酒食瓜果聚餐享用。〔註9〕由於盂蘭盆會所需瓜果等物品，

〔註 9〕 據謝重光氏解釋：「盂蘭盆會，佛教節日。每年陰曆七月十五日，僧尼坐夏結束之時，以百種供物供三寶（佛、法、僧），借三寶之威力追薦在陰間受苦之祖先，稱盂蘭盆會，或稱盂蘭盆節、盂蘭盆供、盂蘭盆齋。源於目連救母的神話。『盂蘭盆』是梵文 Ullambana 的音譯，意為『救倒懸』；中國則訛傳為『盂蘭』是梵語譯音，『盆』為盛供物之器，把『盂蘭盆』解為『救倒懸盆』……」可見此時敦煌地區亦把盛供品之器稱為『盆』或『佛盆』。盆中供養之物除麵食、瓜果之外，還有酒。盂蘭盆會的時間為七月十五日至十七日，十五日『煮佛盆』、『造佛盆』，應是準備和擺設供品供佛；十七日『破盆』，則應是僧徒取供佛之酒食瓜果聚餐享用。（丁福保 主編：《佛學大辭典》「盂蘭盆會」條，北京，文物出版社，1984。）

淨土寺無法自給，只能通過購買等方式獲得，因此，本項帳目支出是指在七月十七日「破盆」時，淨土寺爲買瓜支出了 1 斗豆子。

又如，第 268～269 行「麥兩碩三斗，在孫延子充入皂絁襖子賈用」、第 319～320 行「粟三碩伍斗，在孫延子充入皂絁襖子用」、第 438～439 行「豆三碩，在孫延子充入皂絁襖子價用」，這裏所支出的麥、粟、豆，均是用來充當孫延子所提供的「皂絁襖子」的價錢，因此，這也應該列入淨土寺購物費用的範圍。再如第 323～324 行「粟兩碩，曹留住入褐袋用」，淨土寺向曹留住所支付的 2 碩粟，顯然是因爲向他購買了一批褐袋。

又如，第 357～360 行，先後支付油 1 斗、3 斗、5 斗 5 升，分別用於梁戶「入茨柴壹車用」、「入檉兩車用」、「入絹兩段共三丈柒尺準折用」，也應當屬於淨土寺爲獲得這些物品所支付的購物費用。欲明乎此，首先要對梁戶有所認識。梁戶並非依附淨土寺的「寺戶」，他們只是因爲租借了淨土寺的油梁而與之形成契約關係，作爲淨土寺油梁的承租者，他們在契約規定的時期內擁有油梁的使用權，並依約定以產品的形式向淨土寺提供梁課。〔註 10〕油作爲梁戶經營油梁的產品，本應是他們向寺院提供的梁課，然而這裏我們所看到的卻是，梁戶因爲向淨土寺提供了茨柴、檉、絹等物品，寺院反過來要向他們支付油若干。這意味著什麼？這從「入絹兩段共三丈柒尺準折用」一句，可知：某梁戶向淨土寺提供了兩段共 3 丈 7 尺的絹，共折價爲油 5 斗 5 升，這 5 斗 5 升油就相當於淨土寺向他購買這些絹所支付的費用。茨柴、檉均與此相同。因此，這些支出也應該看作是淨土寺的購物費用。

接下來，看 2. **預先支付購物費用**，即向經營方預付本錢，這種方式也較爲常用。

淨土寺向經營方預付本錢，最常見的是用於「臥酒」、「臥醋」所支付的糧食，也就是因爲「臥醋」、「臥酒」而提前預付給店家的本錢。本件籍帳所載「臥酒」甚多，因爲下文還將單列「酒本」一項作專門討論，這裏不再多說。本件籍帳所記載之「臥醋」，僅有三處，即第 264 行「麥壹斗，臥醋用」、第 311 行「粟壹斗，臥醋用」，第 431～432 行「麩兩碩肆斗，臥醋用」，所謂「臥醋」，性質與「臥酒」相同，即先將糧食預付給釀造食醋的「醋戶」，然

〔註10〕詳參《唐五代敦煌寺戶制度》第四章第四節《寺院的油梁經營與「梁戶」的出現》，第 203～221 頁。

後從「醋戶」那裏獲得醋的供應。〔註11〕無論「臥醋」還是「臥酒」，淨土寺均需要預先支付一定數量的糧食，相當於提前支付給經營一方的本錢，因此這也應當算作是購物費用，只不過採用的是一種類似於現代社會的「預付費」形式的購物方式罷了。

最後，來看 3. 事後支付購物費用，這種方式不太常用，指僧侶、僧官等寺院人員在店家先行消費，再由寺院進行結算。

這種支出類似於今之先消費後結算的付費方式。如第 302～306 行：「粟壹㪷，馬家付本，剪殺羊毛用。粟貳㪷，寒苦店內付本，雷教授氣袈沙用。粟柒㪷，馬家付（本），僧官東窟下彭用。粟柒㪷，寒苦家付本，七月十四日上窟及十五日納官用。」這裏所說的付給馬家、寒苦家的本錢，從文字記述的意思來看，都是先消費之後，再到店家進行結算。按照前揭姜伯勤氏所論，「酒本」本來應該是預先支付，然而就這裏所記述的情況來看，所支付的粟儘管也都是作爲淨土寺付給店家的「酒本」，但很顯然卻是在事後支付的本錢。因此，我初步判斷，凡記述爲「臥酒」或「臥醋」的地方，均可以確定爲預先支付酒本（醋本）；但是，其他情況就不一定如此，而很有可能是先吃用，然後再由寺院結算（即「付本」，支付本錢）。

2、支付各種伙食費用

如果不作嚴格分類，則本籍帳所反映的大多數支出，尤其是麵、油兩項，以及以粟爲主要支出物的臥酒、沽酒，均應該算作支出的伙食費用。不過，考慮到麥、粟、豆還是尚未加工的糧食，並不能直接食用，故此處討論的伙食費用，主要以麵、油兩項爲中心展開。根據籍帳內容，我們將淨土寺本年伙食支出大致分爲如下幾種。

（1）第一種，提供給寺院雜役人員的年度口糧，以及臨時性的伙食供應

敦煌諸寺均有人數不等的各類雜役人員，如眾多籍帳所提到的「園子」、

〔註11〕 按，前揭姜伯勤氏《唐五代敦煌寺戶制度》第四章第八節以《從寺院「酒戶」到領取寺院酒本的「酒戶」》爲題，專門探討「酒戶」在前後期所發生的變化，從寺院領取酒本的「酒戶」與寺院之間，也是一種沒有人身隸屬關係的契約關係，寺院可以通過「沽酒」和「臥酒」兩種形式，從酒戶那裏獲得酒的供應，酒戶所釀的酒必須以較爲優惠的價格，並優先供應給寺院。（第246～255頁）由於敦煌籍帳文書中關於「酒戶」的記載較多，故引起學者的關注，而關於「醋戶」則以資料較少，尚未引起應有的注意，就本件籍帳來看，關於「臥醋」的記述雖僅有三處，但已經可以反映出敦煌地區不僅有以釀酒爲業的專業酒戶，也有以釀造食醋爲業的「醋戶」。

「恩子」、「人夫」、「（當寺）女人」等，他們是在淨土寺中從事各種勞作，又和寺院之間有一定人身依附關係的賤口或其家眷。由於他們在寺院中從事各種雜役，寺院要爲他們提供一定額度的口糧。如第 255～256 行：「麥三碩柒斗，付園子春秋糧用」、第 310～311 行：「粟壹碩柒斗，與園子春秋糧用」，都是淨土寺爲園子提供的春、秋兩季口糧。

除以上寺院長役人員的年度口糧外，還有一些是爲寺院提供臨時性勞役或上番役人員的伙食支出，如第 417 行：「麵壹斗，與件子接糧食用」，此處所說的「件子」，也是爲淨土寺提供雜役勞動的人員，與「園子」、「恩子」不同的是，件子並非服長役的人員。這裏所說的「接糧食」，乃是一種臨時性的雜役勞動，件子替淨土寺接送糧食，淨土寺因此拿出一斗麵作爲他的伙食。又如，第 252～253 行：「麥壹斗，充新堡人夫替用」、第 424～425 行：「麵壹斗，煮佛盆日，人夫食用」，此處所說的「人夫」包括在寺院長役的「廁兒」和在寺院番役的「常住百姓」，他們爲寺院服役具有一定的強制性。〔註12〕「煮佛盆」，是指七月十五日盂蘭盆節，作爲佛教一盛大法會，屆時需要大量人員爲之提供力役服務，這些在寺院有服役義務的「人夫」每逢這些節日，必須拋卻手頭其他事務，到寺院上役，在「人夫」上役的過程中，寺院相應地要爲他們提供伙食。與「件子」、「人夫」相類的還有第 416 行、第 423 行的「義員」，第 422 行的「善子」，他們也都是爲淨土寺提供長役或番役服務的人員，他們因爲替寺院「取乳酪」，而先後獲得了「麵貳斗」的伙食供應。

（2）第二種，爲淨土寺提供各項服務的寺外勞役人員的伙食

眾所週知，隨著歸義軍時期寺戶制度在敦煌地區的沒落，敦煌諸寺的依附性人口日益減少，然而寺院的各項勞役力作卻並沒有隨之減少，反而有增多的趨勢，如何彌補各種工程修造、法事活動所需勞動人手，就成爲敦煌寺院所遇到的普遍性問題。於是，我們就看到了這樣的現象，即越來越多的寺院雜役，特別是那些對技術含量，或是勞動者技能要求較高的事務，如廟宇工程修造、佛像雕畫、油梁壘築等事務，寺院不得不採用雇傭的辦法加以解決。在這個過程中，寺院不僅要向這些雇傭人員支付一定工錢，有時還要招

〔註12〕 前揭《唐五代敦煌寺戶制度》第四章對「人夫」、「女人」有專門探討，大意云：「寺院帳目中的『人夫』包括在寺院長役的『廁兒』和在寺院服番役的『常住百姓』，其女眷則稱爲『女人』或『當寺女人』。……人夫在寺院上役有以下幾大類：（1）田役……（2）修造……（3）加工……（4）雜役……」（第 183～184 頁）

待他們吃喝，從而形成了寺院提供給寺外勞役人員的伙食支出一項。

就本件籍帳所反映的情況來看，爲淨土寺提供服役的寺外勞役人員包括畫匠、塑匠、泥匠、算會人、運糧人等，可以肯定的是，這些人多數與淨土寺不存在人身依附關係，他們到淨土寺上役，屬於勞動雇傭關係，因此淨土寺除了要向他們支付一定數量的工錢外，有時還要提供相應的伙食。如第252行：「麥壹斗，與無窮渠人修口用」、第254～255行：「麥壹斗，後件無窮人來修河用」，無窮渠爲唐宋時期敦煌地區著名水渠之一，屬北府水系，自敦煌城北廿里北府渠東岸分水，謂之無窮口，東北流向，至州東北三十里，長約十四里，灌漑洪池、效谷、玉關三鄉土地，在敦煌文書 P.2049V、2880、3234V、3396V、3669、3410、3560、3706V，以及 φ366 等卷，均有關於無窮渠的記載。〔註13〕由於淨土寺的田莊位於無窮渠口附近，爲保證灌漑用水，淨土寺每年都要對渠口工程進行一些修整，這就需要臨時雇用一些短工，對於這些臨時雇用的修渠人員，淨土寺需要爲他們提供伙食。此處所支出的一斗麥子，顯然就是淨土寺爲這些臨時雇傭的修渠人所提供的伙食供應。〔註14〕

與運送糧食有關的信息，在本件籍帳中大概出現 5 次，分別爲第253～254行：「麥壹斗，無窮粟車來日，買胡餅用」、第294～295行：「粟貳斗，無窮粟車來日，沽酒用」、第266～267行：「麥壹斗，轉麥日買胡餅用」、第318～319行：「粟壹斗，秋轉物日沽酒用」、第417行：「粟壹斗，與仵子接糧食用」。前二條所描述的當爲同一件事，即從無窮渠那裏將粟運到淨土寺，所以要從無窮渠附近運送，是因爲那裏有淨土寺的田莊，田莊生產的糧食最後要運到寺院倉庫儲存。那麼，運輸的工具——車，以及趕車的人，與淨土寺是什麼關係呢？考慮到本件籍帳的年代爲歸義軍統治時期，此時敦煌諸寺儘管也都備有數量不等的車輛等運輸工具，但許多時候並不能滿足寺院活動的需要，故有時不得不雇傭「車頭」或「車家」的車乘。淨土寺也是如此。〔註15〕我們

〔註13〕 李正宇撰：《敦煌史地新論》四《唐宋時代敦煌縣河渠泉澤簡志》「無窮渠」條，第137頁，臺北，新文豐出版公司，1996。

〔註14〕 由於麥子爲糧食原料，不能直接食用，因此很有可能是換成胡餅之類的食物提供。或問，有沒有可能是提供給修渠人員的工錢？我的看法不太可能，因爲依理而論，修造水渠需要人力較多，儘管這些修渠人員的工錢較低，但區區兩斗麥子恐怕並不足以用作工錢，因此，很有可能是臨時性提供給他們的伙食費用。

〔註15〕 前揭《唐五代敦煌寺戶制度》第四章第七節《從寺戶「車頭」到賺取雇價的「車頭」》，第242～246頁。

看到，運送糧食的「粟車」來到以後，淨土寺不僅要購買胡餅，還要沽酒進
行招待，可以設想一下，如果這些運糧車屬於寺院自有車輛，淨土寺是否還
需要這麼做呢？如果說買胡餅屬於正常的飲食範疇，還容易理解，沽酒就明
顯帶有優待犒勞的意味了。據此我認為，這裏所說的「粟車」很有可能是淨
土寺從那些經營性的「車頭」或「車家」臨時雇傭而來，正因這些車頭或車
家與淨土寺只是一種臨時性的雇傭關係，故寺院除支付一定的雇價外，還要
提供飯食甚至是酒水招待。

　　「轉麥」、「轉秋物」都應該指轉運糧食，麥子屬於夏糧，「秋物」當指秋
天收穫的糧食。買胡餅、沽酒都是提供給轉運糧食人員的伙食，在參與這項
勞動的人員當中，有些可能屬於雇傭的寺外人員，故而需要提供酒水供應。
至於最後一項支出的粟用於「仵子接糧食用」，這個仵子很可能是和淨土寺有
一定人身依附關係的寺中長役人員，他在糧食轉運過程中，大概負責糧食運
到以後的接引工作，或者為轉運人員供辦伙食。

　　在為寺外人員所提供的伙食中，比較常見的是那些為寺院提供特殊服務
的手工藝人，如畫匠、塑匠、泥匠、算會人等，由於他們所提供的勞動服務
不同於一般體力性勞動，都具有一定技術含量，故而淨土寺為他們提供的伙
食標準較高，主要表現為多數情況下都有酒水供應。如，第 276 行：「粟柒斗，
臥酒貼僧官、屈畫匠局席用」，第 329～330 行：「油壹升半，僧官、屈畫匠貼
頓用」，此處「臥酒」，以及支出的 1 升半油，均是用於治辦酒席，這裏僧官
是作為酒席的東家身份出現，而招待對象則是為淨土寺提供勞動服務的畫
匠；第 281～282 行：「粟貳斗，諸判官窟上看畫師日沽酒用」，這是沙州都司
判官上窟看畫師工作（也有可能帶有檢查巡視畫師工作情況的意思），故沽酒
用來招待都司判官以及畫師。第 407～408 行：「麵壹斗，酉年二月六日，修補
行像塑匠食用」，則是提供給修補佛像的塑匠的伙食。又如，第 289～290 行：
「粟壹斗，沽酒修寺院日看泥匠博仕用」，第 333～335 行：「油三升，六月修
寺院及上屋泥三日，眾僧解齋時用。油壹升，修造了日，眾僧及泥匠齋時食
用」，此處「沽酒」，以及支出的油，都是用來招待修造寺院的泥匠博士，又
因淨土寺的下層僧侶也參與修造，故這裏所提供的伙食也包括他們吃用的部
分，但酒水顯然只供泥匠博士飲用。〔註16〕再如，第 331～332 行：「油壹升，

〔註16〕 就敦煌籍帳所反映的情況來看，敦煌僧侶的酒水消費一般只局限於僧侶的上
　　　　層，如法律、教授、僧政、僧錄等僧官，各寺的下層僧眾則很少有此機會。
　　　　就本件文書而論，參與泥屋等體力勞作的眾僧，均為淨土寺的下層僧眾。

磑麵日看博士用」、第 369～370 行：「麵貳㪷，造胡餅餶飿舂磑看博士用」，據姜伯勤氏研究，淨土寺的寺磑爲旱磑，經營加工無大利可圖，因此淨土寺寺磑只在春秋二季雇用磑博士短期啓用。〔註 17〕由於「磑博士」係寺院雇請的加工糧食的短工或工匠，因此寺院要爲他們提供包括酒水在內的伙食。提供給算會人的伙食支出，本件籍帳載有多處，如第 267～268 行：「麥壹㪷，初算日買胡餅用」、第 325～326 行：「西倉粟柒㪷，羅家付本逐日算會用」、第 312～313 行：「西倉粟捌㪷，付願眞臥酒算倉用」，前兩項是每年例行的「算會」，即彙報、審計上一年全寺所有入破帳目；第三項是倉庫專項算會，故稱爲「算倉」，即彙報、審計倉庫收支的帳目情況。爲確保「算會」客觀公正，算會人一般情況下要從寺外聘請，由於算會人所從事的屬於智力性勞動，故寺院提供給他們的伙食標準也就相對較高，酒水供應就是其中重要一項，就本件籍帳所記錄的這兩次酒水供應情況來看，共用粟 1 碩 5 斗，這個數量已經比較多了。〔註 18〕

在眾多爲淨土寺提供勞動服務的寺外人員中，「侍佛人」大概最爲特殊。所謂「侍佛人」，是指那些在二月八日開始的行像節中，舉擡釋迦像和菩薩像遊街的人，他們從事這項勞作很大程度上具有義務性質，頗類於今之「志願者」或「義工」，又據籍帳第 320～321 行：「粟肆㪷，二月七日與行像社沽酒用」，則表明這些侍佛人可能由「行像社」派出，而行像社作爲敦煌佛社的一種，與敦煌諸寺特別是淨土寺之間有著十分密切的關係，在某種意義上具有佛教僧團外圍組織的性質。〔註 19〕因此，「侍佛人」在行像節時提供「志願服務」，並不一定完全出於自願，而可能是帶有一定強制性的義務。但不論是什麼情況，淨土寺要爲侍佛人提供伙食，有時候還要招待以酒水，則是沒有疑問的。

〔註 17〕 前揭《唐五代敦煌寺户制度》第四章，第 194～195 頁。

〔註 18〕 據姜伯勤氏研究，淨土寺每年用於酒類支出的糧食從 20 碩到 50 碩不等（個別較多的年份，如己亥年/939 多達 56.085 碩），但一般情況下爲 20 碩左右。（前揭《唐五代敦煌寺户制度》第四章第八節《從寺院「酒户」到領取寺院酒本的「酒户」》，第 246～251 頁）因此，這裏因爲算會、算倉就支出酒水粟 1.5 碩，約占全年酒類消費的 7.5%（以每年消費 20 碩計算）。

〔註 19〕 郝春文氏在《專門從事佛教活動的民間團體及其與佛教的關係》一文中指出：「隋唐五代時期佛社的性質及其與佛教寺院的關係的實質與東晉南北朝時期是一樣的，它仍然是佛教寺院的外圍組織……有的佛社如敦煌的燃燈社由地方僧官機構組織、管理的；而敦煌行像社則是既由地方僧官組織和管理，又與淨土寺有密切的聯繫。」（郝春文撰：《中古時期社邑研究》，第 172 頁，臺北，新文豐出版公司，2006。）

　　由於舉擡佛像遊行乃是特別消耗體力的辛苦事，因此寺院為侍佛人提供的伙食較為優厚，而且每有酒水供應。這在本件籍帳中有充分反映，如第 271～274 行：「粟壹碩肆㪷，臥酒二月八日侍佛人及眾僧齋時用……粟陸㪷，侍佛人頓遞用。粟三㪷，侍佛人九日就韓苦家解勞用」、第 327～328 行：「油貳升半，二月八日齋時看侍佛及眾僧等用。油壹升，與躭佛人用」、第 362～364 行：「麵陸㪷伍升，八日齋時看侍佛人及眾僧食用。麵三㪷，與躭佛人北門造頓用。」這裏所支出的粟、麵、油主要都是為侍佛人提供的伙食，我們看到淨土寺的一些僧侶也享用到其中的一部分，那是因為他們在舉佛遊行中，也做了一些輔助性的工作，尤其值得關注的是，僅用於購買酒水的粟就達 2 碩 3 斗之多，其中 3 斗直接標明是侍佛人為了「解勞」而到韓苦（即寒苦）店中獨自享用。又，其中所說的「躭佛人」，即「擔佛人」，「擔」，舉擡也，故「躭佛人」與「侍佛人」性質相同，其與「侍佛人」之區別，大概是在舉擡佛像遊行過程的分工各有側重。

　　（3）第三種，本寺僧侶食用

　　這裏所說的本寺僧侶食用開支，不包括其日常生活支出，而是特指那些在寺院工程修造等雜役中承擔勞作任務時的伙食支出。

　　眾所週知，早期內律本來禁止僧人參加勞動生產，因為大凡耕作之事必傷蟲蟻，故被稱為「不淨」。然而，在實際生活中，禁止僧人參加勞動生產的戒律並未嚴格執行。無論是內地寺院，還是敦煌諸寺，未受大戒的佛教皈依者——沙彌、童子、行者、童行等下層僧侶普遍參加各種勞作，這種情況在晚唐五代時期的敦煌地區尤其突出，因為寺戶——常住百姓勞役制度到這時已經無可挽回地走上了沒落之路，然而寺院的各種勞役事務，卻並未伴隨寺戶制度的衰落而減少，恰恰相反，寺院的各種勞役反而有增加的趨勢，為解決日漸增大的勞動力缺口，敦煌諸寺除了採用雇傭制加以解決外，更多的是從寺院內部入手，其結果正如姜伯勤氏所說，那就是以沙彌為代表的下層僧徒所承擔的勞務日漸增多。〔註20〕

　　下層僧侶參加寺院各種勞役，在本件籍帳中頗多反映，這些勞役包括壘園牆、壘油梁、修車道、壘（鹽團）街、修寺院、西窟上水、西窟修堰、淘麥、搬運糧食等。就籍帳所提供的信息來看，淨土寺在上述勞役事務中均雇傭了寺外人員，但幾乎每項事務也都有本寺僧侶參與。如前所述，二月八日

〔註20〕前揭《唐五代敦煌寺戶制度》第四章第二節，第 175～179 頁。

開始的「行像節」中，除侍佛人、躭佛人義務承擔起舉擡佛像的勞役外，淨土寺的一些僧侶也要分擔一些輔助性工作，所以他們也可以從爲侍佛人、躭佛人提供的伙食中分享一杯羹。又如前述六月寺院屋宇修造過程中，一些僧侶也參加和泥、上泥等勞動，故所支出的伙食開支中，他們也可以分享。再如，壘鹽團街、壘園車道、西窟上水、西窟修堰、西倉易麥、春季淘麥等勞作中，還將參加勞動僧侶的伙食費用單獨列出，如第 340～343 行：「油壹抄，壘鹽團街，眾僧齋時用。油壹升，壘園車道日，眾僧齋時用……油兩抄，西倉內易麥兩日，眾僧食用」、第 350 行：「油壹升，西窟修堰僧食用」、第 365～368 行：「麵柒抖，寒食祭拜和尚，及第二日修園眾僧食用。麵壹抖伍升，壘油梁西牆齋時眾僧食用」、第 388～389 行：「麵伍升，沙彌所殘泥日齋時食用」、第 404～406 行：「麵壹抖伍升，正月堆園日眾僧齋時食用。麵貳抖，兩日交西庫齋時食用」、第 417～418 行：「麵三抖，與西窟上水僧用」、第 415～416 行：「粗麵貳抖，春淘麥日眾僧食用」，凡此均爲淨土寺僧眾參加勞動的證明，當然，這些勞作者都是淨土寺的下層僧侶。

3、納官、禮品性饋贈暨各種招待費用

敦煌諸寺之間、敦煌諸寺與當地俗世官府之間、敦煌諸寺與僧官系統之間均有頻繁往來，在相互交往的過程中，不僅各種招待費用、禮品性饋贈必不可少，而且，寺院有時還要向地方官府和僧官系統交納一定的物品（即籍帳中所謂的「納官」），以供其享用。納官、禮品性饋贈以及各種招待費用，也構成了晚唐五代敦煌諸寺財務支出的一項重要內容。

就本件籍帳來看，淨土寺本年的這項支出儘管不是很多，但依然值得關注。從文書可知，淨土寺提供伙食招待和禮品性饋贈的人員，主要有沙州地方官府、沙州都司的僧官以及其他寺院的僧侶。

（1）納官

本件籍帳所載「納官」支出共有 9 次（每一次並不單是爲了「納官」，還同時包含有其他性質的支出，但「納官」乃是其中重要項目），表明敦煌諸寺與地方官府之間在經濟上的往來較爲頻繁。具體如，第 259～260 行：「麥三碩捌抖，西庫內付酒本，多至歲僧門造設兼納官，多坐局席並西窟覆庫等用」、第 264～266 行：「麥兩碩伍抖，臥酒，多至歲，僧門造設、納官並多坐局席兼西窟覆庫等用」，此項支出用於納官、僧門造設、多至日慶典酒席、覆查西庫等多種用途，故所破用的麥子數量較大，兩次達 6 碩 3 斗。

其他幾次「納官」則多與僧門造設、送別僧官或提供給有關僧侶食用等事務有關，具體如下：第 257～258 行：「麥肆斗伍升，臥酒，僧門造設、納官用」、第 295～296 行：「粟壹碩貳斗，臥酒，僧門造設，納官用」、第 305～306 行：「粟柒斗，寒苦家付本，七月十四日上窟及十五日納官用」、第 393～394 行：「麵壹碩捌斗，納官、僧門造設用」、第 387～388 行：「麵貳斗肆升，納官送東行僧官用」、第 396 行：「麵捌斗貳升，三件納官供肅州僧統用」、第 435～436 行：「豆壹斗，僧門造設時，買芡納官用」。

（2）招待沙州地方官府人員

招待地方官府工作人員，也是淨土寺支出的一項內容，就本籍帳的情況來看，所招待的地方官員為鄉官。本件籍帳所載「看鄉官」共有兩次，一次是「春料官齋」，一次是「冬料官齋」，分別為：第 301～302 行：「粟壹斗，付寒苦春料，官齋看鄉官用」、第 376～377 行：「麵貳斗，春料官齋，看鄉官用」；第 294～295 行：「粟貳斗，冬料官齋看鄉官用」、第 397 行：「麵貳斗，冬料官齋看鄉官用」。兩次「看鄉官」所破用的都是粟和麵，其中粟大概是來沽酒，麵則可以用來製作食品。

（3）招待僧官

就本件籍帳來看，淨土寺所招待的僧官中，既有沙州都司系統的僧官，也有本寺的僧官，具體為：第 279～281 行：「粟貳斗，僧官窟上下彭回來日，沽酒眾僧用。粟貳斗，氾法律共大師上窟回來日頓遞用」、第 282～284 行：「粟貳斗，沽酒僧官上窟時，迎當寺僧官及所油（由）用」、第 288～289 行：「粟三斗，窟上官下彭請僧統、僧政、僧錄看飯食用」、第 304～305 行：「粟柒斗，馬家付僧官東窟下彭用」、第 360～361 行：「蘇三升，貼僧官兩件下彭局席用」、第 364～365 行：「麵柒斗，僧官畫窟時，造貼頓局席及眾僧等用」，以上幾條均與僧官「上窟」有關，大概是僧官們到佛窟檢查工作，回來後由淨土寺負責招待，這些僧官包括僧統、僧錄、僧政、法律、大師，其中值得關注的是「當寺僧官」，應當是指淨土寺所派出的高級僧侶（或其本身就兼任沙州都司的僧官之職），來自沙州都司的僧官上窟視察工作，應該就是由他陪同前往。

在所招待的僧官中，「看判官」的次數較多。如：第 256～257 行：「麥壹斗，買胡餅看判官用」、第 285～286 行：「粟三斗，僧官窟上下彭時，沽酒看煮油人及近夜看判官眾僧食用」、第 307～309 行：「粟三斗，馬家付本，

報恩寺寫針鐘及張判官等用」、第 311 行：「粟貳斗，馬家付本，老宿判官吃用」、第 372～373 行：「麵壹斗，造餅看判官用」、第 378～381 行：「麵肆斗，僧官窟上造下彭時，看當寺徒眾及破除日看判官等平（用）。麵壹斗，造胡餅，窟頭下彭回來日，眾僧兼看判官點心用」，這 6 次支出均與「看判官」有關係。

為何「看判官」次數明顯較多？我認為這可能主要由「判官」的工作性質所決定。沙州都司作為沙州地區教團的最高領導機構，如何行使對敦煌諸寺的領導和管理權力呢？因為無論是都僧統還是都教授，甚或是副教授、都法律等處於沙州都司權力核心的高級僧官，由於人數較少，不可能親臨所有寺院去發號施令，故必須派遣下屬的其他僧職人員代為行使權力。其中「都判官」及其領導下的「判官」，就是由沙州都司派往各寺巡察的僧職官員，由他們負責檢察各寺的運行情況，並將所瞭解的情況上報給沙州都司。〔註21〕都司下屬的都判官、判官諸職，在職能上非常類似於唐代職官體系中的「巡按御史」，或者說類似於後世所謂「欽差大臣」。如同巡按御史代表中央政府一樣，這些「判官」出巡各寺時，代表的就是沙州都司。因此，敦煌諸寺對於這些來自上級領導機構的判官，自然要用心接待。

還有幾條材料，如第 309～310 行：「粟三斗，寒苦臥酒看洛法律及麻胡博士西行用」，此為招待洛法律及送別麻胡博士西行，而來到寒苦店臥酒； 第 292～293 行：「粟貳斗，僧門送路孔僧統等用」，這是為了給孔僧統餞行而運用二斗粟；第 411～412 行：「麵壹斗，八日迎官家、僧官夜飯解齋用」，則可以理解為二月八日行像節時，提供給官府工作人員及沙州都司僧官的宵夜。

（4）禮品性饋贈

本件籍帳所載的支出項目中，還有一些屬於淨土寺所提供的禮品性饋贈，其饋贈對象既有僧官，也有其他寺院，甚至還有地方官員。具體為：第 293～294 行：「粟貳斗，贈乾孟法律用」、第 389～390 行：「麵貳斗陸升，贈乾孟法律用」，此處支出的粟、麵，是送給乾元寺孟法律的饋贈。第 300-～301

〔註21〕姜伯勤氏指出：「都司體現了教團內的司法權力。都教授（都僧統）有權任命或批准寺職，簽署有關文告，通過都司供職的『法律』一職傳令各寺綱管，並派出『判官』巡檢。」（前揭《唐五代敦煌寺戶制度》第二章，第 44 頁）

行：「粟柒斗，亦與馬家付本臥酒，報恩寺起鐘樓人助用」、第 386～387 行：「麵
貳斗伍升，報恩寺寫針鐘頓定用」，則是淨土寺向報恩寺提供的饋贈，其中粟
用來臥酒，以供報恩寺修造鐘樓的勞役人員飲用；麵則用來製作伙食，供報
恩寺寫針鐘的手藝人食用。至於第 313～314 行：「粟肆斗，西庫內取沽酒看翟
都衙用」，則是從西庫中支出 4 斗粟用以沽酒，前往探視翟都衙，這個翟都衙
顯然屬於地方官府的工作人員。

4、糧食加工、物品交換及自然損耗

本件籍帳中，還有一些帳目與以上幾種不同，因爲上述幾種支出基本是
消費性的，且多數用於吃喝，而這幾項則是生產性的或者屬於自然性的損耗，
我們將之歸納爲：糧食加工、物品交換及自然損耗。

（1）糧食加工

糧食加工主要是碨麵，如第 258～259 行：「麥肆拾□（碩）玖斗，東西
兩庫春碨麵用」，麥子爲糧食原料，一般需要加工成麵粉才可食用，故敦煌諸
寺每年分春、季兩季要對麥、粟等原料進行加工。此處爲春碨，一次加工量
爲 40 碩 9 斗。

（2）物品交換

就籍帳所提供的信息來看，物品交換主要是糧食作物之間的交換，農戶
可以用所生產的豆子等物品，和淨土寺交換麥、粟等糧食，當然，這種交換
也可以是逆向進行。第 314～318 行：「粟兩碩陸斗，馬加盈入豆換將用。粟兩
碩伍斗，寒苦入豆換將用。粟捌斗，石婆入豆換將用。粟貳斗，灰子妻入豆換
將用」，此處交換均爲以豆換粟，交換人分別爲馬加盈、寒苦、石婆、灰子妻。
前兩者交換量比較大，其中寒苦，有些文書中也寫作「韓苦」，乃是一個從淨
土寺領取酒本的「酒戶」，他用豆子換取粟，應當是用來釀酒，因爲豆並非釀
酒原料；至於馬加盈從事什麼行業，不得而知，但從他一次換取 2.6 碩粟來看，
很可能也不同於一般農戶。石婆、灰子妻所換取的粟較少，很有可能屬於在
淨土寺上役者的家屬，或者家底微薄的小農戶，大概因爲口糧不足而向淨土
寺換取糧食。

逆向的糧食交換也有幾例，分別是：第 430～431 行：「黃麻伍碩三斗，
曹指揮入麥換將用」、第 436～438 行：「西倉豆陸斗，王六子入麥用。豆壹碩，
石友子入粟用」。先來看黃麻的支出，這是本件籍帳關於黃麻支出的唯一記
載，作爲曹指揮所入麥子的交換物，5 碩 3 斗的數量頗爲巨大，只是不知此處

黃麻是指大麻（火麻），還是指絡麻而言。〔註22〕後面兩條，則是因爲王六子入麥、石友子入粟，淨土寺分別支出了 6 斗、1 碩的豆子。

（3）自然損耗

自然損耗只有一條記錄，即第 261～262 行：「麥肆碩伍斗，逐年圖下濕爛蟲吃不堪用」，因爲潮濕、腐爛或蟲蛀等原因所造成的變質糧食，雖然無法食用，但也必須記錄入帳。

三、925 年淨土寺之酒水消費支出

本件籍帳爲一份綜合性的收支明細帳目，並非酒水專項支出的支出帳目。不過，在粟的「破用」帳目中，用於「沽酒」或「臥酒」卻相對集中，在本項支出中所佔比例極高。另外，麥的「破用」帳目中，也有兩次用於臥酒。

茲據籍帳所載，將酒水消費一項移錄後製作成下表（表 7：925 年淨土寺酒水消費支出帳目表），以供進一步分析〔註23〕：

表 7：925 年淨土寺酒水消費支出帳目表

支出物品	支出數量	具體用途	支付方式
麥	3 碩 8 斗	西庫內付酒本，多至歲僧門造設兼納官，多至坐局席並西窟覆庫等用	臥酒
	2 碩 5 斗	臥酒，多至歲僧門造設、納官，並多至造局席，兼西窟覆庫等用	臥酒
小計支出 麥 6 碩 3 斗，占當年「破用」麥數（分類總帳 67 碩 8 斗）的比例：9.29%			

〔註22〕據《漢語大詞典》「黃麻」條，黃麻作植物名解時，有兩個義項：「1. 大麻的別名。明李時珍《本草綱目・穀一・大麻》：『大麻即火麻，亦曰黃麻。處處種之，剝麻收子。有雌有雄，雄者爲枲，雌者爲苴。』2. 又名絡麻。一年生草本，葉子卵形，開黃色小花，結蒴果，球形，表面有縐紋。莖皮纖維供紡織用，根和葉子中醫入藥，對子宮出血、膀胱結石等症有療效。亦指這種植物的莖皮纖維。」（漢語大詞典出版社 1993 年版，第 12 冊，第 992 頁。）我們之所以無法判斷是何種黃麻，原因有二：（1）從種植角度看，此二麻均適宜在西北地區生長；（2）從實用角度看，二者均屬有用之物，皆可作紡織原料，並可入藥。

〔註23〕按，凡明確標示爲「付本」、「沽酒」、「臥酒」或就寒苦（韓苦）家吃用等，均列入酒水消費帳目。對於沒有明確標示爲酒類消費的支出，如第 292～294 行「粟貳斗，僧門送路孔僧統等用。粟貳斗，贈乾孟法律用」，一概不列入酒水消費，因爲這些支出儘管有可能也是用於沽酒或臥酒，但畢竟有所歧義。

	1 碩 4 斗	臥酒，二月八日侍佛人及眾僧齋時用	臥酒
	1 斗	寫交曆日，沽酒用	沽酒
	3 斗	侍佛人九日就韓苦家，解勞用	就店食用
	1 碩 4 斗	臥酒，寒食祭拜及修園用	臥酒
	7 斗	臥酒，貼僧官屈畫匠局席用	臥酒
	6 斗	其日近夜沽酒，看後坐及眾僧食用	沽酒
	7 斗	臥酒，眾僧造春座局席用	臥酒
	2 斗	僧官窟上下彭回來日，沽酒眾僧用	沽酒
	2 斗	諸判官窟上看畫師日，沽酒用	沽酒
	2 斗	沽酒，僧官上窟時迎當寺僧官及所由用	沽酒
	3 斗	僧官窟上下彭時沽酒，看煮油人及近夜看判官眾僧食用	沽酒
	1 斗	沽酒，修寺院日看泥匠博仕用	沽酒
	2 斗	疊鹽團街日沽酒，眾僧吃用	沽酒
粟	1 斗	無窮粟車來日，沽酒用	沽酒
	1 碩 2 斗	臥酒，僧門造設、納官用	臥酒
	4 碩 2 斗	付眾僧及女人臥酒，冬至歲、聚糞西窟、交割西倉等用	臥酒
	2 斗	馬家付本，疊園牆用	付本
	7 斗	與馬家付本臥酒，報恩寺起鐘樓人助用	臥酒
	1 斗	付寒苦春料，官齋看鄉官用	付本
	1 斗	馬家付本，剪殺羊毛用	付本
	2 斗	寒苦店內付本，雷教授氣裟沙用	付本
	7 斗	馬家付（本），僧官東窟下彭用	付本
	7 斗	寒苦家付本，七月十四日上窟及十五日納官用	付本
	1 碩 4 斗	馬家及寒苦臥酒，十七日破盆用	臥酒
	3 斗	馬家付本，報恩寺寫針鐘及張判官等用	付本
	3 斗	寒苦臥酒，看洛法律及麻胡博士西行用	臥酒
	2 斗	馬家付本，老宿、判官吃用	付本
	8 斗	（西庫）付願真臥酒，算倉用	臥酒

4 斗	西庫內取沽酒，看翟都衙用	沽酒
7 斗	馬家臥酒，看侍佛人用	沽酒
1 斗	秋轉物日，沽酒用	沽酒
4 斗	二月七日與行像社沽酒用	沽酒
7 斗	寒苦及馬家沽酒，三日交庫用	沽酒
7 斗	（西倉）羅家付本，逐日算會用	付本
小計支出 粟 20 碩 6 斗，占當年支出「破用」粟數（分類總帳 43 碩 8 斗）的比例：47.03%		
全年酒水消費 合計支出麥、粟，共 26 碩 9 斗		

據諸「表 7」，淨土寺 925 年所「破用」的麥子中，有 6.3 碩用於「臥酒」，占當年麥子「破用」總數的 9.29%。925 年，淨土寺共「破用」粟 43.8 碩，其中用於沽酒和臥酒者有 20.6 碩，占比高達 47.03%，幾近一半。由此我們或可分析麥、粟兩種主要糧食作物，在具體用途方面的差異。

上述相關數據首先表明，麥、粟在具體用途上確有較大區別。由於麥子乃是加工麵粉的原料，麵食又是敦煌地區的主食，故淨土寺不可能拿出更多麥子用於支付酒本，這也是淨土寺用於支付酒本的麥子占比不到 10% 的原因所在。相比之下，粟雖然也是北方主要糧食作物之一，但是與麥麵相比，其在日常飲食中的重要性要稍為遜色，就眾多籍帳所反映的敦煌諸寺日常飲食來看，麵食的比重大大超過粟食，就本件籍帳反映的情況來看，則是接近一半的粟都被用於支付酒本，而不是直接食用。同時，這也從一個側面告訴我們，敦煌地區的酒水釀造，以粟為主要原料，麥子用於此途相對較少。

接下來看淨土寺支付酒水費用的支付方式。據諸「表 7」可知，淨土寺支付酒水的費用共有四種方式，分別是：第一種是「臥酒」，第二種是「沽酒」，第三種是「就店食用」，第四種是「付本」。依據上表所載，這四種支付方式的統計數據分別是：1.「臥酒」，19.1 碩，占 71%；2.「沽酒」3.2 碩，占 12%；3.「就店食用」，0.3 碩，占 1%；4.「付本」4.3 碩，占 16%。

為直觀起見，今將這四種支付方式的統計數據，製作如下餅狀示意圖（圖4：925 年淨土寺酒水消費支付方式構成比例圖）：

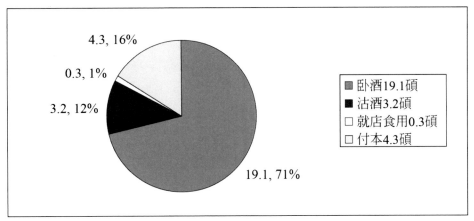

圖4：925 年淨土寺酒水消費支付方式構成比例圖

　　從上述「表7」、「圖4」可以明確看出，在淨土寺 925 年的酒水消費支出中，「臥酒」為最主要的支付方式，通過「臥酒」所支出的麥、粟，在數量上遠高於「沽酒」等其他方式。為何淨土寺更樂意於使用「臥酒」的方式獲得酒水供應呢？首先，可能是因為這種方式較為方便。此外，我認為在這背後應該有更為重要的原因。

　　前揭姜伯勤氏曾專門討論過「酒戶」及寺院用酒的問題，並得出許多十分精闢的結論，如：「所謂『沽酒』指用現糧現購的酒類，每次用量為 1 斗、2 斗或 3 斗麥粟。『臥酒』則是預付糧食作為酒本，然後由酒戶處獲得酒供……由於預付酒本，而形成了一定時期對寺院的依賴，並使寺院得到低於時價水平的供酒，從而對酒戶形成某種超額的剝削。」〔註24〕據此可知，「臥酒」的方式之所以大量使用，主要就是因為通過預付酒本的方式可以獲得低於時價的酒水供應，也就是說，以同等數量的糧食買酒，「臥酒」所得要比「沽酒」所得要多，這才是關鍵性原因。

　　接下來看淨土寺酒水消費的用途。

〔註24〕　前揭《唐五代敦煌寺戶制度》第四章第八節：《從寺戶「酒戶」到領取寺院酒本的「酒戶」》，第 250、第 255 頁。不過，姜氏在「沽酒」所支出糧食的數量判斷上，也有不盡準確之處，用於「沽酒」的麥、粟，在絕大多數情況下確實是 1 斗、2 斗或 3 斗，但並非絕對，如「表5」中「馬家臥酒，看侍佛人用」、「二月七日與行像社沽酒用」、「寒苦及馬家沽酒，三日交庫用」三次都是「沽酒」，但所支用的粟分別為 7 斗、4 斗、7 斗。而「寒苦臥酒，看洛法律及麻胡博士西行用」是通過「臥酒」的方式，但支用的粟卻只有 3 斗。由此可見，支出糧食數量的大小並非區分「沽酒」與「臥酒」的關鍵性標準。

　　我在分析 S. 6452-3 號《壬午年淨土寺常住庫酒破歷》時，曾將淨土寺的用酒分爲五種類型，即日常生活飲用類用酒、接待類用酒、招待類用酒、節日慶典活動類用酒、撫慰饋贈類用酒。〔註 25〕就本件籍帳反映的淨土寺酒水消費途徑來看，與 S. 6452-3 號《壬午年（公元 982 年）淨土寺常住庫酒破歷》大致相同。我們姑且也將其分爲如下幾類：

　　第一類，日常生活飲用類用酒

　　指寺院普通僧侶日常生活中所飲用，籍帳中凡標有「衆僧吃用」一類字眼者，均可視爲此類，如 276～277 行：「粟陸斗，其日近夜沽酒，看後坐及衆僧食用」、第 277～278 行：「粟柒斗，臥酒，衆僧造春座局席用」。不過，要特別指出的是，一般情況下，日常生活中能夠經常飲酒的僧侶，多爲寺院上層人物，或沙州都司下屬的各級僧官。而絕大多數的下層普通僧侶，飲酒的機會就很少很，他們一般都要在某些節日慶典或參加勞作的時候，才能夠享受到酒水的供應。〔註 26〕

　　第二類，接待類用酒

　　指宴請或接待其他寺院僧侶、僧官、地方官員等所支用的酒水。如，文書中所載「氾法律共大師上窟回來」、「僧官窟上下彭回來」、「僧官上窟時迎當寺官及所由」、「請僧統、僧政、僧錄看飯」、「看翟都衙」、「老宿判官吃用」等名目，所支用的酒水均於這一類用酒。

　　第三類，招待類用酒

　　指淨土寺雇傭寺外人員勞動，治辦宴席所支用的酒水。如，「與行像社沽酒」、雇傭算會人、招待侍佛人、畫匠、泥匠等，由於這些人爲淨土寺提供了義務或有償勞動，寺院需要治辦宴席招待，因此也需要酒，這一類既屬於寺院帶有經營性的酒類支出，也屬於招待性用酒。

　　第四類，節日慶典活動類用酒

　　指各種佛教節日或中國傳統節日時，寺院舉行慶祝活動所支用的酒水。如，冬至日、寒食、行像節、盂蘭盆節、東窟、西窟上水或其他佛事活動等各種節日或慶典，都需要用到酒水，就屬於這一類。

〔註 25〕 李文才撰：《晚唐五代沙州淨土寺相關籍帳文書試釋》，《寒山寺佛學》第 8 輯，第 226～245 頁，蘭州，甘肅人民出版社，2013。該文今亦收入本書。

〔註 26〕 如文書所載「疊鹽園街」、「修園」、「上屋泥」等勞作中，那些參加勞動的僧衆均得到了酒水的供應。

第五類，撫慰饋贈類用酒

指寺院在非常情況下，向那些與本寺有密切關係，或是當地有影響的人物及其家屬，或其他佛寺甚至是地方官府，所提供的饋贈性酒水。如，報恩寺因為有修造工程，淨土寺曾兩次提供酒水；「臥酒僧門造設納官」，則屬於饋贈給地方官府的禮品。從總體看，本件文書所載的這一類酒水支出不是很多。

以上對淨土寺酒水用途所作的分類，可能並不完全恰當，但從中還是可以看出淨土寺每年酒水消費的大致面貌，從酒水消費的途徑來看，淨土寺每年酒水支出呈現出多樣化的特點。其中不僅有僧侶日常生活所飲用，也有迎來送往的人情開支，當然還有因這各種節日及慶典活動的支出。淨土寺酒水消費多樣化的情況，從某個側面表明敦煌地區佛教在晚唐五代時期的精神面貌，特別是這個地區佛教信仰世俗化的傾向。單就對酒水的態度而言，敦煌地區與內地寺院有明顯不同，在絕大多數內地寺院，戒律中都有「酒戒」一條，因此對於僧侶飲酒約束甚嚴，而敦煌諸寺卻沒有酒戒的說法，因為敦煌諸寺的籍帳中，有大量關於「沽酒」、「臥酒」的帳目記錄，涉及範圍則幾乎囊括敦煌所有寺院，不僅僧寺如此，尼寺也不例外。

飲酒與晚唐五代以後敦煌佛教的世俗化
——以 S.6452-3、S.6452-5 號文書爲中心的考察

　　對於晚唐五代北宋時期敦煌地區的釀酒業與寺院釀酒、僧尼飲酒與酒戒、酒行酒司和酒戶的管理與經營諸問題的探討，大陸學界業已取得豐碩成果。〔註1〕這些研究成果不僅有助於我們認識和理解敦煌地區釀造業的發展狀況，更從不同側面加深了我們對於敦煌社會生活狀況，尤其是僧尼生活狀況的認識。就以上研究所揭示，晚唐五代北宋初期的敦煌寺院，在日常生活上呈現出明顯不同於內地寺院的精神面貌，其中最突出的表現就是，包括僧錄、僧政、教授、法律等各級僧官在內的敦煌僧尼，在日常生活中普遍飲酒，從而造成了佛教戒律中的一大戒——酒戒在事實上的鬆弛。在這些研究成果中，尤其值得關注的是李正宇氏《晚唐至北宋敦煌僧尼普聽飲酒——敦煌世俗佛教系列研究之二》一文，該文從關注「世俗佛教」的角度切入，利用敦煌寺院帳冊關於寺院臥酒、沽酒以及僧尼飲酒的帳目記錄，對晚唐至北宋時期敦煌僧尼普遍飲酒的現象進行了討論，不僅對僧尼飲酒的類型作較爲詳細

〔註1〕　這方面的代表性研究論著主要包括：施萍婷氏《本所藏〈酒帳〉研究》，《敦煌研究》（創刊號）1983 年第 1 期，第 142～155 頁；馮培紅氏《唐五代敦煌地區的酒行、酒戶和酒司》，《青海社會科學》2001 年第 1 期，第 82～87 頁；潘春輝氏《晚唐五代敦煌僧尼飲酒原因考》《青海社會科學》2003 年第 4 期，第 81～83 頁；陸離氏《吐蕃統治時期敦煌釀酒業簡論》，《青海民族學院學報》2004 年第 1 期，第 12～18 頁；李正宇氏《晚唐至北宋敦煌僧尼普聽飲酒——敦煌世俗佛教系列研究之二》，《敦煌研究》2005 年第 3 期，第 68～79 頁；鄭炳林氏、魏迎春氏《晚唐五代敦煌佛教教團僧尼違戒——以飲酒爲中心的探討》，《敦煌學輯刊》2007 年第 4 期，第 25～40 頁；高國藩氏《敦煌唐宋時代酒文化考述》，《西夏研究》2011 年第 4 期，第 89～99 頁。

的分類，而且指出了敦煌僧尼飲酒之風愈往後愈甚的發展趨勢，在此基礎上，進而分析敦煌僧尼普遍飲酒形成的原因，實源於吐蕃的佔領統治，以及佛教戒律中有關「酒戒」規定的自相矛盾之處。

綜觀以上前賢之研究成果，雖然各人研究的角度與學術路徑，乃至觀點不盡相同，但結論卻有相對一致的指向性，即敦煌寺院經營釀酒業，以及僧尼普遍飲酒，乃是敦煌佛教世俗化傾向的一個明顯標誌。不過，以上研究也有一定的局限性，即在討論敦煌佛教世俗化傾向時，較多關注於僧尼飲酒與違反戒律的關係問題。實際上，對於敦煌寺院來說，酒的用途是多方面的，僧尼飲用只是其中之一，可以說，酒用途的多樣化，所反映出來的敦煌寺院世俗化傾向更爲全面。

基於以上，本文擬以 S.6452-3 號《壬午年（982）淨土寺常住庫酒破歷》〔註 2〕、S.6452-5 號《辛巳年—壬午年（981～982）付酒本粟麥歷》〔註 3〕爲中心，通過對這兩件屬於淨土寺的酒水支出帳目的解讀，並結合其他相關籍帳文書，對敦煌寺院用酒多樣化問題進行分析，並由此加深對敦煌僧尼的飲酒之風以及敦煌佛教在晚唐五代以後世俗化傾向等問題的認識。

一、淨土寺的酒水來源：常住酒庫與「酒戶」

淨土寺作爲敦煌地區一所相對晚出的僧寺，成立於吐蕃佔領瓜州以後，即公元 780 年以後。〔註 4〕唐耕耦氏、陸宏基氏所編《敦煌社會經濟文獻眞蹟釋錄》（第二輯、第三輯）所收錄的屬於淨土寺各種便物歷、收支籍帳等文書，共有 20 件之多。〔註 5〕由於這些文書相對集中且多數時間較爲明確，故成爲學者研究敦煌社會經濟（特別是會計籍帳）問題較多引用的文書，歷來受到研究者的關注。

S.6452-3 號《壬午年（982）淨土寺常住庫酒破歷》（以下簡稱 S.6452～3）的籍帳時間爲北宋太宗太平興國七年（982）正月十一日至十二月十九日（後

〔註 2〕 《敦煌社會經濟文獻眞蹟釋錄》第三輯，第 224～226 頁。

〔註 3〕 唐耕耦、陸宏基編：《敦煌社會經濟文獻眞蹟釋錄》第二輯，第 243 頁。北京，全國圖書館文獻縮微複製中心，1990。按，本件文書雖未直接表明屬於淨土寺，但通過與 S.6452-1、S.6452-2、S.6452-3、S.6452-4 等屬於淨土寺的文書進行比較，字體明顯相同，且這些文書發現時就連在一起，因此可以判斷出 S.6452～5 號付酒本粟麥歷，也是屬於淨土寺的籍帳。

〔註 4〕 前揭《唐五代敦煌寺戶制度》，第 11～14 頁。

〔註 5〕 按，便物歷主要收錄於第二輯，共 6 件；收支籍帳（算會牒）文書收錄於第三輯。

缺），係淨土寺常住酒庫 982 年酒水支出的明細帳目。S.6452-3 號文書共有 54 行，從正月開始計帳，一直到十二月十九日（此日之後殘缺），相對較爲完整，逐月分日記載了 982 年從淨土寺「常住庫酒」所支出的酒水帳目。作爲一份酒水單項支出的會計帳目文書，該籍帳不僅具列每次酒水支出的日期，以及所支出酒水的數量，而且對於所支出酒水的用途也有簡明扼要的記述，爲我們進一步瞭解和分析淨土寺（乃至整個敦煌寺院）酒水消費的具體途徑、酒水消費的數量及頻率等問題提供了第一手資料。

S.6452-5 號《辛巳年－壬午年（981～982）付酒本粟麥歷》（以下簡稱 S.6452-5）的籍帳時間爲北宋太平興國六年（981）十二月廿六日至七年（982）十二月十七日，係淨土寺支付酒本粟麥的專項明細帳目。S.6452-5 號文書共 16 行，自辛巳年（981）十二月廿六日至壬午年（982）十二月廿七日，共計支付酒本粟麥 31 筆，共 75 碩 7 斗（其中酒本粟 70 碩 1 斗、酒本麥 5 碩 6 斗，詳情見下文「表 2」）。

淨土寺「常住酒庫破歷」（酒水消費帳目）、「付酒本粟麥歷」（支付酒水款），爲我們全面認識敦煌寺院僧侶日常生活，打開了一扇窺探的窗口。

茲將 S.6452-3 號淨土寺 982 年常住酒庫支出明細帳目，及 S.6452-5 號淨土寺 981～982 年支付酒本粟麥的帳目明細，分別表列如下（表 1：淨土寺 982 年常住酒庫支出明細表、表 2：981～982 年淨土寺支付酒本粟麥帳目表），以供進一步分析。

表 1：淨土寺 982 年常住酒庫支出明細表（資料來源：S.6452～3 號）

日 期		支出數量	支出原因（用途）	支出性質分類
正月 （共 7 天）	十一日	1 甕	大張僧正打銀椀局席用	招待
	十四日	1 角	東窟頭用	佛事活動
	十九日	5 升	周、李二僧正就店吃用	日常生活
	廿日	1 斗	二和尚（周、李二僧正）就店吃用	日常生活
	廿五日	2 斗	僧正法律就店吃用	日常生活
	廿六日	1 角	僧正三人、法律二人就店吃用	日常生活
	廿七日	1 甕	李僧正、音聲人就店吃用	招待

正月合計支出		1.85 碩〔註6〕 （即 1 碩 8 斗 5 升）		
二月 (共 7 天)	六日	0.5 甕		
	七日	3 斗+3 斗	耽佛人酒+醜撻酒	招待
	八日	7 甕		節日度典
	十三日	1 角	李僧正種麥用	招待
	十九日	1 斗	佛食（宋判官家送）	佛事活動
	廿四日	1 斗	周和尚淘麥用	招待
	廿九日	5 升	看刺史用（另，煮油人吃用，不詳）	禮品饋贈
二月合計支出		5.5 碩（即 5 碩 5 斗）		
三月 (共 11 天)	四日	1 甕	寒食	節日慶典
	五日	1 甕	梁闍梨亡	撫慰饋贈
	七日	1 甕	東園造作人吃用	招待
	八日	8 杓	李僧正屈人用	招待
		1 斗	大張僧正淘麥用	招待
		3 斗	北園造作人吃用	招待
	九日	？杓		
	十日	3 斗	北園造作人吃用	招待
	十一日	3 斗	河母造作用	招待
	十三日	3 斗	僧正亡，送槃用	禮品饋贈
		1 斗	李僧正招待造鞍匠吃用	招待
	廿五日	1 斗	大張僧正東窟來迎	接待
	廿八日	0.5 甕	北園造作	招待
	廿九日	3 斗	音聲人就店吃用	招待
		1 斗	李僧正造鞍局席	招待
三月支出合計		4 碩 另（8 勺+？勺）		
四月 (共 10 天)	二日	1 斗	尚和（？）官渠來吃用	日常生活
	四日	2 斗	破歷用	招待

〔註 6〕 據施萍婷氏考證，酒 1 甕爲 6 斗，1 角爲 15 升。（前揭《本所藏〈酒帳〉研究》，《敦煌研究》1983 年第 1 期）又據前揭中國古代計量單位之間的轉換關係：6 粟=1 圭，10 圭=1 撮，10 撮=1 抄，10 抄=1 勺，10 勺=1 合，10 合=1 升，10 升=1 斗，10 斗=1 石（碩）。本表統計的酒水數量，根據以上換算關係計算得出。

	七日	1 甕	刺史亡，用	禮品饋贈
	九日	5 升	二和尚（周、李）就院吃用	日常生活
	十六日	1 斗	二和尚（周、李）就店吃用	日常生活
	廿三日	1 斗	李僧正淘麥用	招待
	廿五日	1 斗	東窟上用	佛事活動
	廿六日	1 甕	大張僧正盡局席用	招待？
	廿八日	1 甕	眾僧吃用	日常生活
	廿九日	1 斗	宋僧正就店吃用	日常生活
四月支出合計		2.55 碩（即 2 碩 5 斗 5 升）		
五月 （共 9 天）	一日	1 斗	張僧正李教授就店吃用	日常生活
	三日	1 斗	迎小張僧正用	接待
	四日	1 斗	二和尚（周、李）就庫門吃用	日常生活
	七日	2 斗	磑頭吃用	招待
	八日	2 斗	東窟用	佛事活動？
		0.5 甕	眾僧吃用	日常生活
		1 斗	小張僧正淘麥用	招待
	廿一日	1 甕+7 杓	北園造作午料+夜料	招待
	廿二日	2 斗+粟 4 斗	指揮、孔目、僧正，老宿、法律等吃用	接待
	廿六日	1 角	弘兒醜撻圈園門吃用	招待
五月支出合計		2.39 碩 另 35 勺（即 2 碩 3 斗 9 升，另 35 勺）		
六月 （共 3 天）	三日	3 斗	賈舍造文書用	招待
	十日	3 斗	僧下載法律就倉門吃用	日常生活？
	廿一日	2 斗	李僧正東窟來迎用	接待
六月支出合計		0.8 碩（即 8 斗）		
七月 （共 11 天）	十三日	5 升	煮油人吃用	佛事活動
	十四日	1 角	東僧上用	禮品饋贈
		1 甕	小張僧正看使君用	接待
		粟 1 斗	大眾東窟來迎用	節日慶典
	十六日	2 甕	破盆	招待
	十八日	1 斗	造函午料	招待
	十九日	1 角	午料	招待
	廿日	1 斗	午料	招待

	廿一日	1 斗	午料	招待、支付
	廿二日	1 斗+1 斗+1 斗	午料+夜間局席+手工價	招待
	廿三日	1 斗	鐵匠陳醜子造作	招待
	廿四日	粟 2 斗沽酒	安教練轉局來	禮品饋贈
		粟 2 斗沽酒	使君脫孝	招待
	廿八日	粟 2 斗	屈、董都料沽酒	招待
		2 斗	造破歷	
七月支出合計		2.65 碩（即 2 碩 6 斗 5 升）		
八月 （共 5 天）	六日	1 甕	顯德寺人助酒	禮品饋贈
	十六日	2 斗	東窟看大張僧正	接待
	十七日	1 甕	安國寺人助用	禮品饋贈
	廿日	1 斗	李僧正造後門博士吃用	招待
	廿五日	3 斗	西窟造作	招待
八月支出合計		1.8 碩（即 1 碩 8 斗）		
十月 （共 10 天）	五日	1 角	北園造作	招待
	六日	1 斗	掘蔥	招待
	八日	1 斗	李、張、高僧正，索法律等就院吃用	日常生活
		1 角	周僧正東窟來迎用	接待
		5 升	李僧正就少氾家吃用	日常生活
	十三日	1 斗	張僧正、僧子法律吃用	日常生活
	十四日	1 斗+1 斗	看木+夜間來	招待
	十六日	粟 2 斗沽酒+1 斗	看侍僧錄+大師來	接待
	十七日	1 斗	宋判官家送	禮品饋贈
	廿一日	1 甕	翟家人助用	禮品饋贈
	廿四日	1 角+1 斗	東河莊看木	招待
	廿八日	1 斗	周和尚鋪暖房	招待
十月支出合計		2.07 碩 另 14 勺（即 2 碩 7 升，另 14 勺）		
十一月 （共 7 天）	一日	1 斗	李僧正鋪暖房	招待
	二日	1 角	楊孔目、周、李就店吃用	接待
	四日	1 斗	周、李就店吃用	日常生活

	十三日	8 甕	周和尚 3、李和尚 2、大小張僧正、高僧正各 1	日常生活？
	十九日	1 甕	僧正、法律等吃用（麥酒）	日常生活
	廿五日	1 斗	大張僧正東窟來迎用	接待
	冬至	1 甕	麥酒	節日慶典
十一月支出合計		6.45 碩（即 6 碩 4 斗 5 升）		
十二月（共 5 天）	二日	1 斗	二和尚（周、李）、羊司就店吃用	接待
	三日	1 角	三界寺二張僧正、周和尚、法律等就店吃用	接待
	五日	1 斗	二和尚（周、李）、教授等就店吃用	日常生活
	六日	1 斗	眾法律東窟來迎用	接待
	十九日	1 甕	張僧正友 連亡	禮品饋贈
十二月支出合計		1.05 碩（即 1 碩 5 升）		
全年支出總計		31.11 碩 另 57+？勺（即 31 碩 1 斗 1 升 另 57＋？勺）		

表 2：981～982 年淨土寺支付酒本粟麥帳目表 (資料來源：S.6452～5 號)

支付時間	支付數量（碩）		支付對象
	粟	麥	
辛巳年（981）			
十二月廿六日	3.5		氾法律店
	4.2		鹽子磨店
	1.4		萬定
壬午年（982）			
正月十二日	4.2		鹽子磨店
	2.1		富昌
正月十三日	0.4	0.4	富昌
正月廿日	1.4		萬定
正月廿七日	1.4		萬定
二月四日	7		鹽子磨店
	0.7		富昌
二月廿八日	2.1		劉萬定

三月十二日	2.1		氾押衙店
	1.4		興子
三月十九日	15		鹽子磨店
三月廿日	2.1		氾押衙店
四月廿七日	2.1		氾押衙店
	1.4		興子
	0.7		幸通店
五月十六日	1.4		富昌
七月九日	1.4		富昌
十月十六日	2.1		興子
十月廿一日	3.5		定員押衙店
十月廿二日	1.2	1.2	郭法律
十一月六日	4.9	2.4	鹽子磨店
	2.4		鹽子磨店？
十一月十六日		0.8	氾押衙店
十二月十七日		0.8	鹽子磨店
合　計	70.1	5.6	
折合酒水數	60.08	4.80	

　　我們注意到，S.6452-3 號籍帳所標示之淨土寺支出酒水，全部來自於該寺「常住酒庫」。何謂「常住庫酒」？首先要將這個問題弄清楚，才可討論後面的問題。

　　「常住」一詞的內涵，來自於佛教內律的定義，本指恒久不變的意思，如《法華經》謂「是法住法位，世間相常住」，後來轉指僧伽的共有財產，包括僧團的不動產及僧尼個人的生活用品，這些屬於大眾僧尼共同擁有的「僧物」共四種，即所謂「常住」、「十方常住」、「現前」、「十方現前」。〔註7〕除了「常住物」（即「僧物」）外，還有所謂「佛物」，凡屬於「佛圖」的財產，均稱爲「佛物」，一共有「四種佛物」，指堂塔、伽藍、供養及獻給佛的一切物，

〔註 7〕據《四分律刪繁補闕行事鈔》卷中一《隨戒釋相篇第十四》云：「盜僧物犯重，然僧有四種：一者常住，謂住，謂眾僧廚庫、寺舍、眾具、華果、樹林、田園、僕畜等……二者十方常住，如僧家供僧常食……三者現前，現前必盜此物，望本主結重，若多人共物一人守護，亦望護主結重。四者十方現前，如亡五眾輕物也……」（《大正藏》卷四〇，第 55 頁下欄至 56 頁上欄）

即所謂「佛受用物」、「施屬佛物」、「供養佛物」、「獻佛物」。〔註 8〕

　　內律嚴格區分佛圖所有權與眾僧所有權，明確規定「僧物」與「佛物」這兩種財產不能互使。〔註 9〕內律嚴格區分僧物、佛物，具體表現在敦煌文書中，就是掌管佛物的機構稱「佛帳所」，而掌管僧物的機構則稱爲「常住處」。〔註 10〕由以上「佛物」與「僧物」的性質區分可知，「常住」物即「僧物」，與僧尼的關係更爲直接，大凡「常住」之物，即爲僧尼所有之物，也就是僧尼可以支用的物品。根據以上「僧物」與「佛物」的區別，並結合姜伯勤氏對「常住」的定義，我們就可以對淨土寺「常住酒庫」的性質作出判斷：淨土寺的「常住酒庫」乃是屬於淨土寺不動產「廚庫」中的一種，是淨土寺用來貯藏或保管酒水的專用倉庫。作爲淨土寺的「常住」不動產，「常住酒庫」中的酒水，從理論上講，應該歸全寺僧侶享用。〔註 11〕

　　這裏還有一個問題需作進一步澄清。在題爲淨土寺「常住酒庫」酒水支出帳目的 S.6452-3 號文書中，我們卻看到了多次「就店吃用」的記錄。據表 1 所載，相關人員「就店吃用」的具體情況爲：正月 5 次、三月 1 次、四月 3 次、五月 1 次、十月 1 次、十一月 2 次、十二月 3 次，共計 15 次。〔註 12〕「就店吃用」次數最多的是周僧正、李僧正，大概有 7、8 次之多，其他「就店吃用」的人員也多爲僧正、法律、教授等高級僧職人員。

〔註 8〕 據《四分律刪繁補闕行事鈔》卷中一《隨戒釋相篇第十四》云：「……自互先約佛物有四種：一，謂佛受用物，不得互轉，謂堂宇衣服床帳等物……二，施屬佛物……三，供養佛物，僧祇供養佛華，多聽轉賣買香燈……四者，獻佛物……」(《大正藏》卷四〇，第 57 頁中欄)

〔註 9〕 《四分律刪繁補闕行事鈔》卷中一《隨戒釋相篇第十四》中有云：「……《寶梁》等經云：佛法二物，不得互用。……《十誦》：佛聽僧坊畜使人，佛圖使人乃至象馬牛羊亦爾，各有所屬，不得互使。」(《大正藏》卷四〇，第 56 頁中欄)

〔註 10〕 前揭《唐五代敦煌寺户制度》，第 8 頁。

〔註 11〕 淨土寺「常住酒庫」中的酒水歸全寺僧侶享用，爲何只能説是理論上呢？這是由於敦煌教團及其下屬諸寺，内部存在嚴格的等級劃分，因此所謂「僧物」歸全體僧伽只能停留在理論層面，並不是説這些物品眞的要在全體僧眾中平均分配。包括諸寺三綱、都司僧官等在内的上層僧侶，他們作爲特權階級人員，自然擁有對包括「常住酒庫」在内的各種僧物的優先享用權，而像沙彌、童子、行者、童行等下層僧徒，則没有這個權力，他們只能被動地從中分得很小的一部分，有時候更像是從上層僧侶那裏獲得的施捨。

〔註 12〕 按，這個數字是對文書中直接標明「就店吃用」字樣者所作的統計，對於那些可能也是「就店吃用」但未直接標明者，則不作統計。

另外，根據表 2（即 S.6452-5 號文書）所提供的信息可知，淨土寺本年先後向氾法律、鹽子磨、（劉）萬定、富昌、氾押衙、興子、幸通、定員押衙、郭法律等 9 家店鋪支付了「酒本」，這些酒店與淨土寺之間又存在著什麼樣的關係？

姜伯勤氏在討論「酒戶」演變的歷史過程等問題時，曾以替淨土寺提供酒水供應的韓苦（寒苦）、馬家、羅家等酒戶為例，指出供酒酒戶往往本身就是一間酒店（如相關籍帳文書中多次出現的韓苦店、韓苦家，即韓苦經營的酒店），他們並不是「寺戶酒戶」那樣的隸屬人戶，而是和寺院之間沒有隸屬關係的小生產者或小商品生產者。〔註13〕如果此說成立，那麼 S.6452-5 號文書所列的 9 家店鋪，在性質上應該和韓苦、馬家、羅家等酒戶相同，都是為淨土寺提供酒水供應的酒戶。

問題在於，既然標明為淨土寺「常住酒庫」酒水破用歷，那麼次數眾多的「就店吃用」又該作何解釋？這裏的「店」與淨土寺「常住酒庫」有何關係？既然說是「常住酒庫」，就表明它也應當屬於淨土寺的不動產——「廚庫」中的一種。然而，這些酒店又明顯是開設在寺院之外，寺外酒店又因何被視為「常住酒庫」，從而構成了淨土寺的不動產？

以上諸多設問，難以一下子解釋通融。若上述姜伯勤氏關於「酒戶」性質的觀點成立，那麼，「就店吃用」被視為從「常住酒庫」中支出，二者就不無扞格之處。應該怎樣理解「就店吃用」與「常住酒庫」之間的關係？對此，或可從如下三個方面加以解釋：1. 該酒店係淨土寺開設於寺外，通過雇傭的方式交給寺外人員（即「酒戶」）經營打理，酒店經營者與寺院並無人身隸屬關係，但店鋪的所有權（產權）屬於淨土寺，故淨土寺僧人可以直接「就店吃用」；2. 酒戶與寺院沒有人身依附關係，酒店所有權屬於酒戶本人，然而由於淨土寺定期向他們提供酒本粟麥，因此寺僧可以通過記帳的方式，隨時在該酒店消費支出（即「就店吃用」）；3. 該酒店的經營者（如劉萬定、富昌、興子、幸通、韓苦、馬家、羅家等人）的身份為「常住百姓」，即在人身關係上仍然隸屬於淨土寺的「寺戶」性質的人口。

上述 1. 2. 3. 解釋中，前兩項的可能性較大。1. 的情況是，這些酒店的產權屬於寺院，作為淨土寺「常住酒庫」的一個組成部分，通過租賃的方式交

〔註13〕 前揭《唐五代敦煌寺戶制度》第四章第八節《從寺戶「酒戶」到領取寺院酒本的「酒戶」》，第 246～251 頁。

給和淨土寺並無人身依附關係的承租戶經營，由於該店鋪的所有權屬於寺院，故寺院的僧侶以及都司的僧官可以直接「就店喫用」。2. 的情況，意味著這些酒水原本應該從酒戶那裏購回，並儲存於淨土寺的「常住酒庫」，以供寺院使用，然而在實際操作中，寺院管理者發現，不僅酒水運輸過程中會產生一定損耗，儲存保管酒水也要付出一定成本，遠不如將這些酒水寄存在酒戶那裏，反正可以隨時到店中支出消費，這樣一來，儘管是「就店喫用」，但實際上仍然相當於從「常住酒庫」支出。3. 的情況，可能性之所以最小，是因爲隨寺戶制度在歸義軍時期的日趨沒落，「常住百姓」數量越來越少，淨土寺作爲敦煌地區規模中等的寺院，絕對不可能擁有如此之多的「常住百姓」。

另外，我們還注意到，表 2 所列的 9 家店鋪，並非全部由普通酒戶所經營，其中氾法律店、郭法律店這兩個店鋪的產權所有人——氾法律、郭法律，他們都是沙州都司的高級僧職人員。淨土寺既然向氾法律、郭法律店支付酒本，這就表明那些由包括都司僧官在內的高級僧侶所經營的酒店，也同時向寺院提供酒供。於是問題就出現了：這些由寺僧或僧官所經營的酒店，其產權屬於個人，還是寺院？其經營所得屬於個人，還是寺院財產？所有這些，恐怕都值得深入探討。

總之，在淨土寺「常住酒庫」的構成中，除了包括擁有產權的寺外酒店，以及由他人經營而寺院爲之提供酒本、寺僧隨時可以到店消費的酒店外，應當還有貯藏和保存酒水的專用倉庫。據表 1 所載，五月四日，「二和尚就庫門喫用」；六月十日，「僧正法律就倉門喫用」。其中的「就庫門」、「就倉門」，應當指貯藏和保存酒水的「常住酒庫」的門房。〔註 14〕我們進而可以認爲，帳目中除標明「就店喫用」(「十月八日李僧正就少氾家喫用」)外，其他未標明吃用

〔註14〕對於「就庫門」、「就倉門」，前揭李正宇氏籠統解釋爲：「皆謂在寺院倉庫門房內」，並未具體指出是儲存何物的倉庫。如此解釋固然不錯，然有欠精確。因爲結合其他籍帳文書看，淨土寺至少擁有用以儲藏麥、粟、豆等糧食的「東倉（庫）」、「西倉（庫）」，更多的則是簡單地標明「倉」或「庫」，無論這些「倉」、「庫」用來儲存何物，均表明淨土寺倉庫肯定不止一處。因此，這裏的「就倉門」、「就庫門」究竟指何種倉庫，無法判斷。鄙意，既然肯定淨土寺有「常住酒庫」，那麼將「就倉門」或「就庫門」飲酒，解釋爲「常住酒庫」的門房理應最爲合理。因爲我們很難想像，他們在飲酒時，先從「常住酒庫」取出酒水後，再特別趕往其他倉庫的門房去飲用。當然，還有一種可能，即包括「常住酒庫」在內的所有倉庫原本就在一處，而且供倉庫看護者停住的「門房」只有一個，那麼籠統解釋爲「寺院倉庫門房」，也可通暢無礙。

地點，或標示爲「就院喫用」（即在寺院中吃用）者，其酒水應當就是直接從「常住酒庫」中支取，並在寺院中吃用。

二、淨土寺酒水支出的數量、頻率、構成及其意義

接下來，我們通過對淨土寺每年酒水支出的數量、頻率、構成等方面的考察，並結合其他相關史料，對晚唐五代以後敦煌寺院的飲酒風氣首先作一整體性的瞭解。

（一）淨土寺的年酒水支出量及其構成

根據表1可知，982年淨土寺從「常住酒庫」中支出的酒水數量爲31碩（石）1斗1升另57勺多（按，鑒於「勺」的計量單位過小，故在分析中忽略不計），如果平均到12個月，則每月消費酒水2.593碩（2碩5斗9升3合）；如果一年按365天計算，則平均每天消費酒水0.0852碩（8升5合2勺）。

然而，以上數字只是從淨土寺「常住酒庫」中消費的酒水數量。因爲如果根據表2所提供的數據，則淨土寺每年的酒水消費量更大。

根據表2，從981年十二月廿六日至982年12月十七日，淨土寺共支出「酒本粟麥」75.7碩（其中粟70.1碩，麥5.6碩），除去981年所支付的9.1碩外，982年正月至十二月共支付「酒本粟麥」66.6碩，這應當就是982年淨土寺全年酒水消費的總量。按照1：0.857的兌換率折算，66.6碩粟麥即相當於57.076碩酒水。將之平均到12個月，則每月消費酒水4.756碩；一年按365天計算，則每天消費酒水0.156碩（即1斗5升6合）。

然而，根據表1、表2的統計數據，不難發現這兩組數據之間存在著相當大的差別，後者差不多是前者的1倍。何以產生這個數字上的差異呢？原因即在於兩表中的數據來源不同，表1是對淨土寺「常住酒庫」所支出酒水的數據統計，而表2則是對淨土寺通過支付酒本粟麥所消費的全部酒水的數據統計。這裏要討論的是，表1、表2統計數據之間是否存在某種聯帶關係？

如果將表2統計數據視爲淨土寺全年總的酒水消費量，而表1統計數據又包括於其中，那就意味著從「常住酒庫」支出的酒水只是淨土寺全部酒水消費支出的一個組成部分，其數量差不多占總消費量的一半。我們的問題是，所剩下的一半又是以什麼名目消費掉的呢？

如前所言，寺院嚴格區分「僧物」與「佛物」，如果說以「常住酒庫」名

目支出的部分屬於常住之「僧物」，其支配權屬於「常住處」；那麼，另外一半是否屬於名義上歸於佛圖，而實際上由「佛帳所」支配的「佛物」呢？當然，我們還可以考慮到第三種可能性，即：表 1、表 2 中的兩項支出數據並非相互包容，而是平行的關係？如果眞是這樣的話，那麼淨土寺全年消費的酒水數量就更大了，將達到驚人的 88.186 碩。不過，從對諸多相關籍帳文書的研究來看，這種可能性顯然並不存在，而且表 2 既然說是淨土寺當年「酒本粟麥」的支付帳目，理應包括當年的全部酒水支出數目，也就是說，「常住酒庫」所支出的酒水應當包含於這個總帳目之中。

基於以上分析，結合寺院嚴格區分「僧物」與「佛物」的原則，或可認爲：每個寺院的全部資產實際上由「僧物」、「佛物」兩大部分構成，既然寺院消費支出的酒水中有稱爲「常住酒庫」的部分，依理而論，還應該有不屬於「僧物」的那一部分，這不屬於「僧物」的部分，就應該屬於佛圖所有的「佛物」。這樣一來，我們或可對淨土寺的酒水消費支出作出如下判斷：淨土寺每年的酒水消費支出，實際上由兩個部分組成，一份爲「常住酒庫」的酒水，它屬於眾僧享用的「僧物」，由寺院的「常住處」負責管理支配；另一份屬於佛圖享用的「佛物」，由「佛帳所」負責管理支配。當然，「佛物」歸佛圖享用，只能是一種理論，「佛物」的實際消費者，仍然只能是寺院的僧侶。

（二）淨土寺的年酒水支出頻率及其普遍性意義

由於表 2 只是淨土寺不定期向酒戶支付酒本粟麥的統計數據，無法據以統計酒水消費支出的具體天數和次數等項目。因此，這裏只能根據表 1 的數據，對淨土寺當年每月酒水消費支出的天數、次數作統計分析。

據表 1，982 年從正月到十二月，除九月以外，淨土寺在其他 11 個月均有酒水的消費支出。每個月支出酒水的天數，分別爲：7 天/正月、7 天/二月、11 天/三月、10 天/四月、9 天/五月、3 天/六月、11 天/七月、5 天/八月、0 天/九月、10 天/十月、7 天/十一月、5 天/十二月（按，由於文書後半部分缺失，十二月的酒水支出可能爲不完全統計），全年共 85 天。

如果本年以 365 天計，則每 4.3 天就有一天用到酒，再考慮到十二月的統計數字可能不完全，以及有時候一天之內要 2 次、3 次或更多次數地支出酒水，我們大致可以確定：淨土寺至多每隔 4 天，就要從其「常住酒庫」支用一次酒水。

再來看有關酒水支出次數的統計數據。

仍據表1，淨土寺常住酒庫的酒水支出，有時一天不止一次。以下是每個月支出次數的統計數據：7 次/正月、8 次/二月、15 次/三月、10 次/四月、10 次/五月、3 次/六月、16 次/七月、5 次/八月、14 次/十月、7 次/十一月、5 次/十二月，全年共 96 次。

本年仍以 365 天計，則每 3.8 天就有一次酒水的支出，如果考慮到十二月統計數字可能不完全，也就是說可能每 3.5 天就有一次酒水的支出。

綜合兩組數據，我們大致可以得出這樣的認識，即每 3〜4 天，淨土寺要從其「常住酒庫」支出一次酒水，這樣的支出頻率絕對不能說低。淨土寺「常住酒庫」頻繁的酒水支出，從某個方面恰好說明，酒戒在淨土寺並未得到認真執行，酒戒的鬆弛反映出其明顯的世俗化特徵。而淨土寺的這個世俗化特徵，也很可能正是整個敦煌地區寺院所共有的一種面貌。

為什麼說這可能是整個敦煌地區的普遍性情況呢？我們這裏還可以舉出一些例證，如：P.4697 號的《辛丑年（941？）粟酒破用歷》〔註15〕、P.5032 號背《丁巳年（957 或 897）九月廿酒破歷》〔註16〕、P.5032 號《酒破歷》〔註17〕、S.1398 號背《壬午年（982）酒破歷》〔註18〕，此 4 件籍帳均為敦煌寺院酒水消費支出的專項帳目文書，茲以 P.4697 號的《辛丑年（941？）粟酒破用歷》為例略加分析，P.4697 號為某寺辛丑年酒水支出帳目文書的殘卷，共餘 7 行，茲錄之如下：

1. 辛丑年正月一日，粟捌㪷，於康家店付酒本用。
2. 酒半甕，堂食日眾僧喫用。酒半甕，付打葦子
3. 百姓解火用。（簽字）廿二日，酒半甕，屈石匠用。又粟捌㪷付酒
4. 本用。酒壹㪷送路石匠用。又酒五升，兩日中間木博
5. 士喫用。又酒壹㪷送與馬都頭用。二月三日，酒五升，塑
6. 匠喫用。（簽字）廿日，酒壹㪷，迎懸令用。廿一日，酒壹角，送佛食
7. 用。又酒伍升，塑匠來喫用。（簽字）粟貳㪷沽酒，□□□用。
   ………………（後缺）

〔註15〕 前揭《敦煌社會經濟文獻真蹟釋錄》（第三輯），第 208 頁。
〔註16〕 前揭《敦煌社會經濟文獻真蹟釋錄》（第三輯），第 211 頁。
〔註17〕 前揭《敦煌社會經濟文獻真蹟釋錄》（第三輯），第 212 頁。
〔註18〕 前揭《敦煌社會經濟文獻真蹟釋錄》（第三輯），第 217 頁。

本件文書並未像 S.6452-3 號一樣標明是某寺的「常住酒庫」，但通過對這兩件文書的綜合比對，我們約略可以認爲，P.4697 號中的「康家店」很可能也屬於該寺的「常住酒庫」之一。理由是，S.6452-3 號標明爲淨土寺「常住酒庫」的支出帳目，但是卻記錄了淨土寺僧人、都司僧官多次「就店喫用」的情況，正如本文前面所論，僧侶經常「就店喫用」的酒鋪，乃是淨土寺的「常住酒庫」或者被看作是淨土寺的「常住酒庫」，因此，「康家店」與某寺的關係，恐怕也大抵如此。另外，P.4697 號所載其他多次酒水消費，雖然都不言從何處支取，但我們有理由相信，康家店當是支取處所之一，因爲某寺向它支付了酒本。至於該寺是否和淨土寺一樣，也另有一個專門保存酒水的「常住酒庫」，由於史料之囿限，尚不可妄言。

再來看該寺酒水支出的頻率。由於 P.4697 號是一份殘歷，僅完整保留正月，及二月一部分的酒水支用記錄，因此無法和 S.6452-3 號淨土寺的支用記錄作全面比較。但通過對兩份文書所載正月、二月帳目的比較，也應該能夠給我們帶來某些啓發。首先根據 P.4697 號所載，整理出該寺正月、二月兩個月份的酒水支用相關數據。正月：一日（3 次）、廿二日（3 次）、廿三日（1次）、廿四日（1 次），共 8 次。二月：三日 1 次、廿日 1 次、廿一日 3 次，共 5 次。爲直觀起見，茲將兩寺正月、二月酒水支出的相關統計數據表列如下（表3：淨土寺與某寺正月、二月酒水支出天數暨次數比較簡表）：

表3：淨土寺與某寺正月、二月酒水支出天數暨次數比較簡表

	淨土寺	某寺
正　月	7 次/7 天	8 次/4 天
二　月	8 次/ 7 天	5 次/3 天

先來看兩寺每月酒水支出的天數，就這個指標來看，某寺明顯不及淨土寺頻繁，淨土寺正月、二月各有 7 天曾經有酒水的消費支出，而某寺分別只有 4 天和 3 天，在每月的支出天數上，淨土寺幾乎是某寺的一倍。不過，如果單純比較二寺每月支出酒水的次數，情況就不一樣了，淨土寺正月、二月分別支出 7 次、8 次，兩個月一共 15 次；某寺分別爲 8 次、5 次，兩個月一共 13 次，所以，從每月支出的次數來看，兩寺酒水支出頻率大致相當，因此單就支出的次數而論，淨土寺與某寺支出的頻率相差無幾，大約每 2 天就有 1

次酒水的消費支出。

關於敦煌寺院的酒水消費情況，除以上幾份酒水專項「破歷」外，在其他一些綜合性的支出歷中也多有記述，僅據《敦煌社會經濟文獻真蹟釋錄》（第三輯）所載的屬於敦煌寺院的「入破歷」中，至少有 50 餘份籍帳文書都載有「沽酒」、「臥酒」、「付酒本」、「（就店）吃用」等與酒水消費有關的帳目記錄。〔註 19〕在這些帳目記錄中，有許多直接標明爲諸寺僧尼（特別是僧錄、僧正、老宿、法律等僧官）所吃用。茲摭舉數例以說明之：

如，P.2930-1 號《年代不明（公元十世紀）諸色破用歷》〔註 20〕爲某寺麥、粟、麵、油等支出帳目的殘卷（餘 12 行），在麥、粟的支出中，至少有 6 次用於「沽酒」，其中有 2 次可以明確判斷爲供僧侶食用，即第 4～5 行：「粟三斗沽酒，法律、老宿、法師於園頭食用」、第 6 行：「麥四斗沽酒，歇水道日眾僧食用」。再如，S.5039 號《年代不明（公元十世紀）諸色斛斗破用歷》〔註 21〕爲某寺麥、粟、黃麻等支出帳目的殘卷（餘 37 行），麥、粟被用來「沽酒」多達 12 次，其中有 5 次可以明確判斷爲僧侶食用，即第 6～7 行：「粟壹斛，於承恩店和尚喫酒用」、第 8 行：「粟貳斛，沽酒和尚老宿法律喫用」、第 11～12 行：「又粟壹斛，沽酒和尚老宿喫用」、第 14 行：「同日（按，根據文書內容推知，當爲八月十六日），粟貳斛，沽酒和尚法律老宿喫用」、第 21 行：「粟貳斛，沽酒和尚孟都料喫用」。再如，P.4906 號《年代不明（公元十世紀）某寺諸色破用歷》〔註 22〕係某寺粟、麵、油等支出帳目的殘卷（餘 59 行），在粟的支出中，也有多次用「沽酒」，其中也直接標明爲僧侶飲用的記錄，即第 8 行：「粟壹斗，沽酒和尚喫用」。

在眾多與僧侶飲酒有關的籍帳文書中，S.5786 號《甲申年（984？）十一月算酒訖欠酒憑》〔註 23〕值得我們特別關注，因爲這是敦煌文書所見大量寺院「算會牒」（年終決算報告）中，唯一一件寺院酒水專項算會牒。該算會牒

〔註 19〕 前揭李正宇氏根據《敦煌社會經濟文獻真蹟釋錄》所載，統計得 52 件（除其中 1 件爲第二輯所載外，餘 51 件均載於第三輯），與筆者的統計基本相同。又，李文還將這些與敦煌僧尼飲酒有關的帳冊分爲五類，即《付酒本歷》、《酒破歷》、《算酒歷》、《諸色斛斗破用歷》和《算會牒》。（前揭《敦煌研究》2005 年第 3 期，第 69 頁）

〔註 20〕 前揭《敦煌社會經濟文獻真蹟釋錄》（第三輯），第 237 頁。

〔註 21〕 前揭《敦煌社會經濟文獻真蹟釋錄》（第三輯），第 228～229 頁。

〔註 22〕 前揭《敦煌社會經濟文獻真蹟釋錄》（第三輯），第 233～235 頁。

〔註 23〕 前揭《敦煌社會經濟文獻真蹟釋錄》（第三輯），第 538 頁。

僅存 2 行：

    1. 甲申年十一月廿六日對徒衆算酒訖，更次酒兩

    2. 瓮。（押）

就我們所能見到的衆多敦煌籍帳文書中，有關酒水消費支出的記録，通常都是出現在那些綜合性的算會牒中，或難以反映出酒水支出在敦煌寺院生活消費中所具有的特殊意義。本件算會牒的存在，則直接告訴我們，在每年一度的寺院支出算會中，對酒水消費支出帳目的審計，已然成爲某些寺院財務管理的一項重要内容，進而我們還可據此認爲，正是由於飲酒已經成爲某些寺院僧侶日常生活的一種習慣性行爲，所以才會出現對酒水消費支出的專項審計。

綜合淨土寺全年每月支出酒水的各項數據，及與某寺正月、二月酒水消費支出情況的比較，並參考上述諸寺僧侶的飲酒記録，以及對 S.5786 號《甲申年（984？）十一月算酒訖欠酒憑》的簡要分析，我們可以初步認定：敦煌地區的寺院每月可能都有多次的酒水消費支出，少者 3 至 4 次，多者可達 10 次甚至 10 次以上。這些酒水有的是從各寺「常住酒庫」中支取，也有一些是通過預付酒本或現糧購買的方式，從那些爲寺院提供「酒供」的酒戶那裏支用。頻繁的酒水消費支出、因寺而建或依賴寺院消費爲支撐的「酒戶」的廣泛存在、都司僧官經營酒店，以及寺院酒水消費支出專項審計報告的出現，從不同側面反映了晚唐五代以後敦煌地區佛教酒戒的鬆弛，以及僧侶普遍飲酒的社會風氣。

三、淨土寺酒水消費的性質分類

除了僧侶普遍性飲酒、「酒戶」酒店的廣泛存在、酒水消費支出專項審計報告的出現等情況，可以用來指示敦煌佛教的世俗化傾向外，敦煌寺院酒水用途所呈現出來的多樣化面貌，也可以視爲晚唐五代以後敦煌地區佛教世俗化傾向的一個重要標誌。以下即圍繞表 1 所載淨土寺酒水消費途徑的性質分類，並結合其它相關材料，對敦煌寺院酒水的消費途徑進行綜合性的分析。〔註24〕

〔註24〕 前揭李正宇氏對敦煌寺院的酒水消費支出進行了詳細分類，先是將僧侶飲酒細分爲：「僧人飲酒」、「僧人入酒店飲酒」、「寺内飲酒」、「節日供酒」、「僧首特供酒」、「迎送、接風酒」、「人事往來酒」、「暖房、慰問酒」、「酬勞賞賜酒」、「立契約、造破歷酒」、「弔祭、助葬酒」、「供佛酒」，共 12 類。後來，又對「敦煌寺院及僧人用酒飲酒的方方面面」進行分類，共細分出：「賽雜神、賽

　　根據表 1 所載酒水用途的性質，大致可將淨土寺酒水消費支出的途徑分為如下幾類：

（一）日常生活飲用類用酒

　　顧名思義，這類用酒乃是指寺院僧侶日常生活中所飲用的酒水。這裏所說的寺院僧侶，既包括都司的僧官、寺院三綱等領導層僧職，也包括一般僧侶。

　　在日常生活中經常飲酒的僧侶，多爲寺院上層人物，或者本身就是沙州都司下屬的各級僧官。如表 1 中頻頻飲酒的周、李二和尚（僧正），此二人乃是沙州都司下屬的僧正，屬於名著於淨土寺而身任沙州都司的僧官；再如，僧錄、教授、法律等高級僧職人員，他們或爲都司僧官，或爲諸寺三綱，也都經常飲酒。當然不能否認，這些高級僧職人員飲酒，有時候是出於寺務活動的需要，如接待都司僧官的巡查、接待地方政府的官吏，或是招待爲寺院提供勞作服務的手工藝人等，但更多場合還是本人日常飲用，故籍帳往往籠統記爲「喫用」。根據表 1 中的統計數據，周僧正、李僧正、宋僧正，以及其他法律、老宿、教授等人，先後 21 次「就店喫用」或「就院喫用」，而且所有這些「喫用」，都不是因爲有「接待」或「招待」一類的寺務活動，因此這

天王用酒」、「官府聽許佛寺用酒、飲酒」、「釋門都僧統釀酒、用酒、飲酒」……「僧人開設酒店」，共 14 類。首先要肯定的是，這種幾乎涵蓋敦煌寺院酒水消費所有方面的細緻分類，確實有助於我們對敦煌寺院飲酒用酒情況的瞭解。

　　不過，這種從帳目記錄字面涵義上的分類方法，不僅失之簡單瑣碎，而且據以分類的標準也不統一（或根據酒水消費的性質，或根據酒水消費的用途，或陳說一種社會現象）。尤不可思議者，李氏前後兩次分類的義例均不統一，概念内涵外延至自相矛盾，如前面的分類中，「僧人飲酒」一項，實際上已經將「僧人入店飲酒」、「寺内供酒」、「節日供酒」等包括在内，我們甚至可以說，「僧人飲酒」足以涵蓋其它所有義項。至於後面的分類標準，則更爲混亂，如「賽雜神、賽天王用酒」、「法會用酒」、「齋月飲酒」等項，顯然是根據酒水消費性質所作出的判斷；至於「官府聽許佛寺用酒、僧人飲酒」、「釋門都統釀酒、用酒、飲酒」、「尼眾飲酒」等項，所說的又是當時佛教界的一些現象，它們之間原本就缺乏内在關聯，如此分類，實爲邏輯性混亂。

　　此外，前揭高國藩氏也從「商業酒文化」的角度，對敦煌飲酒習俗進行分類性描述，但其分類方法與上述李正宇氏不無相似之處，也是從字面涵義入手，且邏輯性頗爲混亂，此外高文還有多處即興發揮式的解讀（如對萬定、富昌、興子等酒店名稱的解釋，就難免望文生義之嫌）。

　　基於此，本文根據帳目所記錄的酒水消費途徑，先判斷出該項支出的性質，並據以爲分類標準，從而將敦煌寺院用酒分爲「日常生活飲用類用酒」、「接待性用酒」、「招待性用酒」、「節日慶典、佛事活動類用酒」、「撫慰饋贈類用酒」、「支付手段類用酒」，共 6 類。

一類「喫用」應該全部列入其日常生活中的飲酒。

普通僧侶飲酒，在表 1 中也有反映，但僅有區區 2 次，分別爲四月廿八、五月八日「眾僧喫用」，而且數量也比較少，分別只有 1 甕和半甕。另外，征諸其他相關記載，寺院普通僧侶能夠獲得飲酒的機會，除了一些節日慶典外，主要是在從事勞作，特別是重體力勞動之後，如據 S.4649 號、S.4657 號拼合而成的《庚午年（970）二月十日沿寺破歷》〔註25〕，其中 S.4649 號第 12 行：「（五月）六日，粟貳斗，沽酒小和尚濤麥用」、第 19 行：「六月十八日，粟肆斗，沽酒東窟造作眾僧吃用」；S.4657 號第 1～2 行：「粟陸斗，沽酒瓱渠莊刈麥眾僧吃用」，所載「濤麥」、「東窟造作」、「刈麥」均屬強度較大的體力勞動，寺院爲參加勞作的眾僧提供酒水，是爲了讓他們「解勞」，即緩解疲勞，以使之盡快恢復體力。〔註26〕

同內地寺院一樣，敦煌寺院內部也存在著十分明顯的等級差異，高級僧伽與廣大下層僧侶地位上的差異，乃是全方位的。即便是表現在已然違反了「酒戒」的飲酒方面，也是如此，至少淨土寺「常住酒庫」所反映出來的酒水消費的嚴重不均，就在事實上告訴了我們這一點。需要強調指出的是，淨土寺「常住酒庫」所反映出來的酒水消費分配嚴重不鈞的狀況，乃是敦煌地區的普遍現象，就其他眾多籍帳文書所顯示的情況來看，能夠在日常生活中經常性地飲酒，一無例外地都是上層的高級僧侶或僧官，而廣大下層僧侶則很少得到這樣的機會。

（二）接待類用酒

此類用酒，指宴請或接待其他寺院僧侶、僧官、地方官員等所支用的酒水。

在現代漢語用法中，「接待」、「招待」二詞的內涵意義相差不大，經常混用。本文將它們分類使用，主要基於寺院宴請對象身份上的區別，這是因爲敦煌佛教界內部存在著嚴格的等級制度，因此寺院在接待不同階層的人物時，無論是在接待禮儀上，還是接待宴席的規格上，都存在較大差異。凡來訪之各寺僧侶（按，一般情況下爲該寺三綱等高級僧職人員）、都司僧官、各級地方官

〔註25〕 前揭《敦煌社會經濟文獻眞蹟釋錄》（第三輯），第 215～216 頁。

〔註26〕 以飲酒緩解疲勞的記錄，在相關文書中多有記載，本件文書也有兩處，即第9～10 行：「四月八日，粟三斗，沽酒解勞施主用」、第 18 行：「同日（五月廿五日），粟三斗，沽酒佛住入桑解勞小和尚用」。普通僧侶之所以在勞作後能夠獲得酒水的供應，大概是爲了讓他們能夠盡快緩解疲勞，以便投入後面的勞作。

員，均爲沙州地區之統治階層人物；而那些爲寺院提供勞動服務的人員，如各種手工藝人、普通勞動者，則屬於社會地位低下的被統治階層。基於這個社會分層，我們將宴請統治階層人物者，稱爲「接待」，而宴請被統治階層人物則稱爲「招待」。

表1所顯示的淨土寺接待類用酒，主要包括：

1、東窟迎接

敦煌諸寺多數鑿有屬於自己的佛窟，結合其他相關文書所載可知，淨土寺至少有「東窟」、「西窟」兩處佛窟。作爲寺院開展佛事活動的重要場所，佛窟不僅是大眾信徒經常聚會祈福的地方，也是都司僧官經常巡察的處所。就表 1 所載，與「東窟」有直接關係的酒水消費支出至少有 11 次，在這 11 次酒水消費支出中，正月十四日「東窟頭用」、四月廿五日「東窟上用」、五月九日「東窟用」、七月十四日「東窟上用」等 4 次，具體用途不明（但可以肯定爲與東窟佛事活動有關係），七月十四日「大眾東窟來迎用」可以明確爲淨土寺一般僧侶食用外，其餘 6 次都是接待僧正、法律等高級僧職人員時所飲用，這6次應當視爲淨土寺的「接待類用酒」。

2、宴請其它寺院僧人或僧錄、「大師」等高級僧職人員

同屬沙州都司管轄下之的敦煌諸寺，彼此之間往還密切，既有利益分配上的經濟性交往，也有相互傳達友好信息的禮品性饋贈，更有寺僧之間的相互宴請，如十二月三日「三界寺二張僧正、周和尚、法律等就店吃用」，包括二張僧正、周和尚、法律等三界寺諸僧「就店喫用」，就應該視爲淨土寺對他們的接待，因爲這個支出是記在淨土寺帳目上的。再如，十月十六日，「粟二斗沽酒看侍僧錄，大師來酒壹斗」，就是爲了接待僧錄和「大師」。

3、周、李二和尚接待「羊司」來人

沙州都司下屬有很多辦事機構，如「（燃）燈司」、「行像司」、「羊司」等，這些機構的有關工作人員經常會因爲各種事務（如檢查諸寺日常工作）來到各個寺院，對於這些來自都司的僧職人員，敦煌諸寺自然要予以接待，如十二月二日「二和尚羊司就店喫用」，即周、李二和尚陪同「羊司」來人到店中吃用，這也屬於淨土寺的接待性事務。

4、接待地方官員

沙州都司及其下屬諸寺與敦煌地方官府之間，存在著榮辱與共、休戚相關的密切合作關係。在存世的大量敦煌文獻中，有關敦煌諸寺宴請地方官府

人員的記錄，可謂比比皆是。就本件文書而言，五月廿二日「酒貳斜，又沽酒粟肆斗，指揮、孔目、僧正三人，老宿、法律等喫用」、十一月二日「酒壹角，楊孔目周李就店喫用」，均屬於這一類接待用酒。

（三）招待類用酒

指淨土寺雇傭寺外人員勞動，治辦宴席所支用的酒水。

隨著世俗化程度的加深，敦煌諸寺的各種事務性勞動也日漸增多之勢，與此同時，寺戶制度卻日趨衰落，勞動力緊缺的局面因此進一步加劇，由此導致敦煌寺院生產關係的巨大變化，因為日益繁多的寺院雜務，是數量有限的下層僧侶所難以負荷的，在這種情況下，越來越多的寺院事務只能通過雇用寺外勞動人員來完成。為此，寺院除了要向雇傭人員支付一定數額的傭金以外，一般還要有伙食招待，而在招待的伙食中往往包括酒水的供應，特別是招待那些具有技術含量的手工藝人時，酒水供應幾乎是必不可少的。

就表 1 所載來看，淨土寺本年用於招待各種勞作人員所支用的酒水，至少有 35 次之多。這些勞務包括：

1、雇人造破歷、文書

敦煌寺院每年都要雇人造作年度支出帳目或其它籍帳文書，對這些雇傭人員要治辦酒席招待，表 1 中「造破歷」（2 次）、「造文書」（1 次），即指此。

2、雇傭銀匠、鐵匠、皮革匠、木匠、磑頭等，為寺院提供各種手工藝勞動

打製金銀銅鐵等法器、鞣製皮革、製作傢具、修理碾磑、修治廟宇建築等勞作事務，由於具有一定專業技術含量，因此需要雇傭那些術業有專攻的手工藝人才能勝任，對於這些為寺院提供服務的手工藝人，寺院一般情況下都要用酒水款待。如，大張僧正打銀碗局席，即指治辦酒席招待為之打製銀碗的銀匠；又如，李僧正「鞍匠局席」二次，即指李僧正先後兩次以酒水招待為其製作馬鞍的皮匠；其他如，鐵匠陳丑子造作、李僧正招待造後門博士、招待東河莊看木的木匠 2 次，則是指招待為寺院提供服務的鐵匠、木匠；「磑頭用」，指招待修治碾磑的磑博士；「屈董都料沽酒」，則是指沽酒招待董都料。〔註27〕

〔註27〕 據姜伯勤氏揭示，「都料」意為高級工匠，乃是手工業各「行」中的師傅。上層都料身居沙州各「行」的上層，有些還兼任歸義軍節度使衙的銜稱，上層都料與一般博士、師、匠，形成了手工業各行中的等級階梯。（詳見前揭《唐五代敦煌寺戶制度》第四章第六節「二、『都料』與『行』」，第 236～240 頁）

3、製作佛經封套

妥善保存佛經，乃是寺院日常管理活動的一項重要內容，紙質的佛經卷子需要製作不易損壞的封套加以保護，這種封套或為木質的匣子，或為布帛等紡織品製作的袋子。七月十八至廿二日，連續 5 天提供「午料」，即是用以招待「造函」的匠人。只不過，這裏匠人是製作木匣的木匠，還是製作其他材質封套的工匠，並不易判斷，但鄙意傾向於後者，即製作布、帛等紡織物材質封套的工匠。〔註28〕

4、雇人淘洗小麥

淘洗小麥既屬於體力活，也需要一定技術，這類勞作有時由寺院下層僧侶承擔，有時也雇傭寺外人員。結合其它相關文書所載來看，無論是寺僧還是寺外人員淘麥，寺院一般都有酒水供應。表 1 所見淘麥支用酒水共 4 次，分別為周和尚、大小張僧正、李僧正淘麥支用。

5、雇人為和尚鋪設暖房

敦煌地處西北，冬季寒冷，寺僧的禪房需要作保暖處理，即所謂「鋪暖房」，這也要求掌握專門技術。表 1 所見鋪暖房共 2 次，分別為十月廿八日、十一月一日周和尚、李僧正鋪設暖房。

6、雇人修治菜園、掘蔥

素食是寺院飲食的一個重要特點，因此敦煌諸寺都有獨立經營的菜園，如表 1 中的北園、東園，就是淨土寺的兩處菜園。菜園的日常勞作一般情況下由下層僧侶承擔，但遇到像修治園牆、園門，或在較大規模收穫（如掘蔥）

〔註28〕據《漢語大字典》（湖北辭書出版社、四川辭書出版社 1986 年版）第 309 頁，「函」即「函」之俗體。「函」的義項共有 9 個，其 5. ：匣子，據《集韻‧咸韻》：「函，匱也。」6. 封套，套子。唐張彥遠《法書要錄武平一徐氏法書記》：「楷書每函可二十餘卷。」據此，將「函」解釋為匣子或封套，均無不可。按，中國傳統書籍在晚唐以前，式樣多為帶軸的卷子，而方形冊書的樣式，自五代宋初始出現於南方，其後隨活字印刷術的日漸推廣而逐漸取得優勢，並成為書籍裝訂的主要方式。本件文書的年代為北宋太平興國七年，時在宋初，雖然此時已經出現方形冊書的式樣，但並不普及，敦煌地處偏僻的西北地區，受此影響可能更要向後推延，故其時敦煌地區的經籍式樣當仍以卷子為主，這由敦煌遺書的式樣幾無例外地全為卷軸，也可得到印證。由此可以推論此處「函」的性質。帶有卷軸的經卷，收藏以布帛等製作的袋子，較之方形的木匣，顯然更為方便，淨土寺佛經的式樣既為卷子，因此本件文書所說的「造函」，應當指製作收藏佛經卷子的封套（質料為布、帛或其他紡織物），而非木質的匣子。

等情況時，往往需要雇傭泥瓦匠、農夫等寺外人員幫忙。表 1 中的北園造作（4 次）、東園造作（1 次）、圈園門（1 次）、掘蔥（1 次），都是由寺外人員承擔，故寺院要提供酒水招待。

7、修治河渠

水利是農業的命脈，敦煌地處西北，有限的水資源尤爲寶貴，敦煌地方政府及佛教寺院對於水利工程的興建及維護都極爲重視，諸寺院都承擔著維護河渠的任務。表 1 中的「河母造作喫用」，即指淨土寺雇人修治河渠（當然可能也有寺僧共同參與），因而以酒水招待。

8、修治佛窟

敦煌諸寺除寺院廟宇外，還都開鑿有數量不等的佛窟，徵諸文獻，淨土寺至少有東、西兩個佛窟。佛窟不僅是寺院法事活動的重要場所，在佛窟周圍可能還有寺院的田產，因此我們經常可以看到有關淨土寺東、西窟「上水」、「造作」的文獻記載。所謂「上水」，指爲佛窟附近的田地澆水灌溉；所謂「造作」，指在佛窟進行興造或修繕工程。表 1 中的「西窟造作」，即指在西窟有修造類工程，由於雇請了寺外人員，故以酒水招待。

以上諸般勞務，多數爲有償勞動，淨土寺既要爲這些手工藝人提供傭金，還要治辦宴席，並招待以酒水。從性質上看，這一類酒水支出屬於寺院帶有經營性的酒類支出，也屬於招待性用酒。

（四）節日慶典、佛事活動類用酒

指各種佛教節日或佛事活動，以及中國傳統節日時，寺院舉行慶祝活動所支用的酒水。

隨著佛教中國化進程的完成，其世俗化的趨勢也愈發顯現出來，其中一個突出表現就是，每逢佛教節日（如佛誕節或稱浴佛節、行像節、盂蘭盆節、佛成道節等）或中國傳統節日（如冬至日、寒食節等），寺院都要舉行一系列的佛事活動以示慶祝，這一點無論是在中原內陸，還是敦煌地區莫不如此。只不過敦煌地區更爲突出，而且表現出明顯不同於內地的特色，不僅慶典場面盛大、熱鬧非凡，還可以飲酒用酒。對於這一類用酒，我們稱之爲「節日慶典、佛事活動類用酒」。

表 1 中的這一類用酒，主要包括：二月八日支出酒水 7 甕，是爲了慶祝佛誕節〔註29〕；七月十六日支出酒水 2 甕，是爲了慶祝「破盆」，即「盂蘭盆

〔註29〕「佛誕辰節」簡稱「佛誕節」，由於佛誕節當日寺院的主要活動是浴佛，故無論寺院還是世俗社會，都習慣稱爲「浴佛節」。關於佛誕辰日期，在印度原始

「會」節日結束〔註30〕；三月四日「寒食」、十一月冬至日，則爲中國傳統節日，各支用酒水 1 甕。

表 1 中的音聲、耽佛人、煮油人吃用的酒水，也屬於節日慶典類用酒，這是因爲他們爲寺院慶典活動提供了勞動服務。先說「音聲」，敦煌與內地寺院一樣，在節慶之日也舉辦音樂節目，在張議潮主政敦煌、分都司改革（包括吐蕃佔領時期）之前，這個任務主要由「寺屬樂人」承擔〔註31〕；及至歸義軍統治的晚唐五代至北宋時期，由於寺戶制度的衰落，各寺的「音聲人」也隨之消失，故音樂類的節目只能通過雇傭的方式，由專門提供「音聲」服務的寺外人員來擔任。次說「耽佛人」，所謂「耽佛人」，即「擔佛人」，意爲擡佛像者，指在行像節中擎舉佛像遊行之人。〔註32〕次說「煮油人」，即製作油炸食品的廚人。七月十五日「盂蘭盆會」爲寺院重大節慶活動，供養佛祖、招待僧俗客人等需要大量食品，故在此之前要從寺外雇請廚師製作所需食品，對於這些提供勞作服務的「煮油人」，寺院要招待以酒水。

表 1 中的「送佛食」，屬於佛事活動用酒，此外「東窟用」、「東窟頭用」、「東窟上用」等，雖無法判斷出酒水的具體支用原因，不過可以肯定的是，應當與淨土寺在東窟舉行某種佛事活動，如開鑿佛窟、雕繪佛像等有關，故亦可列入此類。

（五）撫慰饋贈類用酒

佛教經典中就記載不一，傳到中國後，就更加混亂，先後出現了十二月初八（臘八）、二月初八、四月初八等說法，如北朝多以四月初八爲佛誕日，南朝梁至唐朝，認爲在二月初八，一直到元朝德輝整編《敕修百丈清規》，才將佛誕日統一起來，漢化寺院從此普遍以四月初八爲佛誕節，以臘八爲佛成道日。（王景琳撰：《中國古代僧尼生活》，第 134～136 頁，臺北，文津出版社，1992。）本件文書屬北宋初年，去唐不遠，故敦煌寺院當以二月初八爲佛誕節。

〔註30〕 盂蘭盆會，亦稱盂蘭盆節、盂蘭盆供、盂蘭盆齋，盂蘭盆爲梵語 Ullambana 的意譯。盂蘭盆會每年七月十五日舉行，至七月十七日結束，稱爲「破盆」。

〔註31〕 前揭《唐五代敦煌寺戶制度》，第 69～71 頁。

〔註32〕 所謂行像節，指裝飾佛像巡行街衢以紀念佛祖的慶祝活動。此節俗起源於古印度，後經西域、敦煌傳播到中原內地。在傳播過程中，行像的日期出現四月八日、二月八日兩種情況，于闐、中原內地均以四月八日爲行像日。然而，唐五代敦煌地區卻遠紹古印度遺制，以二月八日爲行像節。在行像的過程中，「耽佛人」負責擎舉釋迦佛像和菩薩像，自北門出發，巡行街衢，以供百姓瞻仰。「耽佛人」多爲行像社招募的義務工作者，但寺院要爲他們提供包括酒水在內的飲食供應。

指寺院或僧侶在非常情況下，向那些與本寺有密切關係的僧尼、官府人員或當地有影響的人物及其家屬，所提供的饋贈性酒水。

即表 1 所載，如：三月五日梁闍梨死亡，支出酒 1 甕；三月十三日，某僧正死亡，送槃用酒 3 斗，此二項屬於僧侶死亡時提供的撫慰性用酒，或用來治辦喪事使用。再如，四月七日，支出酒 1 甕，是因爲「刺史亡」，即沙州刺史死亡時，淨土寺向其家屬饋贈 1 甕酒，這是一種撫慰性的賻贈；又如，七月廿四日，支出粟二斗用於沽酒，原因是「使君脫孝」，按，「使君」一般情況下指歸義軍政權的領導人，本籍帳文書的時間爲 981、982 年，其時的歸義軍領導人爲曹氏第九代人物曹延祿（按，曹延祿的執政時間爲 976～1002年）〔註33〕，因此本次支出大概就是爲了慶賀曹延祿守孝期滿，而沽酒饋贈；再如，十二月十九日，支出酒 1 甕，原因是「張僧正友連亡」，意即張僧正的幾個朋友連續死亡，故而從淨土寺常住酒庫支出酒水 1 甕，應當也是用於饋贈。

（六）支付手段類用酒

指充當寺院雇傭人員工錢，或用來折算所購買物品價錢一類的酒水支出。

自「安史之亂」以後，至五代北宋初期，敦煌地區貨幣的使用頻率極低，物物交換或以某種實物充當交換等價物的現象十分普遍。在那些被用作交換等價物的擬貨幣物品中，粟、麥、豆等糧食作物，以及布、帛等紡織品在內，乃是最爲常見的物品，經常被用來充當支付手段，承擔起原本屬於貨幣的功能。以上物品作爲擬貨幣使用的情況，在敦煌籍帳文書中可以找到大量例證。

需要指出的是，在晚唐五代以後的敦煌地區，任何物品都有可能被用來充當支付的手段。客觀地說，酒水因爲是一種深加工產品，較少被用來充當支付的手段，但這並非絕對。在有些時候，酒水也被寺院用作支付給雇傭人員的工錢，或用來充當寺院購物的折算價錢。表 1 所載就有一次，七月廿二日「午料酒壹斗。又夜間局席酒壹斗。又手工價酒壹斗。」根據籍帳上下文內容可知，這是支付給「造函」匠人的工錢。

酒水被用來支付工錢或充當購物的折換價，本件文書雖然只此一條記載，但在其他籍帳文書中卻能夠找到一些。如 P.3763 號背《年代不明（公元

〔註33〕前揭《歸義軍史研究──唐宋時代敦煌歷史考索》第二章第十一節，第 124頁。

十世紀中期）淨土寺諸色入破歷算會稿》〔註34〕中，「粟破」一項中，有多次用粟「臥酒」、「沽酒」的帳目，在這些帳目中確有一些是用來充當支付手段，用以折算物品的價錢，如第 71～72 行：「粟貳斗臥酒，目家莊上折木及榮田陳家園內折梁子用」、第 88～89 行：「粟壹斗貳勝臥酒，折呂縣令梁子及陰作坊梁子用」。淨土寺前後分別以 2 斗、1 斗 2 升粟臥酒，就是用來作為購買目家莊、陳家園、呂縣令、陰作坊等木材、梁子的價錢。又如 S.2228 號《辰年巳年（公元九世紀前期）麥布酒付歷》〔註35〕為吐蕃佔領敦煌時期某寺支出帳目殘歷，其中第 11 行：「後五月（日？），付宋澄清酒半甕」、第 12 行：「廿五日，又付宋澄清麥六漢斗，又酒半甕。付□□□布□□」。此為某寺於巳年某月日，先後兩次支付給宋澄清酒各半甕，儘管我們不知道為何向宋澄清支付酒水，但這些酒水相當於應支付物的折算價，則是可以肯定的。由此我們或可進一步推論，某寺既然以酒水充當支付手段，那麼該寺就應當有「常住酒庫」或寺屬之釀酒作坊，再考慮到蕃占期間為敦煌寺戶制度相對興盛的時期，各寺擁有數量不等的寺戶，因此該寺釀酒的勞務應當由依附於寺院的「酒戶」承擔。

四、敦煌寺院飲酒的背景與原因

酒戒為佛教五大戒之一，佛教本嚴格禁止信徒飲酒，無論是內地，還是敦煌地區，有關酒禁的經戒，均反覆闡明飲酒之危害，並以飲酒當陷阿鼻地獄相威脅。〔註36〕以敦煌地區而言，諸如《僧祇律》、《四分律》、《五分律》、《十誦律》、《十誦律比丘戒本》、《菩薩戒本》、《四分律刪繁補闕行事鈔》、《六度經集》、《梵網經》、《賢愚經》等載有酒戒的戒經、律、本，信徒們均有廣泛抄寫。其中名為《和菩薩戒文》的通俗辭曲，至少有 15 個抄本，在敦煌僧尼中更是廣為流傳。〔註37〕

〔註34〕前揭《敦煌社會經濟文獻真蹟釋錄》（第三輯），第 513～520 頁。

〔註35〕前揭《敦煌社會經濟文獻真蹟釋錄》（第三輯），第 149 頁。

〔註36〕【唐】義淨譯：《根本說一切有部毗奈耶》卷四二《不與欲默然起去學處第七十七》有云：「汝諸苾芻（按，即比丘）若飲酒者，有斯大失……諸飲酒者有斯過失……佛告諸苾芻：汝等若以我為師者，凡是諸酒，不應自飲，亦不與人，乃至不以茅端滴酒而著口中，若故違者，得越法罪。」（《大正藏》卷二三，第 859 頁中欄至下欄）所謂「越法罪」，乃屬於當墮阿鼻地獄的重罪。

〔註37〕前揭李正宇文，《敦煌研究》2005 年第 3 期，第 68 頁。

　　然而，在「安史之亂」以後的晚唐五代以至北宋初期，敦煌地區的佛教界卻普遍飲酒。其原因何在？這個問題確實值得關注，前揭相關研究也有所揭示，茲據以略加概括。

　　原因之一，在於佛教的戒經律本雖多數宣示飲酒犯戒的規定，但也有飲酒無罪的經文。如前揭唐僧義淨所譯之《根本說一切有部毗奈耶》中，一方面說飲酒乃是「有斯大失」、「若故違者，得越法罪」，另一方面也指出：「若飲熟煮酒者，此亦無犯；若是醫人令含酒或塗身者無犯。」〔註38〕佛教戒經律本的這些關於飲酒的不無自相矛盾的規定，實際上就爲僧尼飲酒提供了理論支持。如果說上述《根本說一切有部毗奈耶》中「飲熟煮酒」並非犯戒的規定，對僧尼飲酒還設定了一些前提條件的話，那麼南朝蕭齊僧人釋曇景所翻譯的《佛說未曾有因緣經》，就乾脆直接說，飲酒可以增益福祉，略云：

> 爾時會中，國王太子，名曰祇陀，聞佛所說，十善道法，因緣果報，無有窮盡。長跪叉手，白天尊曰：「佛昔令我受持五戒，今欲還捨受十善法，所以者何？五戒法中，酒戒難持，畏得罪故。」世尊告曰：「汝飲酒時，爲何惡耶？」祇陀白佛：「國中豪強，時時相率，齎持酒食，共相娛樂，以致歡樂，自無惡也。何以故？得酒念戒，無放逸故，是故飲酒，不行惡也。」佛言：「善哉，善哉！祇陀，汝今已得智慧方便，若世間人，能如汝者，終身飲酒，有何惡哉？如是行者，乃應生福，無有罪也……若人飲酒，不起惡業，歡喜心故，不起煩惱，善心因緣，受善果報。汝持五戒，何有失乎？飲酒念戒，益增其福。先持五戒，今受十善，功德倍勝十善報也。」……王白佛言：「諸人起諍，不因於酒；然因得酒，息忿諍心，而得太平。此豈非是酒之功？」

> 復次世尊，察見世間，窮貧小人，奴客婢使，夷蠻之人，或因節日，或於酒店，聚會飲酒，歡樂心故，不須人教，各各起舞。未得酒時，都無是事。是故當知：人因飲酒，則致歡樂，心歡樂時，不起惡念，不起惡念，則是善心，善心因緣，應受善報……〔註39〕

〔註38〕 前揭《根本說一切有部毗奈耶》卷四二《不與欲默然起去學處第七十七》，《大正藏》卷二三，第 859 頁下欄。

〔註39〕 【南齊】曇景譯：《佛說未曾有因緣經》卷下，《大正藏》卷一七，第 585 頁上欄至 586 頁中欄。

只要不起「惡業」、只要不忘「念戒」，不僅可以喝酒，而且飲酒還有助於平息忿爭，贏得和平，因此飲酒非但沒有罪過，還是應該受到「善報」的功德。《佛說未曾有因緣經》中的這些說法，顯然與眾多經戒律本嚴格禁酒的精神背道而馳，適足表現出佛教在酒戒是否違規這一問題上的自相矛盾。不過，違規與否還不是問題的關鍵，關鍵的是「飲酒念戒，益增其福」的說法，不僅為僧尼飲酒打開了一條通道，更為僧尼飲酒提供了理論支撐，有了這個理論上的支撐，僧尼飲酒就變得名正言順。正是由於這個原因，所以我們看到了，在敦煌地區，飲酒的僧人不僅不算違反戒律，而且許多人還修成了「正果」，如郝春文氏就曾指出：「在敦煌文獻中保存的僧人『邈眞贊』中，這些飲酒的僧人不少都能得到『戒月圓明』、『戒圓秋月』、『戒行標奇』、『戒珠圓潔』之類的評價。」〔註40〕

原因之二，俗世生活的影響，也是敦煌僧尼飲酒成風的一個重要原因。從理論上說，出家為僧尼，是因為塵心已斷、塵緣已了，從而眞心皈依我佛。然而，在實際上，更多的恐怕還是因為各種原因而不得不選擇出家，並非眞的斷絕塵緣。即便是眞心皈依的信徒，尚且難以完全斷絕俗念，何況那些本就缺乏信仰、將寺院作為暫時棲身之所的「僧尼」？他們經不住俗世生活方式的誘惑從而破戒飲酒，就顯得十分正常。

關於俗世生活方式對僧尼的影響，我們不妨從《茶酒論》在敦煌地區廣為流傳的情況略加分析。敦煌寫本《茶酒論》作為一篇敦煌民間故事賦，以擬人化的手法描寫了茶與酒兩家爭論孰尊孰卑、孰優孰劣，最後以號稱「五穀之宗」的水的調解而告終。作為一部反映敦煌社會飲食風俗的文學作品，《茶酒論》當然也是敦煌佛教界生活方式某個側面的寫照。〔註41〕敦煌寫本《茶酒論》共發現 6 件抄本，分別為 P.2718、P.2875、P.2972、P.3910、S.406、S.5774，如此之多的抄本，正好表明敦煌社會對於茶、酒二物之關注程度，儘管《茶酒論》的作者傾向於飲茶勝於飲酒，但文中也並未將酒的正面功用完全抹殺，如其中說道「有酒有令，仁義禮智」、「禮讓鄉閭，調和軍府」，這些都是對酒的社會功能的正面肯定。這些觀點不僅對俗世社會產生影響，對於包括佛教

〔註40〕 郝春文撰：《唐後期五代初敦煌僧尼的社會生活》，引言第 3 頁，北京，中國社會科學出版社，1998。

〔註41〕 任半塘曾經指出：敦煌遺書中的通俗文學作品，「正是當時社會歷史、人情風貌和宗教思想的眞實反映。」（張錫厚 撰：《王梵志詩校輯·(任半塘) 序》，北京，中華書局，1983。）

在內的宗教界，也必然會產生一定影響。所以，從這個意義上說，《茶酒論》的廣泛傳抄，對於飲酒風氣本就興盛的敦煌地區，無異於推波助瀾，並間接推動敦煌佛教界酒戒的進一步鬆弛。

原因之三，吐蕃統治敦煌地區所造成的影響，這也是敦煌佛教酒戒從有到無、再到全面鬆弛轉變過程中的關鍵性原因。這一點正如前揭李正宇氏所指出的那樣，敦煌寺院造酒、備酒、用酒乃至僧尼飲酒，都是從吐蕃佔領敦煌以後才開始的。〔註42〕

吐蕃佔領並統治敦煌的七十餘年間，也是以蓮花戒密宗爲代表的吐蕃佛教向敦煌傳播，並影響敦煌佛教發展的重要時期。據學者揭示，其時之吐蕃佛教，基本上還處於「有信無戒」的狀態，中原地區漢傳佛教早就嚴格禁止的飲酒、食肉等飲食風俗，以及干預世俗政治、從軍出征等習俗，對於以密宗爲代表的吐蕃佛教來說，並不存在。吐蕃佔領敦煌以後，爲實施有效控制，不僅將俗世軍政大權交由吐蕃官員掌管，還直接委派吐蕃僧侶接管敦煌地區的佛教事務，蕃僧大德接管敦煌佛教界以後，不僅將吐蕃佛教「有信無戒」的特點帶到了敦煌，還把飲酒、食肉、蓄奴、娶妻、斂財等違戒習俗一併帶來，從而使得包括酒戒在內的敦煌地區原有戒律全面鬆動以至廢弛，這才是「敦煌佛教從禁止飲酒到不禁飲酒最爲重要的背景和緣由」〔註43〕。

原因之四，酒水功能與用途的多樣化，促進了敦煌寺院飲酒之風的加劇。通過本文第三部分的分析，我們可以瞭解到，對於敦煌諸寺以及沙州都司來說，酒水的功能與用途遠不止在日常生活中滿足口腹之好這一端。酒水在溝通寺院與現實社會中所發揮的紐帶作用，其表現是多方面的，諸如：酒水不僅是寺院各種迎來送往活動過程中的必不可少之物，也是佛教各種節日慶典及佛事活動中的必備物品；酒水既可用作撫慰饋贈的禮品，充當聯絡俗世社會感情的媒介，也可用作支付手段，充當雇傭人員的工錢或用來購買寺院所需物品。酒水既然在現實生活中扮演如此多樣的角色，寺院當然不會甘心放棄對它的利用，這就使得酒水在敦煌寺院的管理與運作中發揮著越來越重要的作用，由此進一步加劇了僧尼的飲酒之風和酒戒的進一步鬆弛。

要之，由吐蕃佔領並統治所造成的敦煌佛教戒律鬆弛的問題，並沒有隨

〔註42〕 前揭李正宇文，《敦煌研究》2005 年第 3 期，第 77～78 頁。
〔註43〕 前揭李正宇文，《敦煌研究》2005 年第 3 期，第 78 頁。

著 848 年張議潮領導沙州人民起義，將吐蕃勢力驅除出敦煌而解決，在隨後歸義軍政權統治的 180 餘年間，儘管俗世政權也曾採取過一定措施，試圖對敦煌佛教界進行一些改革，但這些改革一無例外地都沒有能夠扭轉敦煌佛教的世俗化傾向，飲酒、食肉、蓄奴、斂財等違反釋門戒律的行為，在晚唐五代北宋初年的敦煌佛教界，始終較為普遍。從個體層面上說，晚唐五代北宋初年的敦煌佛教界，從上層僧官，到下層沙彌童子，除了削髮、著僧衣、吃齋、念佛等例行功課外，在生活方式上與俗世民眾並無根本的不同，他們過著一種出家而又不離家、是僧而又非僧的世俗生活。

從寺院、教團及都司等集體的層面來看，每個寺院作為單個經濟實體，內部都有較為複雜的管理層次，具體經營各寺的經濟運作，沙州都司作為整個敦煌教團的領導機構，除行使下屬各寺之間的人員調配、製定戒規、利益分配等管理工作外，還居中協調教團與俗世政權之間的關係，從根本上維護教團的切身利益，並維繫整個教團的有序運作。相對於戒律遵守與否等教團內部管理事務來說，如何切實維護教團的利益，才是敦煌諸寺及沙州都司的管理者們最為關心的事情。因此，對於包括酒戒在內的各種戒律的日漸鬆弛，敦煌佛教界的管理層自然也就不會予以過多關注，更何況他們本身也從這些違戒的行為和事實中，享受到了那些原本屬於俗世社會生活方式的快感，以酒戒而言，晚唐五代以後的敦煌寺院不僅在事實上沒有受到酒戒的約束，而且呈現出愈發鬆弛的趨勢，這正可視為敦煌佛教世俗化傾向加劇的一個明顯表徵。

李吉甫的政治活動及其評價

　　李吉甫（758～814），字弘憲，趙州贊皇（今河北贊皇）人，唐憲宗元和時期曾兩次出任宰相，並在政治上頗有建樹，是中晚唐時期有重要影響的政治家。對李吉甫的政治活動進行探討，有助於深化對中晚唐政治史的認識和理解。

一、李吉甫仕宦生涯簡述

　　與父親李栖筠的人生經歷頗為相似，李吉甫生活的 57 年，也正是大唐王朝社會發生劇烈變動的時期，「安史之亂」及由此所造成的藩鎮割據局面，乃是李吉甫終生所面對的社會現實。和父親李栖筠憑藉進士及第入仕的情況不同，李吉甫步入仕途，依靠的是父親的「門蔭」。〔註1〕據諸史載，李吉甫在青年時代，「以蔭補左司禦率府倉曹參軍」，〔註2〕這是一個職司「官員、假使、儀式、糧廩、膳羞、田園、公廨、選所、監藥」等雜事的低級事務官

〔註1〕　在唐代政治史上，李栖筠並非學界關注的熱點人物，因此有關他的研究成果
　　　　並不多。學界最早關注李栖筠者，為國學大師、著名歷史學家陳寅恪氏，他
　　　　在廿世紀五十年代撰寫的《論李栖筠自趙徙衛事》一文，為學界關於李栖筠
　　　　研究的第一篇專題論文，該文原刊《中山大學學報（社會科學版）》1956 年第
　　　　4 期，第 1～4 頁，後收入氏著《金明館叢稿二編》，第 1～7 頁（上海，上海
　　　　古籍出版社，1980。）其它有關主要研究論著有：李文才《試析唐代贊皇李
　　　　氏之門風——以李栖筠、李吉甫、李德裕政風之比較為中心》（《揚州大學學
　　　　報》2005 年第 5 期）、董理、李文才《試評李栖筠的政治生涯——兼及李氏三
　　　　代（栖筠、吉甫、德裕）政風之比較》（《陝西歷史博物館館刊》第 12 輯，第
　　　　88～96 頁，西安，三秦出版社，2005。）、李文才《李栖筠及其政治生涯》（北
　　　　京，社會科學文獻出版社，2011。）
〔註2〕　《新唐書》卷一四六《李栖筠附子吉甫傳》，第 4738 頁。

員。〔註3〕這個時候的李吉甫雖親身經歷了紛至沓來的戰亂，也勉強算得上踏入仕途，但畢竟職微言輕，並沒有資格參與國家政治運作，因此，還不能說他已經眞正步入政治舞臺。

李吉甫眞正涉足政壇，是到了唐德宗貞元（785～805）初年，當時李吉甫任太常博士之職。太常博士爲六品職事官，「甚爲清選，資位與補闕同，掌撰五禮儀注，導引乘輿，贊相祭祀，定諡謚及守祧廟，開閉堉室及祥瑞之事」〔註4〕，乃是主持禮樂的文化官員，屬於唐人所說的「清選」〔註5〕，此職雖與具體政務關涉不多，但與皇帝接觸的機會較多。正是從這個意義上，我認爲從擔任太常博士一職開始，李吉甫才算眞正步入政治舞臺。貞元二年（786）十一月，唐德宗昭德王皇后病卒，「吉甫草具其禮，德宗稱善」，李吉甫以自己的淵博學識、「明練典故」而爲最高統治者所賞識，李吉甫時年 28 歲。此後，李吉甫一直在中央任職，歷任屯田員外郎兼太常博士、駕部員外郎等職，深得宰相李泌、竇參等人器重。〔註6〕

唐德宗貞元八年（792），宰相竇參被貶，李吉甫受到牽連，同年四月被貶爲明州（治今浙江寧波南）員外長史。根據唐代制度，長史本爲地方長官州刺史重要助手，「掌統官僚，紀綱職務」〔註7〕，又明州爲上州，上州長史從五品上。然由於李吉甫此次屬於被貶官員，且擔任的是「員外」長史，

〔註3〕 《通典》卷三〇《職官典十二》，第 836 頁。

〔註4〕 《通典》卷二五《職官典七》，第 694 頁。

〔註5〕 按，唐人觀念中的官分清濁，專指職事官而言。唐人所謂「清選」，又分爲「清望官」、「清官」兩類。據《舊唐書》卷四二《職官志一》云：「職事官資，則清濁區分，以次補授。又以三品已上官，及門下中書侍郎、尚書左右丞、諸司侍郎、太常少卿、太子少詹事、左右庶子、秘書少監、國子司業爲清望官。太子左右諭德、左右衛左右千牛衛中郎將、太子左右率府左右内率府率及副、太子左右衛率府中郎將、（自注：已上四品。）諫議大夫、御史中丞、給事中、中書舍人、太子中允、中舍人、左右贊善大夫、洗馬、國子博士、尚書諸司郎中、秘書丞、著作郎、太常丞、左右衛郎將、左右衛率府郎將、（自注：已上五品。）起居郎、起居舍人、太子司議郎、尚書諸司員外郎、太子舍人、侍御史、秘書郎、著作佐郎、太學博士、詹事丞、太子文學、國子助教、（自注：已上六品。）左右補闕、殿中侍御史、太常博士、四門博士、詹事司直、太學助教、（自注：已上七品。）左右拾遺、監察御史、四門助教（自注：已上八品。）爲清官。」（第 1804～1805 頁）

〔註6〕 《舊唐書》卷一四八《李吉甫傳》，第 3992 頁。

〔註7〕 【宋】盧憲 撰：《嘉定鎭江志》卷十五「長史」條，第 458 頁，南京，江蘇古籍出版社（影印清・阮元輯《宛委別藏》本，第四四冊），1988。

員外官又是無實際職事的虛職，中唐以後主要用於安置左降官員。〔註8〕
所以，在明州任職期間，李吉甫除了和當地名僧交往、編次詩文之外，在
政治上並無實質性作爲。唐德宗貞元十一年（795），李吉甫由明州員外長
史陞遷爲忠州（治今四川忠縣）刺史。綜合諸書記載，李吉甫此次遷官的背後，
可能是某種政治陰謀的結果，理由是李吉甫當初被貶明州，起因於陸贄懷
疑他黨同竇參。795年四月，已經罷除宰相職務的陸贄，又從太子賓客再貶
爲忠州別駕，因此「議者謂吉甫必逞憾於贄，重構其罪。」〔註9〕也就是說，
執政者之所以促成李吉甫陞遷忠州刺史之職，眞實動機是想借李吉甫之手
重辦陸贄。然而，實際情況卻大出執政者所料，李吉甫就任忠州刺史以後，
不僅沒有蓄意報復陸贄，反而對他禮敬有加，表現出贊皇李氏待人寬厚的
長者門風。〔註10〕李吉甫在忠州刺史任上六年，貞元十七年（801）因病罷
任。不過，李吉甫並沒有立即離開忠州，而是留在忠州養病，第二年（802），
尚在病中的李吉甫又被任命爲郴州（治今湖南郴州）刺史，貞元十九年（803）
夏，李吉甫始正式到郴州上任。李吉甫在郴州任上時間很短，同年七月，
即改任饒州（治今江西鄱陽）刺史，同年冬，李吉甫赴饒州就職。郴州、饒州
均爲「上州」，因此由郴州改刺饒州，在職位上只是一次平移。不過，由於
刺史爲地方大員，李吉甫連刺三州，似可表明他在政治舞臺上已經站穩腳
跟。

就在李吉甫改任饒州刺史不久，唐朝中央統治集團內部發生了一場激
烈爭鬥。貞元二十一年（805）正月，唐德宗駕崩，太子李誦即位，是爲唐
順宗。二月，韋執誼拜相，王叔文任起居舍人，充翰林學士，執掌朝中大
權，深得順宗信重。韋、王等執政後，開始推行新政，史稱「永貞革新」。
然而，新政推行時間甚暫，同年七月，唐順宗下詔「軍國重事，宜令皇太
子勾當。」八月，唐順宗禪位，太子李純即帝位，是爲唐憲宗，下詔改貞
元二十一年爲永貞元年，並貶黜王伾、王叔文，九月，劉禹錫、柳宗元等
相繼被貶，歷史上所謂的「二王八司馬事件」或「永貞革新」宣告終結。
不管是稱爲「二王八司馬事件」，還是稱爲「永貞革新」，這次事件的實質，

〔註8〕　《唐會要》卷六十七「員外官」條云：「員外及檢校、試官、斜封官，皆神龍
　　　　　以後有之，開元大革前事，多已除去，唯皇親戰功之外，不復除授。今則貶
　　　　　責者，然後以員外官處之。」（第1390頁）
〔註9〕　《舊唐書》卷一四八《李吉甫傳》，第3993頁。
〔註10〕　可詳參兩《唐書‧李吉甫傳》，並參《舊唐書》卷一三九《陸贄傳》。

仍不過是統治集團內部的權力之爭。〔註 11〕由於地處偏遠,李吉甫並未涉入中央的這次內爭,因此儘管他曾上《賀赦表》對「新政」表示擁護,但並未因此受到負面影響,反而在王伾、王叔文等人被貶不久,李吉甫即由饒州召還京師,出任考功郎中、知制誥,不久又被任命為中書舍人,與裴垍並充翰林學士。〔註 12〕

元和二年(807),李吉甫與武元衡一同拜相,出任中書侍郎、同平章事(武元衡任門下侍郎、同平章事),這是李吉甫第一次擔任宰相,進入中央最高權力中樞。但此次任相時間甚短,元和三年(808)四月,著名的「制科案」發生;九月,李吉甫因為遭到宦官排抑而被外放,任淮南節度使,出鎮揚州。元和六年(811),李吉甫由淮南節度使再次拜相,元和九年(814)十月,李吉甫突然暴病而亡,時年 57 歲。

徵諸史籍,李吉甫的政治活動及其政治建樹,主要可以概括為三個方面,一是反對藩鎮割據;二是籌邊禦侮,鞏固邊防;三是關注民生,推行內政改革。以下對此展開論述。

二、李吉甫反對藩鎮割據的活動

「安史之亂」後的大唐王朝,國力凋弊、社會動盪,人民生活困苦,而藩鎮割據、戰爭相尋又加劇了社會局勢的惡化,人民強烈渴望能有一個統一安定的社會局面。面對跋扈的藩鎮,大唐王朝的最高統治者也不願繼續姑息。唐憲宗即位以後,社會形勢較「安史之亂」初平時,已大有改觀,對藩鎮用兵也具備一定條件。唐憲宗在政治上的一大成就,就是對割據藩鎮展開了一次較大規模的討伐,儘管最終並未能將割據藩鎮完全壓平,但割據藩鎮的囂張氣焰畢竟有所收斂,大唐王朝一度出現了「中興」的局面,史家所豔稱的「元和中興」,主要就是根據元和時期對藩鎮戰爭所取得的勝利而言。在「元和中興」,特別是討伐藩鎮的戰爭中,李吉甫實有運籌帷幄、決勝千里的謀劃之功。

永貞元年(805)十二月,西川行軍司馬劉闢發動叛亂。當時李吉甫擔任中書舍人、翰林學士之職,就此積極獻計獻策,為最終平定劉闢,做出了突

〔註11〕 關於「二王八司馬事件」或「永貞革新」問題的研究和爭論,可詳參黃永年氏所著《所謂「永貞革新」》一文,該文原刊《青海社會科學》1986 年第 5 期,後收入前揭氏著《文史探微》,第 425～449 頁。
〔註12〕 《舊唐書》卷一四《憲宗紀上》,第 414 頁。

出貢獻，並因此得到唐憲宗的信任。〔註13〕平定劉辟之亂，還只是李吉甫討伐藩鎮的牛刀小試，因爲此時他的職務不過是中書舍人、翰林學士，還只能在這些重大政治決策中提供「密謀」，因此對藩鎮更大規模的打擊，是在李吉甫兩次擔任宰相期間。

元和二年（807）正月，劉辟叛亂被壓平之後，李吉甫被任命爲中書侍郎、同平章事，與他一起拜相的還有武元衡，武元衡也是一位主張以武力討伐藩鎮、堅決維護中央政府權威的主戰派。李吉甫此次入相，前後只有一年多時間，在這短短的一年多任期內，李吉甫致力於改變藩鎮擅權割據的故態。眾所週知，自唐德宗以來，唐朝中央對藩鎮一直採取姑息的政策，致使一些藩鎮終身據有其地，其長官自行署置，不受朝廷更代。李吉甫入相後，即著力解決這一舊習，在一年多的時間裏，就換替了三十六個方鎮。〔註14〕這在一定程度上打擊了藩鎮的囂張氣焰，加強了中央政府的權威。

「安史之亂」以後的地方藩鎮，之所以有能力、有膽量對抗唐朝中央政府，與節度使自轄州郡，可以自行任命州刺史，甚而中央任命的刺史，也要仰承節度使鼻息這種狀況，有很大關係。換言之，節度使權力過大，乃是造成藩鎮勢力尾大不掉、敢於對抗中央的一個重要、乃至關鍵性原因。針對這一現實，李吉甫認爲要從根本上扭轉藩鎮跋扈的局面，就必須從制度層面入手加以解決，解決的核心辦法就是削弱節度使的權力。爲此，李吉甫向唐憲宗提請奏章，建議各方鎮所管轄之州郡刺史，可以自行爲政，不必過多聽命於節度使（或觀察使）；同時，他還建議，由中書省所屬各部郎官出任州郡刺史，以加重刺史的權威。這個建議被唐憲宗採納，並立即選派郎吏十餘人，分任

〔註13〕　《舊唐書》卷一四八《李吉甫傳》：「劉辟反，帝命誅討之，計未決，吉甫密贊其謀，兼請廣徵江淮之師，由三峽路入，以分蜀寇之力。事皆允從，由是甚見親信。」（第 3993 頁）《資治通鑑》卷二三七唐憲宗元和元年（806）正月條云：「上欲討（劉）辟而重於用兵，（胡注：謂以用兵爲重事，不敢輕試也。）公卿議者亦以爲蜀險固難取。杜黃裳獨曰：『辟狂戇書生，取之如拾芥耳！臣知神策軍使高崇文勇略可用，願陛下專以軍事委之，勿置監軍，辟必可擒。』上從之。翰林學士李吉甫亦勸上討蜀，上由是器之。（胡注：器，所以適用；器之者，知其可用。）」（第 7626 頁）

〔註14〕　《新唐書》卷一四六《李栖筠附子吉甫傳》：「德宗以來，姑息藩鎮，有終身不易地者。吉甫爲相歲餘，凡易三十六鎮，殿最分明。」（第 4740 頁）按，關於李吉甫第一次擔任宰相期間，襄助唐憲宗改易方鎮一事，近人岑仲勉氏曾有專門討論，詳參氏著《唐史餘瀋》卷三《憲宗》「凡易三十六鎮」條，第 140～141 頁，上海，上海古籍出版社，1979。

諸州刺史。〔註15〕在此基礎上，李吉甫再上奏章，要求刺史不得擅自謁見本道節度使，並停止諸道年終巡視，此舉名義上是爲了減少對地方的苛斂，眞實意圖則在於切斷節度使和刺史之間的互相聯繫和勾結，從而進一步削弱方鎮節度使的權力。

在割據的諸方鎮中，最棘手者莫過於盧龍（治今北京）、成德（治今河北正定）、魏博（治今河北大名東）三鎮，即所謂「河北三鎮」（或稱「河朔三鎮」）。河北三鎮各擁強兵，表面尊奉朝廷，實則自行其是，法令、官爵均自行署置，賦稅從不上供中央，節度使一職也是父死子繼，或由部將擁立。河北三鎮的行爲，對其他藩鎮產生了很壞的影響，它們也紛紛仿傚三鎮，割據一方，這就大大削弱了中央政府的權威。因此，要解決好藩鎮割據問題，關鍵就在於壓服河北三鎮，使之聽命於中央。李吉甫在第一次入相期間，由於時間倉促，還無暇顧及三鎮。

及至元和六年（811），李吉甫第二次擔任宰相，就開始著手解決河北三鎮的問題。李吉甫此次入相時，恰逢魏博節度使田季安病重，李吉甫因此乘機上奏，任命左龍武大將軍薛平爲義成軍節度使（亦稱鄭滑節度使），以重兵控制邢（治今河北邢臺）、洺（治今河北永年）二州，作爲恢復河北的軍事準備。爲做好軍事鬥爭的準備，李吉甫還特別親手爲唐憲宗繪製了一幅地圖，詳盡揭示河北險要之所在，唐憲宗把這張地圖掛在浴堂殿的門壁上，作爲隨時討論有關河北問題的參考。〔註16〕元和七年（812）八月，田季安病死，軍中擁立田興（弘正）爲帥。田興一反三鎮故態，表示願意遵守朝廷法令，隨時聽候中央調遣，這樣一來，河北形勢就發生了新的轉機。〔註17〕

河北三鎮以外，爲患最大者當屬淮西鎮（治今河南汝南）。雖然淮西鎮的最後平定，係由裴度完成，但用兵淮西的決策及前期的軍事準備工作，卻是基於李吉甫的計謀。淮西鎮之成爲朝廷巨患，始於唐德宗朝，時節度使李希烈與淄青（治今山東青州）及河北三鎮相互勾結，攻佔汴州（治今河南開封），控制漕運糧道，嚴重威脅到唐朝中央政府的生命線。李希烈死後，淮西節度使幾度

〔註15〕 以上詳參兩《唐書‧李吉甫傳》。

〔註16〕 《新唐書》卷一四六《李栖筠附子吉甫傳》:「田季安疾甚，吉甫請任薛平爲義成節度使，以重兵控邢、洺，因圖上河北險要所在，帝張於浴堂（殿）門壁，每議河北事，必指吉甫曰:『朕日按圖，信如卿料矣。』」（第4742頁）

〔註17〕 田季安死後，田興以魏博鎮主動歸附朝廷事，詳見《資治通鑑》卷二三八唐憲宗元和七年（813）八月，至卷二三九唐憲宗元和七年十一月，第7692～7697頁。

易主，最後被吳少陽控制。不過，吳少陽就任節度使的時候，淮西鎮內部已發生矛盾，從而給朝廷收復淮西以可乘之機。當時，李吉甫還在淮南節度使任上，面對如此良機，李吉甫主動向朝廷提出，把淮南鎮的治所移至壽州（今安徽壽縣），以便尋機招撫淮西，同時他還施用反間計，擾亂吳少陽之徒黨。不久，吳少陽病死，其子吳元濟請求依舊例承襲爵位。李吉甫就此事上奏，指出淮西與河北三鎮不同，又沒有其他黨援，不可襲用河朔故事，因此，對吳元濟的要求不能答應。同時，李吉甫還自告奮勇，願意前往淮西招降吳元濟，同時建議唐憲宗，要做好武力討伐淮西的準備。非常可惜的是，就在這個時候，李吉甫突然暴病而卒，未能克竟其功。

三、李吉甫整頓邊防與籌邊禦侮的措施

「安史之亂」不僅直接造成唐朝國力的衰弱，也給唐朝的邊防帶來巨大影響。「安史之亂」既起，邊兵內調平叛，就給周邊少數民族內侵提供了可乘之機，隨後的長年戰亂及藩鎮割據，又進一步加劇邊疆防衛能力的下滑趨勢。唐朝自中期以後，邊境所受到的最大威脅主要來自吐蕃，它在唐朝西北、西南兩個方向上頻繁侵擾。吐蕃而外，北邊的回鶻（亦稱迴紇）也不時內襲，則進一步加重了唐朝的邊防壓力。因此，「安史之亂」以後，備邊禦侮就成為唐朝中央政府所面臨的嚴峻現實問題，其緊要性僅次於應對藩鎮割據。

唐蕃關係在「安史之亂」初起時，曾一度嚴重惡化。當時，唐朝為了討伐安史叛軍，不得不從西陲徵調防兵，結果吐蕃乘機內入，進佔隴山以西，河西、隴右絕大部分淪陷。進而，吐蕃又趁涇州（治今甘肅涇川）節度使叛變之機，相互勾結，深入內地，攻陷長安，時在唐代宗廣德元年（763）。〔註18〕雖然後來唐軍打敗吐蕃，收復長安，但鳳翔（治今陝西鳳翔）以西、邠州（治今陝西彬縣）以北成為吐蕃經常出沒之地。唐德宗建中四年（783），唐朝不得已只好和吐蕃在清水（今甘肅清水）舉行會盟，劃定邊界：涇州以西到彈箏峽（今六盤山東麓）、隴州（今陝西隴縣）西南至清水、鳳州（今陝西鳳縣）以西至同穀（今甘肅成縣）、劍南西盡大渡水（今大渡河）為唐蕃邊界線。〔註19〕清水會盟及劃界，意味著唐朝就在實際上承認了吐蕃既佔領土的事實。但吐蕃統治者並未滿足於此，關內道、劍南道仍不時受到吐蕃的襲擾，有時吐蕃還唆使或迫脅南詔

〔註18〕《舊唐書》卷一一《代宗紀》，第272～274頁。
〔註19〕按，唐蕃「清水會盟」及劃定的邊界線，詳見《舊唐書》卷一九六下《吐蕃傳下》，第5247～5248頁。

騷擾唐朝的西南邊疆。因此，唐蕃關係並沒有因為清水會盟、劃定邊界而發生實質性變化。

　　唐德宗末年，唐蕃關係一度趨於緩和，主要是因為吐蕃棄松德贊贊普去世後（時在唐德宗貞元十三年，797），吐蕃內部矛盾日漸增多，國力大挫，因此無力大規模進犯。唐憲宗即位不久，吐蕃派遣使節尋求舊盟。其時，唐邊防形勢較前已大有改觀，西部邊疆基本穩定，南詔也表示和好，整個西南邊陲都比較安定。吐蕃這時候遣使尋盟，原因之一也在於唐朝與南詔關係良好。此前曾有很長一段時間，南詔與吐蕃結盟，給唐西南邊防形成巨大威脅。所以，吐蕃在南詔與唐朝和好的情況下，派使節前來結盟，就不能排除其試圖拆散唐朝與南詔聯盟的動機。基於此，李吉甫建議，對吐蕃尋求結盟，朝廷應當婉言謝絕，他指出：唐德宗時，由於未能將南詔穩住，才不得不與吐蕃會盟（按，即清水會盟），自從南詔異牟尋歸順以後，吐蕃就不敢內犯。這時候若與吐蕃和好，勢必要引起南詔的猜疑，西南邊陲恐怕從此多事。後來，吐蕃再次遣使尋求結盟，並表示願意獻出沿邊數千里土地以表誠意。李吉甫仍持反對意見，理由是：唐蕃兩國邊境荒阻，像犬牙一樣相互交錯，邊吏手持地圖，常常都不能瞭解其詳細情況，如今吐蕃將千里之地繪成幾張地圖，說是要獻給國家，看上去國家好像能得到這些土地，實際上恐怕還會有所喪失。唐憲宗認為李吉甫的說法很有道理，因此再次拒絕吐蕃的請求，不與其結盟。〔註20〕就歷史的實際情況來看，李吉甫對於其時唐朝邊境形勢的判斷，十分準確，故而所提出的對策也就非常合適。依據當時的邊境形勢，李吉甫深知吐蕃無力犯邊。因此，不與吐蕃結盟，雖然免不了它在邊境搞一些小規模的騷擾活動（即使結盟，也不能完全避免），但吐蕃要興師動眾，大規模深入唐朝內地，卻絕無可能。因此，在這種情況下，如果同意和吐蕃結盟而令南詔猜疑動搖，致使剛安定不久的西南邊境再次動盪，顯然得不償失。一旦西南邊患再起，又勢必要從內地抽兵赴援，從而影響對藩鎮的用兵。所以，李吉甫堅持不與吐蕃恢復結盟，符合唐朝的國家利益。

〔註20〕　《新唐書》卷一四六《李栖筠附子吉甫傳》：「吐蕃遣使請尋盟，吉甫議：『德宗初，未得南詔，故與吐蕃盟。自異牟尋歸國，吐蕃不敢犯塞，誠許盟，則南詔怨望，邊隙日生。』帝辭其使。復請獻濱塞亭障南北數千里求盟，吉甫謀曰：『邊境荒岨，犬牙相吞，邊吏按圖覆視，且不能知。今吐蕃縣山跨谷，以數番紙而圖千里，起靈武，著劍門，要險之地所亡二三百所，有得地之名，而實喪之，陛下將安用此？』帝乃詔謝贊普，不納。」（第4739頁）

　　中晚唐時期的邊患除吐蕃以外，當屬回鶻。吐蕃的主要活動區域爲唐朝的西南、西北方向，回鶻則主要構成唐朝北部邊境的最大隱患。回鶻與唐朝的關係，比南詔、吐蕃更爲複雜，因此，處理與回鶻的關係殊爲不易。回鶻在平定「安史之亂」的過程中，曾給予唐朝很大幫助，因而他們常常恃功自傲，有時十分囂張，向唐朝提出一些過分要求。一旦唐朝不能滿足其奢望，回鶻就不免滋生事端，甚至以武力相威脅，因此在某些時候，唐朝簡直不勝其苦。元和八年（813）十月，回鶻突然引兵南下，取道西城柳谷路進攻吐蕃。唐朝西城防禦使周懷義急表上奏，引起朝廷上下一片恐慌，以爲回鶻要攻打京師。〔註 21〕李吉甫聞訊之後，卻相當鎮靜。他分析認爲，如果回鶻眞是大舉犯邊，就應當首先遣使斷絕和好，現在回鶻並未絕好，可見他們是不會有這樣的企圖。因此，朝廷可命令邊將作好準備，但不必過於擔憂。經過李吉甫的分析後，人心始趨於穩定。

　　元和八年十月回鶻南下，雖然最後確認是虛驚一場，但作爲一個深謀遠慮的政治家，李吉甫對此事還是進行了認眞反思，他認爲對於回鶻還是要採取一定的防範措施，以免一旦發生突然事件而張皇失措。爲此，李吉甫提出兩條對策：其一，自夏州至天德軍之間，恢復設置已經廢棄的十一所館驛，以迅速及時地提供邊防信息。夏州治所，在今陝西靖邊縣北白城子，天德軍在今內蒙古烏拉特前旗以北。〔註 22〕兩城之間雖爲人煙稀少之鄂爾多斯高原所阻隔，但路程卻相當捷近。以前有關回鶻動靜的消息，多數情況下都是繞道太原傳送至京師長安，故每每貽誤軍機。李吉甫此次在夏州與天德軍之間重置驛館，由天德軍至長安，只需四天即可到達，信息傳遞速度大大加快，這就爲京師防衛贏得了更多準備時間。其二，爲確保新復驛路之安全暢通，又在經略軍故城置兵駐防，防兵還可兼護在附近遊牧的党項等部落。〔註 23〕經略軍故城在今毛烏素沙漠西北方向，東南距夏州約三百二十華里，正處於天德軍與夏州之間，乃是新復驛路的必經之地，來往接應十分靈活便利。〔註 24〕在以上兩條措施落實的基礎上，李吉甫又建議設置新宥州，新宥州選址就是

〔註 21〕《舊唐書》卷一四八《李吉甫傳》：「是月，迴紇部落南過磧，取西城柳谷路討吐蕃，西城防禦使周懷義表至，朝廷大恐，以爲迴紇聲言討吐蕃，意是入寇。」（第 3996 頁）
〔註 22〕參前揭《中國歷史地圖集》第五冊「元和方鎮圖」，第 38～39 頁。
〔註 23〕可詳參兩《唐書·李吉甫傳》。亦可參看《元和郡縣圖志》卷四《關內道四》「新宥州」條，第 106～107 頁。
〔註 24〕《中國歷史地圖集》第五冊，「京畿道·關內道」，第 40～41 頁。

經略軍故城。本來，唐高宗調露元年（679，儀鳳四年六月改元調露）爲安置突厥降戶人，在靈州南界夏州與鹽州（治今陝西定邊）之間，特別設置了魯、麗、含、塞、依、契等六州，時人稱之爲「六胡州」；武則天長安元年（701），「六胡州」合併爲匡、長二州；唐中宗神龍三年（707）復置蘭池都督府，將原「六胡州」改爲縣，隸屬於蘭池都督府；唐玄宗開元十一年（723），壓平康待賓叛亂之後，將其民遷移至河南、江淮諸州，開元二十六年（738），同意突厥餘眾遷回原六胡州地，並於此設置宥州，即後來所謂的廢宥州。廢宥州西南距鹽州、東南距夏州，各三百華里，唐玄宗天寶（741～756）年間寄治經略軍；唐代宗寶應元年（762）以後，逐漸廢棄。〔註25〕

　　李吉甫爲何倡議重建宥州呢？徵諸《中國歷史地圖集》第五冊「京畿道・關內道」，可以明確看出：宥州位置居中，不僅對周圍各少數民族部落具有統護的作用，而且它與夏州、天德軍、鹽州互爲掎角，向北可以應接天德軍，向南則可馳援夏州、鹽州。再從歷史上看，經略軍原本遙隸靈武節度使（治今寧夏靈武），二者相距較遠，常因路途遙遠指揮不力而貽誤戰機，新宥州設立後，就可以有效解決這個問題。如此一來，通過恢復驛路、置兵經略軍故城、設置新宥州這三條措施，就把這一片廣闊地域連成一體，彼此之間信息傳遞迅速，配合呼應機動靈活，一旦北邊有警，朝廷就可以在第一時間獲得相關消息，從容決策應對，而不至貽誤戎機。〔註26〕

　　不過，以上三條措施並非李吉甫籌備北方邊防的核心內容，只是他北疆總體防禦策略的組成部分。李吉甫籌備北疆防線的最重要部分，乃是修治天德軍城。眾所週知，唐朝前期的北境防線，有三個主要戰略支撐點，即唐中宗神龍（705～706）年間張仁願所修築的東、中、西三受降城。東受降城位於今內蒙古托克托縣，中受降城位於今內蒙古包頭市西，西受降城位於今內蒙古五原縣西北，三城傍依陰山，迤黃河以北自東向西，構成一條完整的軍事防線，這是唐朝北邊防禦體系的核心。〔註27〕三城之間，也曾設立過一些軍鎮，天德軍即其中之一。天德軍本置於今內蒙古自治區烏拉特前旗以北，處於中、西兩城之間，後來輾轉遷徙，最終移駐西受降城，然而西城正瀕臨

〔註25〕　《元和郡縣圖志》卷四《關內道四》「新宥州」條，第106頁。

〔註26〕　詳參《資治通鑑》卷二三九唐憲宗元和九年（814）四、五月條及胡注，第7703～7704頁。

〔註27〕　以三受降城爲戰略支撐點所構成的這條北邊防線形勢圖，《中國歷史地圖集》第五冊「京畿道・關內道」的標示較爲明晰，可資參考。（第40～41頁）

黃河北岸，其時由於河水的沖刷侵蝕，城池殘破過半，軍事防禦能力大大下
降。面對北方防禦體系的這種嚴重局面，李吉甫倡議，必須修復天德軍舊城。
李吉甫指出，舊城位置適中，其東面以中受降城、東受降城、振武軍（置於東
受降城內）爲左翼，西面以西受降城、豐州（今內蒙古自治區五原縣南）、定遠（今
寧夏平羅縣南）爲右翼，舊城恢復以後，不僅可以充分發揮其「南制党項，北
制匈奴，左右勾帶，居中處要」的戰略作用，而且恢復舊城所需費用，「不
過二萬貫錢」，遠比在西城基礎上重構新城的花費要少得多，據李吉甫分析，
西受降城修復已無可能，若別築新城，則所費不下三十萬貫。對於李吉甫的
主張，有人提出異議，認爲修築這樣一座大城，又少人居住，恐怕難以作長
久防守。但事實上，新城甫一築好，緣邊居民很快就有三萬餘家遷居城中。
從此，邊軍益加壯大，新城遂成爲北疆雄鎮，北邊軍事防務能力大大增強。
〔註28〕

　　這裏要附帶指出的是，李吉甫對河套一帶北部邊防的戰略構想與戰略部
署，後來直接影響到其子李德裕的北方邊防政策。唐武宗會昌（841～846）
年間，李德裕實際執掌朝政，其北邊防禦基本沿襲父親李吉甫的戰略，特別
是在討平回鶻的戰爭中，李德裕所進行的軍事部署，基本上就是圍繞父親李
吉甫當年構築的這條北方防線展開。〔註29〕

四、李吉甫關注民生與改革內政

　　李吉甫在政治上的建樹，還表現在對民生的關注及推行內政改革方面。

　　作爲政治實幹家，李吉甫治國理政講求實效。史載李吉甫「性聰敏，詳
練物務，自員外郎出官，留滯江淮十五餘年，備詳閭里疾苦。」〔註30〕正因
爲對民間疾苦有切身體會，所以李吉甫在行政的時候，能夠堅持從實際出發，
勤政爲民。例如，在擔任淮南節度使期間，李吉甫曾上奏朝廷減免百姓租稅
數百萬錢，並主持修建了富人、固本二塘，灌溉農田近萬頃；在此期間，鑒
於漕渠年久失修，無法蓄水的實際情況，還主持修築了平津堰，使之充分發
揮蓄水抗旱的作用。在淮南節度使任期內，江淮地區曾遭遇連年乾旱，浙東、
浙西等地尤甚，在有關部門刻意隱瞞不報的情況下，李吉甫卻不計政治名譽

〔註28〕　《元和郡縣圖志》卷四《關內道四》「天德軍」條，第113～114頁。
〔註29〕　詳參李文才撰：《「會昌之政」研究》，第29～32頁，陝西師範大學歷史學碩
　　　　　士學位論文，1995年（文藏陝西師範大學圖書館）。
〔註30〕　《舊唐書》卷一四八《李吉甫傳》，第3993頁。

的得失，及時將災情上報朝廷，請求國家予以賑貸。〔註31〕

眾所週知，唐代佛教盛行，僧侶眾多，寺院經濟高度發達，佛教寺院擁有眾多莊園、碾磑，獲利甚巨，他們卻享受著免稅的特權。僧寺莊磑所免除的那部分稅收，最後自然全部都要轉嫁給平民承擔，這就直接增加了編戶百姓的租稅負擔。有唐一代，這個問題曾多次被提出，圍繞僧寺莊磑納稅與否，歷朝幾乎均發生過激烈爭執。李吉甫第二次擔任宰相期間，就此事上奏朝廷，指出：錢米之徵收，素有定額，如果向僧寺徵收賦稅，就可以減輕貧苦百姓的經濟負擔。這個建議最後被唐憲宗採納。〔註32〕

作為政治上的務實派，李吉甫還一直十分關注內政改革。李吉甫第一次擔任宰相，雖然任期很短，但還是盡力做了許多實際工作，如前述他曾建議方鎮所屬州郡刺史可以各自為政，並由朝廷派出郎官擔任州郡刺史。當時，唐憲宗問道：「當今政教，何者為急？」李吉甫回答說，關鍵就要看地方官是否用得其人，並主張派遣朝官以赴外任，他說：「國以民為本，親民之任，莫先牧宰，能否實繫一方」，進而指出：「末世命官，多輕外任，選授之際，意涉沙汰，委以藩部，自然非才。」〔註33〕這就是說，治國以親民根本宗旨，而能否做到親民，又直接受制於地方長官的素質才能如何。然而，長期以來，由於選官程序存在問題，造成社會普遍輕視地方官的情況，由於長期以來人們都輕視地方官，凡被從中央派到地方任職，往往就被人認為是遭到了貶黜，長此以往，地方官員中的才幹之士就越來越少，如此一來，治政親民又從何談起？李吉甫所提出的由郎官出任刺史的建議，是否真的付諸實行了呢？據白居易《除郎官分牧諸州制》云：「漢宣帝云：『與我共理者，其惟良二千石乎？』誠哉是言。朕每三復，安得循吏，副吾此心？今之臺郎，一時妙選，嘗經任歷，率有才用。雖典曹庀事，其務非輕，而恤隱分憂，所寄尤重。是用竝命，分牧吾人。歲時之間，期於報政。戶部郎中某可某州刺史，兵部員外郎某可某州刺史，云云。朕高懸爵賞，佇期酬效。咨爾夙夜，其念之哉。無俾龔黃，專美前代。」〔註34〕由此可見，李吉甫關於由郎官出任地方官的提議，確曾付諸實施。

〔註31〕《新唐書》卷一四六《李栖筠附子吉甫傳》，第 4740～4741 頁。

〔註32〕《舊唐書》卷一四八《李吉甫傳》，第 3994 頁。

〔註33〕《唐會要》卷五十三「雜錄」，第 1082～1083 頁。

〔註34〕《全唐文》卷六六○（白居易五）《除郎官分牧諸州制》，第 6710 頁下欄至 6711 頁上欄。

　　李吉甫在內政改革方面做出顯赫成績，是元和六年（811）第二次入相期間。元和六年正月，李吉甫由淮南節度使再次被徵召到中央擔任宰相。李吉甫就任後，即著手對內政進行改革，其最主要之政績，就是針對官冗費糜、效率低下的行政作風進行整頓，對策則是減官省俸，《舊傳》記其事云：「及再入相，請減省職員并諸色出身胥吏等，及量定中外官俸料，時以爲當。」〔註35〕對於李吉甫所主持的這次以減省官員爲核心內容的內政改革，《新傳》有更爲詳細的記述，略云：

　　　　六年，裴垍病免，復以前官召吉甫還秉政……吉甫疾吏員廣，縣漢至隋，未有多於今者，乃奏曰：「方今置吏不精，流品龐雜，存無事之官，食至重之稅，故生人日困，冗食日滋。又國家自天寶以來，宿兵常八十餘萬，其去爲商販、度爲佛老、雜入科役者，率十五以上。天下常以勞苦之人三，奉坐待衣食之人七。而內外官仰奉稟者，無慮萬員，有職局重出，名異事離者甚眾，故財日寡而受祿多，官有限而調無數。九流安得不雜？萬務安得不煩？漢初置郡不過六十，而文、景化幾三王，則郡少不必政紊，郡多不必事治。今列州三百、縣千四百，以邑設州，以鄉分縣，費廣制輕，非致化之本。願詔有司博議，州縣有可併併之，歲時入仕有可停停之，則吏寡易求，官少易治。國家之制，官一品，奉三千，職田祿米大抵不過千石。大曆時，權臣月奉至九千緡者，州刺史無大小皆千緡，宰相常衮始爲裁限，至李泌量閑劇稍增之，使相通濟。然有名在職廢，奉存額去，閑劇之間，厚薄頓異，亦請一切商定。」乃詔給事中段平仲、中書舍人韋貫之、兵部侍郎許孟容、戶部侍郎李絳參閱蠲減，凡省冗官八百員，吏千四百員。〔註36〕

在李吉甫看來，造成當時行政效率低下的一個重要原因，就是「置吏不精，流品龐雜」，冗官多費不僅導致行政效率低下，而且嚴重浪費國家財富，加重人民的賦稅負擔。爲此，李吉甫有針對性地提出裁撤冗員、精簡機構的對策。

　　李吉甫所主持的這次精簡機構的改革，究竟裁減了多少官吏？諸史記載略有差異，據上引《新傳》，則一共省去冗官八百員、吏千四百員，二者合計

〔註35〕　《舊唐書》卷一四八《李吉甫傳》，第 3994 頁。
〔註36〕　《新唐書》卷一四六《李栖筠附子吉甫傳》，第 4741 頁。按，李吉甫所上之奏章，亦見《舊唐書》卷一四《憲宗紀上》，第 435～436 頁。

減省二千二百員；若據《舊唐書・憲宗紀》，則「減諸司流外總一千七百六十九人」〔註37〕；若據《資治通鑑》元和六年九月記載，「吏部奏准敕併省內外官計八百八員，諸司流外一千七百六十九人」，則省減內外官 808 人、諸司流外官 1769 人，二者合計 2577 人。據上引李吉甫奏章，當時內外官食俸祿者「無慮萬員」，如果以一萬員計算，則此次併省官吏總數，依《舊紀》（1769員），則所省占總數近 1/5；若依《新傳》（2200 員），則占總數 1/5 強；依《資治通鑑》（2577 員），則占總數 1/4 強。所以，無論從數量，還是從所佔官吏總數的比例來說，這次精簡官吏都取得了很大成效。冗濫官吏被裁減，不僅提高了政府機關的行政效率，也節約了政府機構的運轉成本，減輕了國家的財政開支，從而也就減輕了平民的租稅負擔，因為李吉甫在奏章中已明確指出，省官的目的就是為了「稍減冗員，足寬疲氓」。〔註38〕

五、對李吉甫的政治評價

　　李吉甫既是一位在學術上有卓越成就的地理學家〔註39〕，也是唐代歷史上一位傑出的政治家。李吉甫在政治上的顯赫功績，後人自然不能忘記，他在今天受到我們的景仰，與他在政治生涯中所取得的一系列政績有著直接聯繫。

　　作為中國古代一位傑出的政治家，李吉甫是中晚唐時期很有影響、頗具人格魅力的一位歷史人物。無論是任職於中央、侍承君主，還是為官於地方、作宰牧民，李吉甫都是一位有作為、務實際的政治實幹家，他關心民生疾苦，關心國家治亂安危的高尚官德，從來都沒有改變。李吉甫是唐憲宗元和時期的重臣，曾兩度擔任宰相的職務，他從事政治活動，始終圍繞加強皇權、維護中央權威、保持國家統一的政治目標和政治理想而進行，對於個人的得失，則甚少顧及。

　　在擔任宰相主持中樞政局期間，李吉甫針對藩鎮跋扈割據的局面，堅持鬥爭、矢志不渝，先後輔佐皇帝壓平川西劉闢、浙西李錡的叛亂；第二次擔任宰相期間，又為剪除淮西吳元濟、削弱「河北三鎮」而殫精竭慮。總之，在李吉甫主政期間，割據藩鎮的跋扈氣焰受到了極大抑制，歷來為史家所稱道的「元和中興」局面之出現，李吉甫居間立有大功。

〔註37〕《舊唐書》卷一四《憲宗紀上》，第 437 頁。
〔註38〕《舊唐書》卷一四《憲宗紀上》，第 436 頁。
〔註39〕李文才撰：《試論〈元和郡縣圖志〉的成就及特點》，原刊《江蘇科技大學學報》2006 年第 1 期，第 1～10 頁，今亦收入本書。

李吉甫還是一位留心吏治、精明強幹的政治家，他主政期間，曾針對官吏冗濫、政府工作效率低下的弊病，主持推行以精簡官吏爲中心的政治改革，削減了一大批濫竽充數的官吏，不僅提高了政府機關的工作效能，改善了官府在人民心目中的形象，也減省了國家的財政支出，在一定程度上也減輕了人民的經濟負擔。宦官專權，也是中晚唐時期政治上的一個重大問題，「南衙北司」之爭、朝廷官員內部傾軋、吏治腐敗混亂，甚至藩鎮飛揚跋扈，多多少少都與宦官專權有所聯繫，因此要進行吏治的整頓，就不免涉及到宦官問題，李吉甫在對待這個問題上，處理比較恰當，充分利用宦官集團內部的矛盾，以宦官制衡宦官，既在一定程度上抑制了宦官的勢力，又有利於政治目標的實現。〔註40〕

在處理對外關係上，李吉甫堅決維護國家領土主權完整，並提出極具戰略眼光和實際操作性的國防政策，可謂深謀遠慮。李吉甫主政期間，十分重視邊疆防衛體系的建設，在西南邊防上對吐蕃、在北部邊防上對回鶻，都採取了積極的防衛政策，特別是北疆邊防設施的建設，更是取得了令人鼓舞的成效，他主持構築的北方邊防體系，在後來唐武宗朝對回鶻的戰爭中，就發揮了重大作用。

李吉甫在擔任地方官期間，同樣勤政有爲，並不因爲個人在仕途上的一時失意而無所事事，例如他在擔任淮南節度使期間，深刻體察轄區人民疾苦，積極興修水利、造福人民，還在自然災害發生後，不計個人仕途得失，親自爲民請命，申請國家賑災救濟，真正做到了爲官一任、造福一方，體現出時刻關心民生疾苦，在困難面前勇於擔當的高尚品德。

最後，從私德方面來說，李吉甫也是一位值得我們尊敬的忠厚長者，所謂「道德文章」，李吉甫在這些方面均稱得上世人楷模。例如，李吉甫在忠州刺史任職期間，對曾在政治上壓制自己的陸贄，不僅絲毫不記前嫌，而且仍然以宰相禮數對待陸贄，史籍所謂「若平生交契」、「時論以吉甫爲長者」，都清楚地表現出李吉甫超常的優容雅量和不記宿仇的長者之風。〔註41〕

在私德方面，李吉甫除能夠嚴己寬人、待人以誠外，還是一位獎掖後學、提攜後進，爲國家選拔人才而不計個人得失的政治家。《舊傳》言其「敘進群

〔註40〕 前揭拙撰：《試析唐代贊皇李氏之門風——以李栖筠、李吉甫、李德裕政風之比較爲中心》，《揚州大學學報》2005年第5期。
〔註41〕 《舊唐書》卷一三九《陸贄傳》，第3818頁。

材，甚有美稱」，〔註42〕《舊唐書‧裴垍傳》則記載了李吉甫第一次拜相時，請裴垍向他推薦人才，裴垍一下子就寫出三十多個名字，在幾個月之間，李吉甫將這些人全部量才使用，「當時翕然稱吉甫有得人之稱」〔註43〕。凡此均體現出贊皇李氏獎拔後進、忠心乃國的優雅門風。

〔註42〕 《舊唐書》卷一四八《李吉甫傳》，第 3993 頁。
〔註43〕 《舊唐書》卷一四八《裴垍傳》，第 3989～3990 頁。

試論《元和郡縣圖志》的成就及特點

　　《元和郡縣圖志》乃是中國歷史地理學史上的一部名著，作者爲唐代著名歷史地理學家李吉甫，該書原有圖、志共 40 卷，另有目錄 2 卷，合起來共 42 卷，後以地圖亡佚，故後世也有人徑稱此書爲《元和郡縣志》。〔註1〕作爲一部歷史地理學巨著，《元和郡縣圖志》自從問世以後，就引起了歷代公私藏書家的關注，從南宋程大昌開始，直到清末，共有 13 家公私藏書家著錄過，均給予極高評價。〔註2〕茲錄四庫館臣的評語以爲代表，略云：「輿記圖經，《隋》、《唐志》所著錄者，率散佚無存，其傳於今者，惟此書爲最古。其體例亦爲最善，後來雖遞相損益，無能出其範圍。今錄以冠地理總志之首，著諸家祖述之所自焉。」〔註3〕四庫館臣的評價甚爲中肯，《元和郡縣圖志》的確具有如此重要的學術地位。不過，四庫館臣的評價還不能說全面周到，《元和郡縣圖志》之爲歷代所重，並非僅僅由於其他輿地著作都已散佚，惟此書最古的緣故，而是因爲該書是在魏晉南北朝輿記圖經的基礎上，更將歷史地理學著作向前推進了一大步，它不僅總結了前人著述的優點，而且體例也更加完善充實，這才是它能夠取代前人著作的成就繼續保存下來，其他同類著作則難逃陸續散佚命運的根本原因。

　　對於《元和郡縣圖志》的成就與特點，古今學人評述紛紜，唯缺乏系統性，亦稍欠全面周到，故不揣淺陋，擬在參考已有評述的基礎上，從四個方面對《元和郡縣圖志》的成就與特點，再作申說。

〔註 1〕　《元和郡縣圖志》「附錄 6：陳振孫《直齋書錄解題》卷八，《元和郡縣志》四十卷，李吉甫撰，自京兆至隴右，凡四十七鎮，篇首有圖，今不存。」（第 1104 頁）

〔註 2〕　《元和郡縣圖志》「附錄」，第 1101～1110 頁。

〔註 3〕　《元和郡縣圖志》「附錄 7」《四庫全書提要》，第 1105 頁。

一、承前啓後的歷史地位

《元和郡縣圖志》的成就，首先表現在它是一部承前啓後的歷史地理學名著。根據統計，《元和郡縣圖志》所徵引的前人著作，大約有一百多種，內容包羅廣博，儒家經典、先秦諸子、前代史籍，乃至前人的詩賦書箋、奏章表疏、碑文注釋都在引用之列。〔註4〕其中，徵引的地理著作大約有 50 種，尤其需要指出的是，李吉甫所徵引的書目中，有些還是《舊唐書・經籍志》、《新唐書・藝文志》所未加著錄者，如《齊記》、《三齊記》、《上黨記》、《錢唐記》、《吳興記》、《鄱陽記》、《南康記》、《南嶽記》、《沅陵記》、《武陵記》等地方志書，從這個意義上甚至可以說，《元和郡縣圖志》所引徵引的上述書目，還可補兩《唐書》經籍志（藝文志）之不足。

《元和郡縣圖志》之所以具有承前啓後的學術地位，還在於它所開創的修撰體例更加完善，並爲其後的歷史地理學著作所遵循。中國古代地理總志著作的撰述體例，《元和郡縣圖志》之前的一些著作，固然也具有重要參考價值，但因那些著作多數嚴重散佚，篇幅十不存一，據之很難把問題說清楚。比如，清代學者王謨從事輯佚工作，曾集成《漢唐地理書鈔》一書，其中《秦漢訖隋唐歷朝地理書記》，就彙集了一些地理總志方面的著作，如闞駰的《十三州志》、王隱的《晉地道記》、顧野王的《輿地志》、李泰的《括地志》、賈耽的《郡國縣道記》等十餘種，遺憾的是這些著作早已多數殘闕，因此據之難以管窺地理學著作修撰體例之全豹。李吉甫的《元和郡縣圖志》則體例完備，以州縣爲線索，全面詳細地記述了各個州縣的地理情況，諸如自然狀況、城市形勢、人口分佈、交通道路、水利設施、陵墓園林、主要物產及貢賦等，靡不畢備。《元和郡縣圖志》之所以後來能流傳下來，並成爲後世所遵循推崇的範例，實與其完備地保存了地理總志的體例大有關係。試舉一例以資說明，就現存歷史地理學著作而言，北宋地理學家樂史所編《太平寰宇記》乃是模寫《元和郡縣圖志》體例最早的作品，該書共 200 卷，篇幅遠超《元和郡縣圖志》。樂史在序言中曾說，無論是賈耽的《十道述》，還是李吉甫的《元和郡縣圖志》，都不免「編修太簡」，因而他大大擴充了徵引書目的範圍，甚至連雜家小說都在引用之列，所以後世學者有譏笑其「意在徵奇，罔知傳信」者。對於後人的褒貶抑揚，我們姑置不論，單就體例來說，樂史所撰之書與

〔註4〕 史念海，曹爾琴撰：《中國歷代地理學家評傳》「李吉甫」條，濟南，山東教育出版社，1990。

《元和郡縣圖志》毫無二致，只不過在門類上有所增益而已（如姓氏、人物、風俗等），至於其他莫不一仍《元和郡縣圖志》之體例。

基於以上分析，我認為李吉甫的《元和郡縣圖志》一書，在中國古代地理學著作史上具有承前啓後的重要歷史地位。以言承前，因為它是對前代地理學著作的繼承和發展；以言啓後，則是從其影響而論，例如它所開創的歷史地理學著作編纂體例，直到現代地理學興起之前，始終是歷代地理學著作所遵循的典範。換言之，《元和郡縣圖志》之成為歷史地理學著作領域的不朽名著，正是由它在中國傳統地理學著作史上承前啓後的學術地位所奠定。

二、實是求是的學術風格

實是求是的學術風格、求實求是的學術精神，乃是《元和郡縣圖志》具有強大生命力，成為不朽名著的又一個重要原因。關於修撰《元和郡縣圖志》的動機，李吉甫在序言中有明確表述：「佐明王扼天下之吭，制群生之命，收地保勢勝之利，示形束壤制之端。」〔註5〕簡言之，就是為了幫助唐憲宗掌握天下的地理形勢，以便更好地治理國家。由此可見，李吉甫修撰《元和郡縣圖志》的主要動機或目的，正是為了服務於現實政治，基於這個出發點，李吉甫在修撰該書時，特別重視客觀存在的事實，而不是主觀臆斷或憑空立論；再加上李吉甫本人在政治上一貫務實的作風，從而使得《元和郡縣圖志》充滿了實事求是的精神，李吉甫此書成就之所以能夠遠邁前人，與貫穿其間的求實求是之寫作方法與學術精神，實有莫大關係。

《元和郡縣圖志》的求實性，與李吉甫一貫倡導實事求是、注重對客觀世界進行認真分析探索的精神，實有分割不開的密切關係。李吉甫生活的時代，乃是佛、道等宗教廣為流行的時期，中國歷來又是一個多種宗教並存、民間信仰多元化的國家，隨著佛教中國化進程的完成，以及佛教、道教勢力的擴張，再加上社會長期戰亂動蕩，唐代中後期的迷信風氣，較之從前更為盛行。在鬼神迷信大行其道的時代背景下，一些有識之士能夠不受蠱惑，堅持實事求是，李吉甫就是這樣一位傑出人士。例如，李吉甫在擔任饒州刺史期間，曾經遇到這樣一件怪事，饒州城中已經很長時間沒有居民，城門緊閉，長滿了野樹雜草。原來，在此之前饒州先後有四位刺史死於任期，百姓議論

〔註5〕　《元和郡縣圖志序》，第2頁。

紛紛，說是州城裏有怪物作祟，州民因此感到害怕，就陸續遷居城外。李吉甫到任後，並不畏懼這些神怪邪說，他打開城門，剷除荒草後，就居住於其中。慢慢地其他人也都安下心來，紛紛又遷居城中。〔註6〕由此可見，李吉甫是一個注重實際、不信謠言邪說的人。正是因為李吉甫具有實事求是的精神，所以他在修撰《元和郡縣圖志》時，從來不作沒有根據的推斷，對於那些難以定論的地理現象，他在撰述過程中都會如實承認自己確有不知，而不加以主觀臆斷或妄下結論。

例如，《元和郡縣圖志》中記述了很多故城遺址，對於那些有確鑿翔實材料為根據的地方，李吉甫總是不厭其煩地詳載其建置時間、該地曾發生過的重大事件、城址的存廢情況等信息；對於一些沒有資料依據的地方，如京兆府興平縣（今陝西興平）的馬嵬故城，由於確實不知道該城的建置時間，他就在書中如實寫道：「在縣西北二十三里。馬嵬於此築城，以避難，未詳何代人也。」〔註7〕再如，申州義陽縣（今河南信陽）的平靖故關，李吉甫因為不知其來歷，故在書中這樣記述道：「在縣南七十六里。舊有此關，不知何代創立。」〔註8〕至於那些歷史上曾出現過多種不同記載，他本人又無法判斷真偽的地方，李吉甫的做法是，把所有不同說法全部記錄下來，供讀者自己參考判斷。例如春秋時期，智伯引水灌晉陽（今山西太原西南），《史記》記載說智伯引的是汾水，《春秋後語》則說引的是晉水。李吉甫在對唐代晉陽城形勢分析後，發現晉陽城東有汾水南流，城西又有晉水入城，這兩條河都有可能為智伯所引，因此智伯到底引哪條河水灌城，實在難以判斷，於是李吉甫就將這兩條史料都記述下來，並說：「二家不同，未詳孰是。」〔註9〕對於一些有矛盾或疑難的地方，只要能夠辨明，李吉甫又總是詳加說明，體現出求真求實的學術精神，例如夏州城南有一條河，從前叫奢延水，唐代稱無定河，當時人對此也知之無多，還以為夏州城南有兩條河經過，李吉甫對此進行解釋，云：「無定河，一名朔水，一名奢延水，源出縣南百步。赫連勃勃於此水之北，黑水之南，改築大城，名統萬城。今按州南無奢延水，唯無定河，即奢延水是也，古今

〔註6〕 《舊唐書》卷一四八《李吉甫傳》：「尋授郴州刺史，遷饒州。先是，州城以頻喪四牧，廢而不居，物怪變異，郡人信驗；吉甫至，發城門管鑰，剪荊榛而居之，後人乃安。」（第3993頁）

〔註7〕 《元和郡縣圖志》卷二《關內道二》，「京兆下‧興平縣」條，第26頁。

〔註8〕 《元和郡縣圖志》卷九《河南道五》，「申州‧義陽縣」條，第244頁。

〔註9〕 《元和郡縣圖志》卷十三《河東道二》，「太原府‧晉陽縣」條，第365頁。

異名耳。」〔註10〕經過這麼一解釋，誤會就消除了，原來奢延水、無定河只不過是同一條河流的古今不同稱呼罷了。

李吉甫修撰《元和郡縣圖志》，曾徵引過許多前人著述，對於前人著作，他也都是客觀地、批判性地加以引用，既不完全迷信，也不主觀臆斷，對於自己認為正確的就遵從，對於有異議的地方，就詳加辨析，對於那些有多種不同說法，自己又無從判斷對錯者，則全部如實記錄，不加任何點評，表現出濃厚的求實精神。對於古人已有的文獻記載，在李吉甫的著作中，無論標示出來的，還是未加說明的，如果我們加以核對的話，就會發現，他的記述無不翔實準確，從未發現他以一己之私見而隨意杜撰。在《元和郡縣圖志》中，還有一類史料的來源，並非出自文獻記載，而是根據民間傳說。眾所週知，民間傳說作為一種口碑史料，有些是可信的，也有一些出於杜撰，大多數則是在一定史實的基礎上有所誇張，從而無法做到完全真實、客觀地反映歷史真相。因此，對於民間傳說這類口碑史料，在徵引時一定要十分謹慎。對於這類是非摻雜、真偽俱存的口傳史料，如何恰當運用和處理，李吉甫顯然曾煞費苦心地加以斟酌。例如，李吉甫在記述滑州白馬縣（今河南滑縣）的城市建置時，云：「州城，即古滑臺城，城有三重，又有都城，周二十里。相傳云衛靈公所築小城，昔滑氏為壘，後人增以為城，甚高峻堅險。臨河亦有臺。慕容時，宋公遣征虜將軍任仲德攻破之，即魏武破袁紹、斬文醜於此岸者。」〔註11〕又如，太原府廣陽縣（今山西昔陽）澤發水，一名皂漿水，亦名妒女泉，源出縣東北董卓故壘，「故老傳此泉中有神似鱉，晝伏夜遊。神出，水隨神而湧，其水東北流入井陘縣界。」〔註12〕再比如，記載淄州淄川縣（今山東淄博南）的淄水，云：「淄水，出縣理東南原山，去縣六十里。俗傳禹理水功畢，土石黑，數里之中，波流若漆，故謂之淄水。」〔註13〕類似「相傳云」、「故老傳」、「俗傳」的記述，在《元和郡縣圖志》一書中還有很多，李吉甫在使用這些口傳資料時，既不有意擡高其價值，又將這些史料的來源盡可能詳細地予以揭櫫，充分體現出他求真務實的學術作風。

客觀地說，無論是文獻記載，還是民間傳說，都不能做到完全避免失實之處，問題在於如何對待這些史料。李吉甫在這方面所表現出來的求實求是

〔註10〕 《元和郡縣圖志》卷四《關內道四》，「夏州‧朔方縣」條，第100頁。
〔註11〕 《元和郡縣圖志》卷八《河南道四》，「滑州‧白馬縣」條，第198頁。
〔註12〕 《元和郡縣圖志》卷十三《河東道二》，「太原府‧廣陽縣」條，第373頁。
〔註13〕 《元和郡縣圖志》卷十一《河南道七》，「淄州‧淄川縣」條，第310頁。

的精神，顯然值得我們學習和借鑒。對於前人留下的各種記載，李吉甫首先給予充分的尊重，顯示出謙虛好學的優秀品德，對於前人的錯誤，他又毫不隱諱地予以辨駁和更正，從而使得後來的人不再繼續被謬誤所迷惑。舉例言之，如關於項羽墓的所在地，歷史上曾有不同說法，有些記載說在虹縣（今安徽泗縣），李吉甫卻說在鄆州東阿縣（今山東東阿），對此，李吉甫首先指出虹縣說所以謬誤的事實，云：「垓下聚，在（虹）縣西南五十四里。漢高祖圍項羽於垓下，大破之，即此地也。按漢洨縣屬沛郡，垓下即洨縣之聚落名也。《圖經》云：『項羽墓在縣南六里。』按羽死後，高祖以魯公禮葬羽於穀城，在今鄆州東阿縣界，言在此，俗說之謬也。」〔註14〕後來，他又進一步具體記述「東阿說」正確的理由，云：「項羽墓，在縣東二十七里。初，羽爲魯公，羽死後魯猶爲楚守，漢王示以羽首，魯乃降。羽死，乃以公禮葬於此。」〔註15〕經過這樣有理有據的分析，項羽墓在東阿，就成爲不可辨駁的事實。

如果沒有追求眞理的求是精神，李吉甫很難做到始終如一的嚴謹求實，《元和郡縣圖志》對於所記載的內容，總是不厭其煩地詳說原委，對於人們熟知的自然現象和地理設置是這樣，對於那些不爲時人所關注的自然現象或地點，也都予以如實記載。例如，李吉甫在書中不僅記述了人所共知的大川大澤，同時也記述了許多被人忽略的規模很小的河湖澤陂。如，京兆府興平縣（今陝西興平）西二十五里，有百頃澤，「周迴十六里，多蒲魚之利。」〔註16〕再如，懷州武德縣（今河南沁陽東南）西南二十三處有平皋陂，「周迴二十五里，多菱蓮蒲葦，百姓資其利。」〔註17〕再如，密州高密縣（今山東高密）的夷安澤，「在縣北二十里，周迴四十里，多麋鹿蒲葦。」〔註18〕類似這樣的小湖小河，書中記載多達近百處，對於這些澤藪，李吉甫並未因其小而棄之不顧，只要能說得清楚，他不但記述其位置所在，還要將其中物產盡可能地交待清楚。

還有一些特殊的自然現象，如河流川道的迅疾寬狹、河水流向的異常變動、山間小道的縈回曲折，人們往往並不措意，或只是作爲茶餘飯後的談資。出於關注民生、服務現實的需要，李吉甫對於這些不無異常的自然情況，都

〔註14〕《元和郡縣圖志》卷九《河南道五》，「宿州・虹縣」條，第230頁。
〔註15〕《元和郡縣圖志》卷十《河南道六》，「鄆州・東阿縣」條，第261頁。
〔註16〕《元和郡縣圖志》卷二《關內道二》，「京兆下・興平縣」條，第26頁。
〔註17〕《元和郡縣圖志》卷十六《河北道一》，「懷州・武德縣」條，第446頁。
〔註18〕《元和郡縣圖志》卷十一《河南道七》，「密州・高密縣」條，第299頁。

會進行認眞考察，並盡可能地詳細記載於書中，以供世人參考利用。例如黃河，這條哺育了中華民族的母親河，本來是一條巨大的河流，河床寬闊，十分壯觀，但是黃河在流經丹州汾川縣（今陝西宜川東北）境內，河床卻陡然變得狹窄，狀如馬槽，當地人稱之曰「石槽」，李吉甫對此「石槽」的形狀予以詳記，並指出這是大禹治水時所鑿的導河之渠，云：「黃河，在縣東七里。河岸頓狹，狀似槽形，鄉人呼爲『石槽』，蓋禹治水鑿石導河之處。石槽長一千步，闊三十步，懸水奔流，黿鼉魚鼈所不能游。」〔註19〕又如，蔚州興唐縣（今河北蔚縣）境內有一條溫夷河，當地人也叫它瓠蘆河，原因在於這條河上槽狹窄，下游寬闊，形狀很像一個葫蘆。〔註20〕再如，復州沔陽縣（今湖北沔陽西南）有馬骨湖，「在縣東南一百六十里。夏秋泛漲，淼漫若海；春冬水涸，即爲平田。」〔註21〕掌握了馬骨湖水四季變化的規律，無疑有助於當地百姓恰當安排生產、生活及出行等日程。

　　《元和郡縣圖志》還記載了一些交通路徑，瞭解或掌握些地形特殊的交通孔道的相關情況，對於那些在軍事、通商、行路等方面有不同需要的人們，無疑有所幫助。如河中府解縣（今山西運城西南），有一條通往陝州（今河南三門峽）的道路，就十分險要，李吉甫在書中寫道：「通路自縣東南踰中條山，出白徑，趨陝州之道也。山嶺參天，左右壁立，闊不容軌，謂之石門，路出其中，名之白徑嶺焉。」〔註22〕

三、服務現實的實用價值

　　《元和郡縣圖志》之所以是一部充滿求實精神的名著，還在於作者修撰該書時，能夠高度重視它的實用性，易言之，李吉甫不僅在書中記錄了大量的自然地理狀況和自然現象，還非常注意利用掌握的知識，對自然加以科學利用和改造，或是給人們利用、改造自然提供幫助，從而達到改善民生、服務現實的目的。毋庸置疑，人與自然的關係，應該保持和諧，人類的發展不應該以破壞自然、毀滅自然爲代價。人類與自然之間是一種相互影響的關係，一方面，自然界在有些時候會給人類帶來較大影響，這種影響有正面的，也有負面的；另一方面，人們可以在一定限度內對自然加以利用和改造，從而

〔註19〕　《元和郡縣圖志》卷三《關內道三》，「丹州‧汾川縣」條，第75頁。
〔註20〕　《元和郡縣圖志》卷十四《河東道三》，「蔚州‧興唐縣」條，第405頁。
〔註21〕　《元和郡縣圖志》卷二十一《山南道二》，「復州‧沔陽縣」條，第537頁。
〔註22〕　《元和郡縣圖志》卷十二《河東道一》，「河中府‧解縣」條，第328頁。

達到造福人類、促進人類社會進步的目的。人類對於自然，無論利用，還是改造，首先是人類必須對自己所處的地理環境有所認識。《元和郡縣圖志》一書中，記述了許多奇異的自然現象和地理環境，就爲人們認識、利用和改造自然、造福人類提供了信息方面的有力支持。

例如，同州朝邑縣（今陝西大荔）境內有一口苦泉，「在縣西北三十里許原下，其水鹹苦，羊飲之，肥而美。今於泉側置羊牧，故諺云：『苦泉羊，洛水漿』。」〔註23〕苦泉之水，味道鹹苦，人不能飲用，但羊喝了卻長得又肥又大，於是人們就利用羊喜飲鹽水的這個生理特點，在苦泉的旁邊設置羊牧，從而充分利用苦泉這一特殊的自然條件，達到利用自然、造福人類的目的。又如，前引河中府解縣境內有女鹽池，東西二十五里，南北二十里，「鹽味少苦，不及縣東大池鹽。俗言此池亢旱，鹽即凝結；如逢霖雨，鹽則不生。今大池與安邑縣池總謂之雨池，官置使以領之，每歲收利納一百六十萬貫。」〔註24〕這是巧妙利用特殊的氣候條件，設置鹽使負責管理鹽池生產，從而增加國家的財政收入。又如，太原府太原縣（今山西太原西南）有一條晉渠，「汾東地多鹹鹵，井不堪食」，針對這種特殊的水文地質情況，唐太宗貞觀十三年（639），英國公李勣把晉渠決堤，使渠水流入汾河，從而改變了汾河以東地多鹹鹵，井水不能飲用的狀況。〔註25〕類似這樣的記載，在《元和郡縣圖志》中還有很多，人們讀過之後，對於這些地區的自然狀況、風物特產，就會有大致瞭解，從而可以因地制宜地加以利用。

水利工程設施的建造，乃是人類利用和改造自然的一個重要方面。中國傳統以農業立國，因此，農田水利設施的建設，對於傳統中國的社會生產具有重要意義。據粗略統計，《元和郡縣圖志》所記述的水利工程設施有四、五十處之多。茲枚舉數例以資說明，如鄧州穰縣（今河南鄧縣）六門堰，始建於西漢元帝建昭（公元前38～34）年間，時任南陽太守召信臣主持修建了鉗盧陂，以控制水勢，周圍大堤用岩石壘成，開有六個門，故名六門堰。六門堰建成以後，灌溉面積年年都有增加，最多時灌溉面積可達三萬頃，人民大獲其利。到東漢時期，杜詩出任南陽太守，又重修此陂，當地百姓歌頌此事曰：「前有召父，後有杜母。」〔註26〕又如，密州諸城縣（今山東諸城）境內有濰水故堰，

〔註23〕《元和郡縣圖志》卷二《關內道二》，「同州・朝邑縣」條，第38頁。
〔註24〕《元和郡縣圖志》卷十二《河東道一》，「河中府・解縣」條，第328頁。
〔註25〕《元和郡縣圖志》卷十三《河東道二》，「太原府・太原縣」條，第363頁。
〔註26〕《元和郡縣圖志》卷二十一《山南道二》，「鄧州・穰縣」條，第533頁。

「蓄以爲塘，方二十餘里，溉水田萬頃。」〔註27〕李吉甫之所以大量記載各地水利設施的情況，實與他本人非常重視農田水利的一貫作風有直接關係，例如他在擔任淮南節度使期間，曾在轄區內的高郵縣（今江蘇高郵）修築陂塘，灌溉農田數千頃。〔註28〕正是出於對民生的關注，李吉甫對於那些曾經或仍在發揮作用的水利工程，都盡可能地詳加記述，並稱讚那些主持工程建設的歷史人物，而對於那些不關心水利，甚至是破壞水利設施的人，則予以嚴肅的批評和譴責，表現出關心民生疾苦的強烈社會責任感。如蔡州汝陽縣（今河南汝南）舊有鴻郤陂，漢成帝時，陂水一度溢出爲害，丞相翟方進因此提議決堤去水，認爲既可以利用這裏肥美的土地，還可以節省堤防的費用，於是上奏漢成帝，毀去此陂。此事所造成的惡果，到王莽時期終於顯現出來，時天旱異常，卻無水灌溉，當地人民開始追怨翟方進，編出民謠對他進行責罵：「壞陂誰？翟子威。飯我豆食羹芋魁。」及光武帝即位，太守鄧晨派許陽復修此陂，經過幾年時間才完成。〔註29〕鴻郤陂到了李吉甫生活的時代，廢棄已久，但他對於這時隔數百年的舊事，仍將其曲折原委如實記錄下來，通過對一個陂塘興廢歷史記述，表達了對水利工程建設者與破壞者截然不同的愛憎之情。

對於自然的利用與改造，內容當然十分豐富，並不僅僅限於水利工程的興修。諸如礦冶的開採與修復、城市建築的選址與興建、交通道路的規劃與建設，都屬於這方面的內容。以礦冶言之，《元和郡縣圖志》有關這方面的記載，幾乎可以說俯拾即是。如，蔚州飛狐縣（今河北淶源）境內有三河冶，唐朝曾在此置爐鑄錢，唐肅宗至德（756～757）年間廢棄。唐憲宗元和七年（812），李吉甫上奏，請求恢復置爐鑄錢，理由是：一，這一帶銅山頗廣，銅儲量十分豐富；二，可就近利用拒馬河的水力資源，能夠節省大量人力；三，恢復比較容易，很快就能見效益，如此不但可以改變河東一帶使用鐵錢的窘況，而且可以爲剛從藩鎮手中收復的易、定二州（今河北易縣、定州）提供財政支持。李吉甫的提議很快被唐憲宗批准，「其年六月起工，至十月置五爐鑄錢，每歲鑄成一萬八千貫。時朝廷新收易、定，河東道久用鐵錢，人不堪弊，至是俱受利焉。」〔註30〕又如，郴州平陽縣（今湖南郴州）南三十里，有一處銀坑，「所出銀，至精好，俗謂之『偏子銀』，別處莫及。亦出銅礦，供桂陽監鼓鑄。」

〔註27〕 《元和郡縣圖志》卷十一《河南道七》，「密州‧諸城縣」條，第299頁。
〔註28〕 《舊唐書》卷一四八《李吉甫傳》，第3994頁。
〔註29〕 《元和郡縣圖志》卷九《河南道五》，「蔡州‧汝陽縣」條，第238～239頁。
〔註30〕 《元和郡縣圖志》卷十四《河東道三》，「蔚州‧飛狐縣」條，第407頁。

〔註31〕瞭解這裏的礦產資源情況，自然有助於開採利用。

能否最大程度地利用周圍的地理條件，乃是一個城市或居民點選址所要考慮的首要因素。選址恰當與否，在某種意義上直接決定該城市或居民點的未來發展方向。如果選擇恰當，則不僅有利於人民的生產生活，這個城市或居民點也必定充滿勃勃生機，從而有利於城鎮的進一步發展；反之，如果選址失當，就不僅會給人民帶來生產生活上的諸多不便，而且這個城市也注定沒有進一步發展的潛力，其最終走向也只能是衰亡。綜觀中外城市發展的歷史，這正反兩方面的例子可以舉出很多。從這個角度來說，城市或居民點的選址，最能體現人類利用和改造自然的智慧和能力。作為一部注重實用性的地理學名著，《元和郡縣圖志》中記載了這方面的例子甚多，茲舉幾例。例如，成州上祿縣（今甘肅西和西北）南八十里處，有一座仇池山，「壁立百仞，有自然樓櫓卻敵，分置均調，有如人功。上有數萬人家，一人守道，萬夫莫向。其地良沃，有土可以煮鹽，楊氏故累世據焉。」〔註32〕仇池楊氏係氏族大姓，自魏晉南北朝以來，一直活躍於今陝甘川交界，所建立的仇池政權綿沿數百年，他們為何麼能夠在南、北朝的夾擊下，始終不絕如線？根本原因就在於擁有仇池山這塊最後的根據地，當其實力壯大雄厚，就外出擴張，實力削弱，就退守仇池山。可以說，仇池山以其特殊的地理條件，成為仇池楊氏歷代固守的最後一個據點，氏族楊氏割據政權能夠綿延不絕，實得力於仇池山優越獨特的地理條件。再如，齊州歷城縣（今山東濟南）的古歷下城，李吉甫先後徵引《左傳》、《漢書》、《述征記》等古文獻，詳述其城市建置的來龍去脈，並指出歷代在這裏建城的原因：「自城以東，水瀰漫數十里，南則迫山，實為險固也。」〔註33〕又如，代州繁時縣（今山西繁時），李吉甫也詳列其歷代建置情況，自漢代設縣，歷西晉、北周、隋諸朝治所曾幾度遷移。至武則天聖曆二年（699），繁時縣治所才遷到現在的所在地：「聖曆二年，以縣在平川，難於固守，遂東移於今理。其城三面枕澗，東接峻阪，極為險固。」〔註34〕此前繁時縣治所之所以反覆遷徙，就是因為無險可守，達不到國防所要求的條件，置城於平川，很難抵擋住北方遊牧民族騎兵的進攻。

〔註31〕　《元和郡縣圖志》卷二十九《江南道五》，「郴州・平陽縣」條，第 708 頁。

〔註32〕　《元和郡縣圖志》卷二十二《山南道三》，「成州・上祿縣」條，第 572 頁。

〔註33〕　《元和郡縣圖志》卷十《河南道六》，「齊州・歷城縣」條，第 277 頁。

〔註34〕　《元和郡縣圖志》卷十四《河東道三》，「代州・繁時縣」條，第 403 頁。

　　如果從交通規劃與交通建設的角度來看，《元和郡縣圖志》幾乎可視爲有關中國中古時代交通道路的一部百科全書式的著作，它對於交通道路的記載，大大超過了以往所有同類著述。驗諸史籍，包括《漢書・地理志》在內的多種地理著作，沒有一部曾對交通道路作全面記述，《禹貢》雖有記述，但僅僅記載了各州的「貢道」。《元和郡縣圖志》開創了「八到」的撰寫體例，這是它區別於其他同類著作的最突出之處，不僅如此，它還清晰地記載了各州所轄縣的所在方位，以及距離州城的路程。在敘述完每州幅員廣狹之後，接著就記述「八到」，「八到」中首先是到京師長安和東都洛陽的里程數，再就是到鄰近諸州的里程。眾所週知，交通道路不僅是經濟文化交流的孔道，也是關係到軍事戰略部署的重要因素。因此，《元和郡縣圖志》詳記各地交通道路及其四至八到的路程，就使得它具有政治、經濟、軍事、文化等多方面的價值。以下，我們僅舉一些地形特殊的交通孔道，以資說明。如陝州靈寶縣（今河南靈寶西北）南十里，有函谷故城，秦時曾設函谷關城，漢代曾設弘農縣，地形險要，是扼守關中東出的戰略通道。李吉甫先是徵引《西征記》，記其名稱由來及地形概況，云：「《西征記》曰：函谷關城，路在谷中，深險如函，故以爲名。其中劣通〔行路〕，東西十五里，絕岸壁立，崖上柏林蔭谷中，殆不見日。關去長安四百里。日入則閉，雞鳴則開，秦法也。東自崤山，西至潼津，通名函谷，號曰天險，所謂『秦得百二』也。」接著，又引述王元遊說隗囂的話，以說明函谷關之險要，略云：「隗囂將王元說囂曰：『請以一丸泥，東封函谷關』，即此也。」〔註35〕再如，「太行八陘」，係今河北省與山西省之間的重要交通孔道，均爲地勢險要、易守難攻的關隘，其中第五陘——井陘口，唐時名土門口，在恒州獲鹿縣（今河北獲鹿）西南十里，「四面高，中央下，似井，故名之」。接下來，李吉甫又舉歷史上韓信擊敗陳餘的戰例，以說明井陘之險要及其軍事戰略價值；之後爲進一步說明井陘口的地形特點，他再次徵引《述征記》：「其山首自河內，有八陘，井陘第五。四面高，中央低，似井，故名之。」〔註36〕明白「太行八陘」的地理位置、地形特點及其在交通方面的重要戰略價值，就可以在戰爭中掌握主動權，歷史上發生在晉冀豫一帶的戰爭，「太行八陘」從來都是兵家必爭之地。

〔註35〕　《元和郡縣圖志》卷六《河南道二》，「陝州・靈寶縣」條，第158～159頁。
〔註36〕　《元和郡縣圖志》卷十七《河北道二》，「恒州・獲鹿縣」條，第480～481頁。

除陸路交通孔道外，《元和郡縣圖志》還記載了許多水上交通道路，而且往往是在記述交通狀況的同時，還兼述沿途的水文狀況。例如，黃河流經陝縣，有底柱三門之險，成爲影響當時漕運的險阻，對此，李吉甫不僅徵引文古代獻，詳細解說了這條一般人所熟知的運路情況及其水文狀況，還引東漢獻帝自長安東返至陝縣、沿黃河東下的史實，交待了從底柱山往東，不爲人注意的三十六灘的情況。〔註37〕再如，河南府河陰縣（今河南鄭州西北）境內的汴渠，是大禹治水、堵塞滎澤後，爲溝通淮水、泗水所開的渠道。東漢初年，汴河決堤，汴渠堵塞，漢明帝時王景奉命治理黃河，再度開通，到南北朝時宋武帝劉裕北征，汴渠再度堙塞。唐朝時候的汴渠，則是隋煬帝大業元年重新疏濬，名曰通濟渠，這就是歷史上著名的隋煬帝溝通大運河工程中的一段。通濟渠，自洛陽西苑引穀水、洛水入黃河，從板渚引黃河入汴水，又從大梁東邊引汴水入於泗水，通過泗水進入淮水，再從江都宮入海。汴渠當時又被稱爲御河。就這樣，通濟渠修成以後，就溝通了穀水、洛水、黃河、汴水、泗水、淮河、長江，將黃河、淮河、長江三大水系連接起來，「自揚、益、湘南至交、廣、閩中等州，公家運漕，私行商旅，舳艫相繼。」可以說，通濟渠的開通，使得南北中國的漕運通道從此全面貫通，基於這個事實，李吉甫對隋煬帝修通濟渠一事，作出了這樣的評價：「隋氏作之雖勞，後代實受其利焉。」〔註38〕應該說，這也是對隋煬帝開通大運河所做出的一個非常公允的評價，是基於事實之上的客觀價值判斷。

四、效忠皇權的軍事主旨

最後，還要談一談《元和郡縣圖志》的撰寫主旨，這也直接關係到對這部歷史地理學名著的評價。李吉甫是唐代著名政治家，曾兩次入主中央中樞政局，因此他的一切活動，無論是關注民生、改革政治，還是著書立說、立德立言，其最終主旨，當然只能是傚忠於大唐皇朝。以《元和郡縣圖志》而言，李吉甫撰寫這部著作，正是在他擔任宰相期間，其時的大唐帝國正面臨嚴重的社會危機，內部是官僚集團朋黨紛爭、藩鎮割據，外部則有吐蕃、回鶻等少數民族的不時侵擾，皇權政治的權威遭到嚴重挑戰，中央政府的控制力大大削弱。作爲封建皇權的維護者，李吉甫的最大政治抱負，就是對內壓

〔註37〕 《元和郡縣圖志》卷六《河南道二》，「陝州・硤石縣」條，第157～158頁。
〔註38〕 《元和郡縣圖志》卷五《河南道一》，「河南府・河陰縣」條，第137頁。

平藩鎮的割據，對外制止異民族的侵襲，重建統一強大的皇權政治。李吉甫振興皇權、重建統一強盛國家的努力和願望，不僅體現於他在政治、軍事方面的具體行動，也體現於他的一系列著述中，《元和國計簿》、《元和郡縣圖志》都是這樣的著作。特別是《元和郡縣圖志》，重點對藩鎮防區進行了具體而詳細的討論，就不僅體現出李吉甫重建強大、統一帝國的願望和抱負，也直接反映了他的軍事思想，因此，突出軍事性就成為《元和郡縣圖志》的主旨之一。

眾所週知，唐代地方行政區劃，實際上是州、縣二級制，以州轄縣，州長官直接受命於中央。「道」只是監察官，並無常職，類似於後來的使職差遣。在唐代行政區劃設置史上，州雖一度改稱為郡，京師、東都及一些要地曾設「府」，但州、郡、府的級別相同，因此州、縣二級制的基本制度並無本質性變化。有變化的是「道」，因為「道」只是監察區域，一道監察數州不等，唐朝初年全國依山川河流走勢，劃分為十道，即關內、河南、河東、河北、山南、隴右、淮南、江南、劍南、嶺南十道。唐玄宗開元十五年（727），在京師長安附近設置京畿道，東都洛陽附近設置都畿道，又將山南道分析為山南東、山南西二道，江南道析為江南東、江南西及黔中三道，至此全國共分十五道。《元和郡縣圖志》在撰述體例上，首先就要解決這個問題，「道」既非一級行政區劃，那麼，在敘述時是不是可以略而不書？

很顯然，李吉甫對此曾進行過認真考慮，因為「道」雖非一級行政區劃，但它按照山川形勢來劃分的這一基本事實，卻不能忽視，若單純地按照人文、政治地理區劃直接記述州、縣等行政區劃實體，就難免將同一山川或地域作零散式的記述而無法窺其全貌。基於此慮，李吉甫從全局出發，兼敘道、府、州、縣。當然，需要特別指出的是，《元和郡縣圖志》雖按開元十五道劃分加以敘述，但實際上論證的關鍵，卻是按照元和時期的藩鎮防區進行。正是這一點，使得這部書不再是單純的一般行政區劃的地理學著作，而成為一部反映作者軍事思想、富於軍事意義的軍事地理學著作。我們之所以做出如此判斷，首先可以從作者的自序中找到根據，其自序略云：「臣吉甫當元聖撫運之初，從內庭視草之列，尋備袞職，久塵台階，每當循省，赧然收汗。謨明弼諧，誠淺智之不及；簿書期會，亦散材之不工，久而伏思，方得所效，以為成當今之務，樹將來之勢，則莫若版圖地理之為切也。所以前上《元和國計簿》，審戶口之豐耗；續撰《元和郡縣圖志》，

辨州域之疆理。時獲省閱，或裨聰明……況今言地理者凡數十家……莫切
根要。至於丘壤山川，攻守利害，本於地理者，皆略而不書，將何以佐明
王扼天下之吭，制群生之命，收地保勢勝之利，示形束壞制之端，此微臣
之所以精研，聖后之所宜周覽也。謹上《元和郡縣圖志》……」〔註39〕從
中可以十分清楚地看到，李吉甫撰寫此書的主旨，就是為了幫助皇帝掌握
天下的地理形勢，以資其治理國家。

　　依照山川形勢劃分的「道」，在歷代疆域區劃中頗具特色，這種劃分方
法甚至一直影響到今天，中國現在的行政區劃，若追根溯源，最早應上溯到
唐初的「十道」或盛唐時期的「十五道」，所不同者，只是在十道或十五道
的基礎上更加細緻化、科學化而已。為什麼這種劃分方法，具有強大生命力
或者說極大合理性呢？原因就在於依山川形勢所劃分的「道」，在地理空間
上能給人一種全局觀。不過，需要指出的是，這種劃分方法也有其不足之處，
特別是李吉甫所處的時代，在藩鎮割據的背景下，單純依照山川形勢的劃分
方法，不一定完全符合當時軍事形勢的需要。出於這種考慮，李吉甫在一些
州郡的歸屬問題上，就站在統一國家的立場上，從維護中央權威出發，將它
們的隸屬關係適當加以調整，而不是完全機械地按照十道或十五道的山川形
勢來劃分。例如，在處理邢、洺、磁三州的歸屬問題上，就充分體現了李吉
甫維護大一統國家立場的政治、軍事意圖，三州的治所分別在今河北邢臺、
永年、磁縣，均在太行山以東。如果按照十道或十五道，都應該列入河北道。
然而，李吉甫在《元和郡縣圖志》中，卻把這三州列為河東道的屬地，李吉
甫為什麼要這樣處理呢？原因在於，三州當時隸屬於澤潞節度使（治今山西長
治），〔註40〕澤潞節度使是聽命於中央的藩鎮，明乎此，就可以理解李吉甫何
以能夠在元和六年派遣澤潞兵進駐邢、洺二州，為解決魏博鎮、經略河北作
準備的問題了。

　　藩鎮割據自成軍事防區，是很難改變的既成事實。身居重任的李吉甫，
一方面積極籌劃軍事壓服，迫使其聽命於中央，另一方面，又從實際出發，
採取防範措施阻止其割據地盤的繼續擴大。無論是割據的跋扈藩鎮，還是歸
中央調遣的方鎮，李吉甫認為都必須阻止其地盤的繼續擴張。例如，對於濠、
泗二州是否隸屬徐州的問題上，就體現出李吉甫強幹弱枝的軍事思想。

〔註39〕 《元和郡縣圖志序》，第2頁。
〔註40〕 前揭《中國歷史地圖集》第五冊，「唐·元和方鎮圖」，第38～39頁。

濠州（治今安徽蚌埠東）、泗州（治今江蘇盱眙北）隸屬於徐州，始於唐德宗貞元四年（788）。當時，李泌認爲應該加強徐州的軍力與財力，以保證朝廷對東南漕運的控制，因此他建議將濠、泗二州劃歸徐州管轄，由張建封出任徐泗濠節度使。〔註41〕隨濠、泗二州劃入徐州轄區，徐州因此成爲「雄鎮」，軍事實力大大增強，從當時情況來看，李泌的建議無疑是正確的決策，因爲徐州實力的加強，可以確保中央對東南漕運的控制，從而保證京師及東都等政治中心的糧食供應。但是，此事的負面影響，也隨著時間的流逝而日益凸顯，隨著徐泗濠節度使軍事實力的增強，唐朝中央政府對徐州的指揮掌控，也越來越力不從心。貞元十六年（800）張建封死，唐朝任命韋夏卿繼其任，但徐州軍隊並不接受韋夏卿，自行擁立張建封之子張愔繼位。於是唐朝出兵征討，將濠、泗二州割隸淮南，由淮南節度使杜佑負責征討事宜。但戰爭的結果，卻是唐軍戰敗，不得已只好承認張愔的地位。元和元年（806），張愔患病，表示願意接受朝廷的人事安排，唐朝遂以東都留守王紹爲節度使，同時，爲取悅徐州軍將，又同意將濠、泗二州重新劃歸徐州指揮，「徐軍喜復得二州，不敢爲亂。」〔註42〕對於元和元年將濠、泗二州重新劃歸徐州的政治決策，李吉甫明確表示反對，他指出，濠、泗二州乃是控制東南漕運糧道的要地，當初劃歸徐州，幾乎造成失控的局面。現在，新任節度使雖然是朝廷所任命，但徐州作爲一個軍事要地，且控制東南漕運的濠、泗二州又在其管轄之下，一旦當地軍隊發生變化，則節度使必定控制不住，從而給國家造成巨大危害。在李吉甫的堅決反對下，唐憲宗最後放棄了這個打算，未將濠、泗再劃歸徐州。〔註43〕

　　儘管自己的建議最後也被朝廷採納，但李吉甫對於此事仍十分關注，他對徐、濠、泗諸州的關係，又進行了認眞嚴肅的思考，並把自己的見解和主張，寫入《元和郡縣圖志》，在書中李吉甫明確表示了自己的一貫立場。李吉甫根據當時的實際情勢，在「河南道」下，對徐泗節度使列專篇加以敘述，除徐州之外，兼述宿、濠、泗三州。在徐州總敘中，李吉甫在對徐州歷代沿革及其在地理位置上的重要性敘述之後，著重強調：「自隋氏鑿汴以來，彭城南控埇橋，以扼汴路，故其鎮尤重。」〔註44〕突出徐州在控制東南漕運路

〔註41〕　《新唐書》卷一五八《張建封傳》，第4940頁。
〔註42〕　《舊唐書》卷一四○《張建封附子愔傳》，第3832～3833頁。
〔註43〕　《新唐書》卷一四六《李栖筠附子吉甫傳》，第4739頁。
〔註44〕　《元和郡縣圖志》卷九《河南道五》，「徐州·序」條，第224頁。

道上的戰略地位。在濠州總敘中，不僅歷述了濠州的地理沿革，還對魏晉南北朝時期南、北雙方圍繞這個地區所進行的爭奪加以重點敘述，以突出其在軍事上的重要戰略價值，最後還對當朝執政者將濠、泗劃歸徐州之錯誤決策提出批評，云：「（濠州）南北朝皆爲重鎮。隋亂陷賊，武德五年，杜伏威附，改爲濠州。按濠州本屬淮南，與壽陽阻淮帶山，爲淮南之險，貞元元年，竇參爲相，於是越淮割地隸屬徐州，及徐州節度使張建封死，子愔爲本軍所立，常挫王師，其時朝廷幾失淮南之地，蓋參不學無術，昧於疆理之制所由致也。自貞元以後，州西渦口對岸置兩城，刺史常帶兩城使，以守其要。」〔註45〕這段話表面上是在批評竇參「不學無術，昧於疆理之制」，實則是對元和元年再以濠、泗隸屬徐州的措施進行批評，批評對象則是當時執政者宰相杜黃裳，因爲正是他主張將濠、泗再次劃歸徐州。通過這樣的敘述以及對執政者決策失當的批評，人們就很容易理解濠、泗不能隸屬於徐州的原因所在了。

在對待藩鎮的問題上，李吉甫是著名的「主戰派」，因此他特別注意對藩鎮用兵的策略，具體表現在《元和郡縣圖志》中，就是他非常關注地理形勢在軍事方面的意義。關於這一點，主要可從如下四個方面加以說明：

1. 在總敘每一州府的歷代沿革時，無論是徵引文獻資料或是直接敘述，都要突出其在軍事戰略方面的價值和地位。如，京兆府總敘中，就先後引用婁敬、張良遊說漢高祖的話，以表明關中地理形勢在軍事方面的戰略優勢；後來西漢建國，漢高祖六年韓信歸附，田肯又向高祖表示祝賀，其辭略云：「秦形勝之國，帶河阻山，持戟百萬，秦得百二焉。地勢便利，其以下兵於諸侯，辟猶居高屋之上建瓴水也。」〔註46〕這就樣，對於關中地區在軍事地理形勢上的優越地位，再次予以強調。再如，陝州總敘中，在敘述完政區沿革後，李吉甫特別加「按語」指出：「陝城蒲牢與彭城、滑臺、壽陽、懸瓠，屢經攻守，皆中夏之要云。」〔註47〕直接突出了陝州蒲牢關乃是歷代「屢經攻守」的戰略要地。又如，太原府總敘中，李吉甫除歷陳各代在此地進行的爭戰外，還特別寫到唐玄宗開元二十一年，設河東道，置採訪使、節度使一事，並詳列河東節度使所轄兵馬的數量、配置等情況，從而更加突出「河東最爲天下雄鎮」及其「式遏四夷」的軍事戰略地位，閱讀太原府總敘篇，在

〔註45〕 《元和郡縣圖志》卷九《河南道五》，「濠州‧序」條，第234～235頁。
〔註46〕 《元和郡縣圖志》卷一《關內道一》，「京兆府‧序」條，第2頁。
〔註47〕 《元和郡縣圖志》卷六《河南道二》，「陝州‧序」條，第155～156頁。

瞭解此地戰爭史的同時，幾乎可以說就是同時在觀看一幅河東節度使的軍事佈防圖。〔註48〕它如，靈州（靈武節度使）、鄯州（隴右節度使）、涼州（河西節度使）等「總敘」，莫不如此，均可以視爲各個戰略區的軍事佈防圖。〔註49〕

　　2. 在敘述各縣鎮城關、山川河流、交通道路等情況時，也都盡可能突出其在軍事上的戰略意義，從這個角度上說，《元和郡縣圖志》簡直就是一部敘述各地軍事險要的軍事地理學專著。如，廣州湞陽縣（今廣東英德）有湟浦故關，「在縣西南四十五里。山谷深阻，實禁防要地也。」〔註50〕又如，敘述河南府福昌縣（今河南洛寧東北）時，李吉甫在敘述完歷代沿革之後，特別指出：「今縣城即魏一全塢，城東南北三面天險峭絕，後周置重兵於此，以備高齊。」〔註51〕再如，宿州（治今安徽宿州東北），「本徐州苻離縣也，元和四年，以其地南臨汴河，有埇橋爲舳艫之會，運漕所歷，防虞是資。又以蘄縣北屬徐州，疆界闊遠，有詔割苻離，蘄縣及泗州之虹縣置宿州，取古宿國爲名也。」〔註52〕汴河是溝通黃河與淮河流域的大動脈，是南北經濟、文化交流的重要通道，李吉甫在這裏卻重點突出了中央與藩鎮之間軍事上必爭的埇橋，強調指出：控制埇橋，也就是控制汴河、控制了決定中央安危所繫的江淮漕運孔道，因爲埇橋乃是「防虞是資」，東南漕運暢通與否就取決於宿州汴河埇橋的得失。這樣，既突出了運河的軍事作用，又寫出了設置宿州的根本原因即在於軍事方面，是爲了保證中央能夠牢牢控制住運河——東南漕運孔道的暢通。它如，前面所提到的「太行八陘」，李吉甫在記述中，更是全部著眼於它們在軍事上的戰略地位。

　　3. 《元和郡縣圖志》中對各地的物產幾乎均有記述，「民以食爲天」，記述各地物產，自然是李吉甫關心國計民生的直接表現。但細繹其書，我們不難發現，李吉甫對於各地物產的記述，著眼點實際上有所偏向，即他對事關軍事需要和政府財政收入的物產，表現出了特別的關注。何以如此？因爲無論是軍需物資，還是政府的財政收入，都是國家征討藩鎮和保衛邊防的物質基礎，要振興皇權、維護中央權威，就必須加強這個基礎。因此，關注那些

〔註48〕　《元和郡縣圖志》卷十三《河東道二》，「太原府・序」條，第359～362頁。
〔註49〕　詳見《元和郡縣圖志》卷四《關內道四》，第91～93頁；卷三十九《隴右道上》，第991～992頁；卷四十《隴右道下》，第1017～1018頁。
〔註50〕　《元和郡縣圖志》卷三十四《嶺南道一》，「廣州・湞陽縣」條，第891頁。
〔註51〕　《元和郡縣圖志》卷五《河南道一》，「河南府・福昌縣」條，第140頁。
〔註52〕　《元和郡縣圖志》卷九《河南道五》，「宿州・序」條，第228頁。

與軍需及政府財政收入有關的物產，又從一個方面突出了《元和郡縣圖志》在軍事方面的價值和意義。例如，巂州臺登縣（今四川喜德）東三十五里，有一座鐵石山，「山有砮石，火燒成鐵，極剛利。」〔註53〕鐵在古代既是關係國計民生的重要生產、生活資料，同時也是重要軍事戰略物資，是製造兵器的最主要原料，臺登縣出產的鐵，質地剛利，正是鑄造武器的好材料。又，巂州昆明縣（今四川鹽源）出產鹽鐵，自古以來就是這一帶少數民族重要的生活資料，蜀漢政權時，張嶷領兵征服了這裏，「遂獲鹽鐵之利」，北周曾在此設置定筰鎮，唐初設昆明縣，鹽井即在縣城中，「取鹽先積柴燒之，以水灑土，即成黑鹽。」〔註54〕又如，劍州武連縣（今四川劍閣西南）西南六十里，有一座掌夫山，「晉太安元年，遣都護衛博討李特，特遣將李蕩自掌夫山要博，博爲伏兵所圍，即此山。山出名柘，堪爲弓材，雖檿桑、燕角，不能勝也。」〔註55〕李吉甫所以記述這座不起眼的小山，除了因爲這裏曾經是西晉時期衛博討伐李特的一個戰場外，還由於該山出產的柘木，是製造弓弩的良材。《元和郡縣圖志》還記載了一百七十多處鹽井、鹽池及產地，對各地鹽的質量、數量及特殊用途均有記述，特別是指出了各地鹽產爲國家所提供的財政收入。除前面所記述的昆明縣「黑鹽」外，其它如：甘州張掖縣（今甘肅張掖）有鹽池，「在縣北九百三十里。其鹽潔白甘美，隨月盈虧，周迴一百步。」〔註56〕肅州玉門縣（今甘肅玉門西北）有獨登山，「在縣北十里。其山出鹽，鮮白甘美，有異常鹽，取充貢獻。」〔註57〕西州前庭縣（今新疆吐魯番西北）爲古高昌國所在地，土地良沃，穀麥一年兩熟，「出赤鹽，其味甚美。澤間有草，名爲羊刺，其上生蜜，食之與蜂蜜不異，名曰刺蜜。有鹽，其狀如玉，取以爲枕，貢之中國。」〔註58〕再如前面所提到的河中府解縣女鹽池，每年能爲國家提供一百六十萬貫的賦稅收入。

《元和郡縣圖志》關注軍需生產，還直接體現爲書中記述了許多軍屯軍墾的情況。如寫到靈州（今寧夏靈武）賀蘭山與黃河之間，「從首至尾，有像月

〔註53〕 《元和郡縣圖志》卷三十二《劍南道中》，「巂州·臺登縣」條，第 824 頁。
〔註54〕 《元和郡縣圖志》卷三十二《劍南道中》，「巂州·昆明縣」條，第 824～825 頁。
〔註55〕 《元和郡縣圖志》卷三十三《劍南道下》，「劍州·武連縣」條，第 847～848 頁。
〔註56〕 《元和郡縣圖志》卷四十《隴右道下》，「甘州·張掖縣」條，第 1022 頁。
〔註57〕 《元和郡縣圖志》卷四十《隴右道下》，「肅州·玉門縣」條，第 1025 頁。
〔註58〕 《元和郡縣圖志》卷四十《隴右道下》，「西州·前庭縣」條，第 1032 頁。

形，南北約長五百餘里，眞邊城之鉅防。」對這個邊防要地，李吉甫認爲必須在此進行軍屯，才能保證軍糧的供給，他指出：「山之東，河之西，有平田數千頃，可引水灌漑，如盡收地利，足以贍給軍儲也。」〔註59〕

4.《元和郡縣圖志》之所以可以看成一部軍事地理學著作，還因爲書中記載了大量的軍事史料，諸如古今戰場的遺迹，曾經在軍事上發揮重要作用的城堡關隘、邊防要塞，古今著名戰例，軍屯故地等，無不在該書記述之列，其中有些記述還特別詳細，其出發點自然在於古爲今用，是爲了給現實的軍事部署提供借鑒，爲反對藩鎮割據的軍事鬥爭提供參考。這方面的例子不勝枚舉，每一卷都能舉出十條，甚至數十條。茲以第一卷《關內道一》爲例，略舉數條以說明之。如西漢周亞夫領兵征討「七國之亂」，曾經駐兵於細柳，此事經常被唐代詩人引以爲典，因而屢見於唐詩之中，那麼「細柳」到底在什麼地方呢？歷史記載至少有三處：一是萬年縣（今陝西西安南）東北三十里處「細柳營」〔註60〕；二是長安縣（今陝西西安西南）西南三十里處「細柳原」〔註61〕；三是咸陽縣（今陝西咸陽東北）西南二十里處的「細柳倉」〔註62〕。李吉甫對於這些說法，經過考證後，認爲前兩個說法都是錯誤的，肯定了第三種說法。李吉甫所以認定第三種說法，主要根據應當是細柳倉乃漢代一個大糧倉的所在地，「兵馬未動，糧草先行」，周亞夫大軍駐紮地，軍糧供應必須便利充足。又如，藍田縣（今陝西藍田）治所，民間俗稱爲青泥城，以及縣西六里處的白鹿原，都是桓溫北伐關中時的重要戰場；縣東南三十三里處的「思鄉城」，則是宋武帝劉裕征伐關中，所築之城堡，因爲南方軍人思念家鄉而以「思鄉城」爲名；縣南九十里處的藍田關，則是劉邦大敗趙高，攻入關中的戰場。〔註63〕諸如此類的記述頗夥，莫不表明李吉甫對軍事地理的高度關注。

總而言之，作爲一部保存頗爲完整、年代最久的地理學總志，《元和郡縣圖志》在中國地理學發展史上佔有崇高地位，乃是不言而喻的。作爲一部承前啓後的地理學名著，《元和郡縣圖志》不僅繼承了前代地理學著作的優秀傳統，而且有了更新的發展，它所記載的內容全面詳瞻，遠邁前賢，它富於開

〔註59〕　《元和郡縣圖志》卷四《關內道四》，「靈州・保靜縣」條，第95頁。
〔註60〕　《元和郡縣圖志》卷一《關內道一》，「京兆府・萬年縣」條，第4頁。
〔註61〕　《元和郡縣圖志》卷一《關內道一》，「京兆府・長安縣」條，第5頁。
〔註62〕　《元和郡縣圖志》卷一《關內道一》，「京兆府・咸陽縣」條，第13頁。
〔註63〕　《元和郡縣圖志》卷一《關內道一》，「京兆府・藍田縣」條，第16頁。

創性的撰述體例，又成爲後世地理學著作描摹的範本，它在中國地理學發展史上的影響，一直延續到現代地理學誕生而不止！同時，《元和郡縣圖志》也是一部凝聚李吉甫畢生心血、充分反映其政治、經濟、軍事思想的煌煌巨著，作爲一位封建社會的傑出政治家，李吉甫畢生所從事的事業，當然是爲了維護封建政治秩序的穩定和封建政權的正常運轉，他堅決反對一切分裂割據的行爲，強調維持統一的政治局面。對內，他矢志不渝地同割據藩鎮作不妥協的鬥爭，對外，他積極籌劃邊防建設，攘斥外來民族入侵，堅決維護國家領土主權的完整。

李吉甫還是一位體貼下情、深知民生疾苦的政治家，無論是居廟堂之高，還是處江湖之遠，他都能夠做到恪盡職守、務實行政、勤政愛民。儘管李吉甫並不是一位職業的軍事家，他卻頗富軍事才能，他關心國計民生，又留意於軍事防務，他不僅親自籌劃了平叛戰爭，更主持了卓有成效的國防建設，並記錄下大量的軍事史料和各地的關隘要塞，以爲當世及後人提供借鑒。所有這些，在《元和郡縣圖志》中都有充分反映。因此，我們可以毫不誇張地說，《元和郡縣圖志》乃是一部中國古代學術史上值得歌呼的巨著，它不僅直接體現了李吉甫卓越的政治、經濟、軍事思想，更是留給後人的一筆巨大寶貴精神財富。

李德裕政治思想研究

　　李德裕（787～849），字文饒，趙州贊皇（今河北贊皇）人，唐代傑出政治家、軍事家、思想家、文學家。學界對李德裕的研究，基本都是著眼於他的政治活動，特別是圍繞「牛李黨爭」展開。〔註1〕筆者也曾通過比較李栖筠、李吉甫、李德裕祖孫三代行政作風，對贊皇李氏的門風家學進行過考察。〔註2〕從總體上看，學界對李德裕所從事之具體政治活動的研究已經比較充分，相對而言，對於其思想的研究還有待進一步展開。李德裕作爲一位對唐代歷史產生過重大影響的人物，我們不應僅僅關注他所從事的具體政治活動，還應該進一步研究他的思想，特別是他的政治、軍事思想更加值得我們深入探討。基於這一考慮，筆者曾撰《李德裕軍事思想研究》（原刊《隋唐史論——牛致功教授八十華誕祝壽文集》，第389～402頁，三秦出版社2007年1月出版，今亦收入本書），對其軍事思想進行了全面分析，本文則著重對李德裕的政治思想進行考察，希望能有助於李德裕研究的進一步展開。

　　眾所週知，與空談道理的政客不同，李德裕是政治上的實幹家，因此他

〔註1〕　學界關於李德裕研究的代表性論著，主要有：湯承業撰《李德裕研究》（臺北，學生書局，1977。）、王炎平撰《牛李黨爭》（西安，西北大學出版社，1996。）、烏廷玉撰《唐代傑出的政治家李德裕》，載《唐史研究會論文集》第250～267頁，西安，陝西人民出版社，1983。）、袁剛撰《會昌毀佛和李德裕的政治改革》，載《中國史研究》1988年第4期第121～127頁、卞孝萱撰《「牛李黨爭」正名》，載《中國史研究》1993年第3期第83～92頁、周建國撰《李德裕與牛李黨爭考述》，載《唐研究》第五卷第299～322頁，北京，北京大學出版社，1999。

〔註2〕　前揭拙撰：《試析贊皇李氏之門風——以李栖筠、李吉甫、李德裕政風之比較爲中心》，《揚州大學學報》2005年第5期，第77～82頁。

的思想也更多地立足於現實的政治活動，而不是表現爲所謂的理論闡述。作爲一位精明務實的政治家，李德裕無論任職於中央還是地方，均曾取得突出政績，特別是他在會昌時期所主持展開的一系列重大政治、軍事活動，更加表明他是一位有思想深度和清晰頭腦的政治家，因爲正確的行動來源於正確的理論指導，如果沒有睿智深刻的思想或理論支撐，要在政治實踐中有較大作爲，那是絕無可能。本文擬結合李德裕的政治活動，特別是他在會昌執政期間的活動及其相關撰述，對其政治思想稍作評述。

一、尊崇君主，強化皇權的思想

　　李德裕政治思想的核心，是尊崇君主、強化皇權，他所有的政治活動均圍繞這一核心思想展開。李德裕不僅在政治實踐中貫徹尊崇君主、強化皇權的思想，還在他的相關著作中對此思想加以闡述。例如，李德裕在《三國論》一文中，就明確主張：「人君不可一日失其柄也……所謂柄者，威福是也，豈可假於臣下之手哉！」〔註3〕很明顯，在李德裕看來，既然君主在國家政治生活中處於核心地位，那麼加強中央集權，保證一切權力出自君主之手，就成爲必然的選擇，作爲最高權力的執掌者，君主絕對不能將權柄下放給臣子。那麼，怎樣才能保證權力握於君主之手呢？對此，李德裕也有明確主張，他指出：君主要保證權出於己，就必須在行使權力的時候，做到堅決果敢，他說：「夫帝王者天也，天以剛健爲氣，粹精爲體。氣剛而健，則三光不昏；體粹而精，則四氣不亂。剛也者，不息之謂也。故權衡獨運，四時不忒。」〔註4〕那麼，君主要怎樣做，才能夠成爲一位「權衡獨運」、堅決果斷的「英主」呢？李德裕認爲，作爲最高政治權威的化身，君主在某些特定情況下，必須能夠就政治決策做出「獨斷」，他說：「夫能獨斷者，英主也。古人言：『謀之在多，斷之在獨。』……所以人君在於能斷耳。」〔註5〕

　　確定「尊君」爲施政核心思想以後，下一個問題就是，怎樣做才能實現「尊君」的政治目標呢？對此，李德裕強調指出，必須通過「嚴刑」與「重令」來保證「尊君」這一政治目標的實現。在施政過程中，李德裕特別強調「重令」、「嚴刑」，時刻注意運用法制的手段來保證政治目標的實現。例如唐

〔註3〕　【唐】李德裕撰，傅璇琮、周建國 校箋：《李德裕文集校箋・外集》卷一《三國論》，第 645 頁，石家莊，河北教育出版社，2000。

〔註4〕　《李德裕文集校箋・外集》卷一《漢元論》，第 638 頁。

〔註5〕　《李德裕文集校箋・外集》卷一《張禹論》，第 643 頁。

武宗會昌五年（845）十二月，李德裕在駁斥給事中韋宏景的論奏中，就明確指出，尊君治國之根本即在於「重令」，略云：

> 會昌五年十二月，給事中韋宏景上疏，論中書權重，三司錢穀不合相府兼領。宰相李德裕論奏曰：「臣等昨於延英召對，恭聞聖旨，常欲朝廷尊、臣下肅，此是陛下深究理本也。臣按管子云：『凡國之重器，莫重於令。令重則君尊，君尊則國安。國安在於尊君，尊君在於行令。明君治民之本，莫要乎出令，故曰：虧令者死，益令者死，不行令者死，不從令者死。又曰：行令於上，而不論可否，是上失其威，下繫於人也。』自太和以來，其風大弊，令出於上，非之於下。昨韋宏景所論宰相不合兼領錢穀，臣等敢以事體陳聞。昔匡衡云：『所以為大臣者，國家之股肱，萬姓所瞻仰，明主所慎擇。』《傳》曰：下輕其上，賤人圖柄，則國家搖動。宏景受人教導，輒獻封章，是賤人圖柄矣。蕭望之，漢朝名儒，為御史大夫，奏云：今歲首日月少光，罪在臣等。上以望之意輕丞相，乃下御史詰責。賈誼有云：『人主如堂，群臣如陛，陛高則堂高。』亦由將相重則君上尊，其勢然也。昔東漢處士橫議，遂有黨錮事起。此事深要懲絕。」上然之，宏景乃坐貶官。〔註6〕

由此可見，李德裕執政的指導思想就是「朝廷尊、臣下肅」。如何才能實現這個目標呢？那就要「尊君」、「行令」，因為只有「令重」才能「君尊」，「君尊」才能「國安」，反過來說，「國安」、「君尊」政治目標之實現，全部建立在「行令」的基礎上，「行令」乃是明君治國之根本。在駁斥韋宏景的奏論中，李德裕舉管仲、匡衡、蕭望之、賈誼等歷代名賢事跡言論，反覆闡述「國安在於尊君，尊君在於行令」，以及「將相重則君上尊」的思想，認為只有切實做到「重令」、「行令」，才能實現國家安寧、君主尊崇的政治目標。

　　強調法令在治國理政中的重要作用，不能僅僅停留在理論的層面，還必須有相應的措施確保國家法令能夠得到落實。基於此，李德裕認為在行政中必須強化執法能力，並切實做到嚴格執法。他在寫給好朋友盧鈞的一封書信中，就明確表述了這一思想，他說：

> 然周書云：「刑亂國，用重典。」……諸葛入蜀，刑法至峻，法正諫曰：「君初有其地，未垂惠恤，且客主之義，宜相降下，願緩刑

弛禁，以慰其望。」亮答曰：「寵之以位，位極則賤；順之以恩，恩
竭則慢。吾今威之以法，法行則知恩；限之以爵，爵加則知榮；恩
榮並濟，上下有節。爲理之道，於此而著。」〔註7〕

治亂世，用重典，可以概括李德裕強化法治、嚴格執法的政治理念。除此而
外，李德裕強化以法治政的思想，還表現爲他十分推崇歷史上著名的法家人
物，如管仲、諸葛亮以法治國的行政作風，就得到他的高度贊許，他在所著
《管仲害霸論》一文中，明確指出：齊桓公重用管仲、劉備重用諸葛亮，都
是值得稱道的明智之舉，齊桓公、劉備所以稱得上明君，在很大程度上就是
因爲他們所重用的人，都是主張嚴刑峻法的法家人物。〔註8〕李德裕如此推崇
管仲、諸葛亮這兩位前賢，原因就在於他們二人施政的核心理念都是重法尊
君。李德裕在政治生涯中，師法管仲、諸葛亮的重法重刑，適足表明他的政
治思想，尤其是在治國理政的方略上，法家思想居於主導地位。

二、「專任」賢臣與君主「獨斷」相結合的思想

李德裕政治思想中有一個很重要的方面，就是對君臣關係進行了深入探
討。李德裕認爲，君主在政治上必須做到親「賢臣」，遠「小人」，這樣才能
實現國家的長治久安。在李德裕看來，判斷一個國家政治的興衰，其中很重
要的一點，就是看君主所選任大臣的情況，即所謂「欲知國之隆替，時之盛
衰，察其任臣而已。」〔註9〕在這篇文章中，李德裕明確指出，既然「非常之
才」不可能經常有，因此只要是「齷齪廉謹」（按，意即小心、廉潔、謹慎。齷齪，《廣
韻·屋韻》：「齪，廉謹貌。」）的人，就「足以從政」了；其次是「愚魯樸鄙」一
類的人，他們或許做不出什麼政績，但是也不會危害國家；只有那些被稱爲
「差人」的小人，君主對他們應該特別警惕，因爲彼等一旦獲得參與政治的
機會，就必定會給國家造成巨大危害。〔註10〕很顯然，在李德裕看來，君主
選人、用人情況如何，直接關係到國家的治亂興衰。

關於君主選人、用人的問題，李德裕更有進一步的申論。他在《英傑論》
一文中指出，作爲一國之君，要實現治國理政的政治目標，就必須善於駕馭
和使用英才。李德裕在這篇文章中，不僅具體列舉漢高祖用黥布、漢武帝用

〔註7〕 《李德裕文集校箋·文集》卷九《宰相與盧鈞書》，第166頁。
〔註8〕 《李德裕文集校箋·外集》卷二《管仲害霸論》，第655頁。
〔註9〕 《李德裕文集校箋·外集》卷三《任臣論》，第674頁。
〔註10〕 《李德裕文集校箋·外集》卷三《任臣論》，第674頁。

衛青、劉備用關羽、張飛等成功事例，還舉出唐玄宗用安祿山而敗政的反面
事例，全面闡述君主駕馭「英傑」之成敗影響國家治亂的經驗教訓，並據經
得出重要結論，云：「帝王之於英傑，當須御之以氣，結之以恩，然後可使
也。若不以英氣折之，而寵以姑息，則驕不可任；若不以恩愛結之，而肅以
體貌，則怨不爲用。」〔註 11〕所謂「御之以氣，結之以恩」，就是指君主駕
馭臣下的方法，具體就是「恩」、「威」並施，如果對臣下一味縱容姑息，則
他們就會「驕不可任」；相反，若一味「肅以體貌」而不施恩惠，則容易造
成臣下心生怨悱，從而不爲所用。在另外一篇名爲《荀悅哀王商論》的文章
中，李德裕又以歷史上管仲、范燮、伍子胥、汲黯等人爲例，進一步闡述賢
臣興邦、邪佞亂國的思想，他說：「余又聞之，國之衰也，忠賢先去。故管
仲知隰朋不久而齊國亂，范燮令祝宗祈死而晉主憂；伍胥戮而夫差亡，汲黯
出而劉安悖……棄善人之謂也。」〔註 12〕這就是說，君主要想實現安國興邦，
就必須選擇賢臣加以任用，一個國家或政權，如果賢臣盡去，則必將國亂主
憂，以致於敗亡。那麼，怎樣才能選出安國興邦的臣僚呢？李德裕在《臣友
論》指出：「君之擇臣，士之求友，當以志氣爲先，患難爲急」，之所以如此，
乃是因爲「人君不能無緩急，士君子未嘗免憂患。」〔註 13〕什麼樣的人才能
稱得上「志氣爲先，患難爲急」呢？李德裕認爲，只有兼具重氣節、明大義
這雙重品格的人，才符合這個標準，他說：「夫俠者，蓋非常之人也。雖以
然諾許人，必以節義爲本……士之任氣而不知義，皆可謂之盜矣。然士無氣
義者，爲臣必不能死難，求道必不能出世……由是而知士之無氣義者，雖爲
桑門，亦不足觀矣。」〔註 14〕在李德裕看來，重氣節和明大義必須有機結合，
才能夠成爲有「死節」的忠臣，如果一味「任氣」，而不知「節義」，那就和
盜匪沒有什麼兩樣了，易言之，像這類「士無氣義」的人，在關鍵時刻一定
不會爲君主或國家而去「死難」盡忠，甚至就是他們出家爲僧，其人品行爲
也是無足可觀。

　　所謂「知人善任」，對於君主來說，他不僅要善於選人，更應該善於用
人，相較之下，善於用人更加重要。李德裕指出，君主一旦選定賢臣英才，
對他們就應該放心地使用，也就是要做到「疑人不用，用人不疑」。在李德

〔註 11〕　《李德裕文集校箋・外集》卷二《英傑論》，第 661 頁。
〔註 12〕　《李德裕文集校箋・外集》卷一《荀悅哀王商論》，第 642 頁。
〔註 13〕　《李德裕文集校箋・外集》卷二《臣友論》，第 663 頁。
〔註 14〕　《李德裕文集校箋・外集》卷二《豪俠論》，第 660～661 頁。

裕看來，「將相重則君尊」〔註15〕，君主對宰臣的「專任」，乃是實現尊君強權政治目標的一個重要手段。關於君主用人，李德裕在前揭《管仲害霸論》一文中曾有深入的討論，他先是引用管仲回答齊桓公的話：「宮中之樂無所禁禦，不害霸也；舉賢而不能任，此害霸也」，以此說明君主用人必須要「專任」，在李德裕看來，君主在選定賢臣以後，如果能夠放手使用而不加懷疑，那麼即便他成天都在宮廷盛興歌舞，縱情聲色，也不會妨礙霸業的實現。相反，如果「舉賢」卻不能予以信任，即使他能夠剋制一己之私欲，那也必將有害於霸業。李德裕明確指出，對於所舉之賢臣，「非專任亦不能致霸業」，進而他又以齊桓公「專任」管仲、苻堅「專任」王猛、劉備「專任」諸葛亮等歷史典故爲例，指出齊桓公能夠「九合諸侯，爲五霸之首」，「蜀與秦皆君安國理」〔註16〕，其根本原因都在於這些君主能夠在政治上「專任」賢臣。

　　然則，李德裕強調君主必須能夠「獨斷」，這個思想和「專任」賢臣是否自相矛盾呢？我認爲二者實際上並不矛盾，這是因爲李德裕所主張的君主「獨斷」，是設有前提條件的，這個前提條件就是，只有「英主」才能做到「獨斷」，至於一般資質的君主，那就必須「專任」賢臣，特別在進行事關國家治亂安危的重大政治決策時，君主更應該向他「專任」的賢臣咨詢，即「社稷之計，安危之機，人君不能獨斷者，必咨於所敬之臣。」〔註17〕揆諸史實，主張君主要對宰臣予以「專任」，並不僅僅表現爲李德裕的一種政治理想或政治理論，唐武宗會昌時期的政治實踐，就可以說是君主「專任」賢臣的典範之作，其間唐武宗對李德裕的「專任」，和唐武宗的君主「獨斷」，二者達到了完美的結合。關於這一點，司馬溫公在《通鑒考異》引《獻替記》所載，已經有所指陳，略云：「上信任宰臣，無不先訪問，無獨斷之事。唯誅討澤潞，不肯捨振武官健及誅剗党項，此二事並禁中發詔處分，更不顧問。」〔註18〕會昌一朝能夠取得「中興」的諸多政績，與「專任」宰臣、君主「獨斷」的政治思想能夠付諸實施並達到完美結合，就有分割不開的關係。

〔註15〕《李德裕文集校箋·文集》卷十《論朝廷事體狀》，第188頁。
〔註16〕《李德裕文集校箋·外集》卷二《管仲害霸論》，第655頁。
〔註17〕《李德裕文集校箋·外集》卷一《張禹論》，第643頁。
〔註18〕《資治通鑑》卷二四八唐武宗會昌五年（845）八月胡注引《通鑒考異》，第8019頁。

三、不圖虛名、「婉辭」進諫的主張

李德裕還曾對君、臣的政治品格進行了有益探討，他認爲無論是君主，還是臣僚，在商討政治或進行決策的時候，都應該從實際出發，而不能矯飾文辭。對此，李德裕結合自己的從政經歷，進行了深刻闡述，他明確指出：君主在和群臣議事的時候，不應該在言辭上逞口舌之利，而要做到「簡而當理」，對於君主來說，必須具備讓臣僚盡情表達意見的「君人之量」，而不能「飾雄辯」以「塞諍臣之口」，李德裕說：「夫帝王與群臣言，不在援引古今以飾雄辯，唯在簡而當理。雄辯不足以服姦臣之心，唯能塞諍臣之口……余歷事六朝，弼諧二主。文宗辭旨皆文雅，而未嘗騁辯；武宗言必簡要，而不爲文飾。皆得君人之量，能盡臣下之詞。」〔註 19〕另一方面，臣僚也應該做到這樣，如果言經矯飾，就只能屬於油嘴滑舌的奸詐之徒，更不可能做到爲君主排憂解難，即所謂「豈唯王言如是，人臣亦當然也。其有辯若波瀾，辭多枝葉，文經意而飾詐，矯聖言以蔽聰。此乃姦人之雄，遊說之士，焉得謂之獻替哉！」〔註 20〕

在以上主張的基礎上，李德裕還進一步對君臣納諫與勸諫的關係展開探討。如他在《忠諫論》一文中分析認爲，君主之所以拒諫，其原因無非有兩個，「一曰生於愛名，二曰不能去欲」，如夏桀、商紂、漢桓帝、漢靈帝是因爲「愛名」，即「自知爲惡多矣，畏天下人知之，將謂諫則惡不可掩，故不欲人之諫己」；晉獻公、齊桓公則因爲「不能去欲」，即「晉獻非驪姬寢不安，齊桓非易牙食不美，必不能去之，亦不欲人諫己。」〔註 21〕這兩種類型的君主，在李德裕看來，都不能算是明君英主，因爲明君英主一定能夠納諫如流，即「唯英主必能從諫」，其原因則在於明君英主「自知功德及生人者大矣，雖有小惡，不諱人言。」在這篇文章中，李德裕還深入分析了臣僚的勸諫方式，一種是「欲道行於君，可使身安國理者，其辭婉」，另外一種是「欲名高后世，不顧身危國傾者，其辭訐。」〔註 22〕

眾所週知，在君主專制集權的封建政體下，臣僚的勸諫只有被君主採納，才能夠發揮其應有的政治作用，否則再高明的政治主張也只能是竹籃打水——一場空。「辭婉」容易被君主接受，歷史上頗多其例，如春秋時期鄒忌諷齊王

〔註 19〕 《李德裕文集校箋・外集》卷二《王言論》，第 657 頁。
〔註 20〕 《李德裕文集校箋・外集》卷二《王言論》，第 657 頁。
〔註 21〕 《李德裕文集校箋・外集》卷二《忠諫論》，第 653 頁。
〔註 22〕 《李德裕文集校箋・外集》卷二《忠諫論》，第 653 頁。

納諫、戰國時期觸龍遊說趙太后等，都是在其他大臣「強諫」不果的情況下，通過個人的「婉辭」進諫，從而實現了預定的政治目標。其中最爲人所悉知的莫過於觸龍遊說趙太后，以長安君出質於齊的故事，在齊師不出，大臣強諫而無效的危急時刻，正是觸龍出面，以「婉辭」成功說服趙太后同意以愛子長安君爲人質，換得齊國出兵，打退秦軍，從而挽救趙國於危難之中。〔註 23〕和「辭婉」相反，「辭訐」固然也能夠體現出臣僚的「忠誠」，結果卻常常是「激主之怒，自有其名，望其聽從，固不可得。」〔註 24〕也就是說，臣僚固然因爲強諫而獲得「忠貞」的美名，卻起不到勸諫的作用，無法實現既定的政治目標。

在另外一篇《近世良相論》中，李德裕進一步申述了「不可以強諫」的思想。他說：「夫股肱與君同體，四海之所瞻也。恩義至重，實先於愛敬，非社稷大計，不可以強諫。亦猶父有諍子，不獲已而諍，豈可以爲常也。唯宜將明獻替，致其主於三代之隆。《孝經》曰：『天子有諍臣七人。』非宰相之職也。」〔註 25〕由此可見，在臣僚進諫方式的問題上，李德裕堅決反對「強諫」，在李德裕看來，「強諫」只能是在不得已的情況下偶一爲之，尤其是身爲百官之首的宰相，其根本職責在於坐而論道、燮理陰陽，諫諍本來就非其職責所在，因此任宰相者，就更加不能爲了博得「忠臣」的美名而堅持「強諫」，因爲「辭訐」的強諫方式往往不能被君主所接受，從而無法實現預定的政治目標。

怎樣看待李德裕主張「辭婉」而反對「強諫」的思想？我認爲，這充分體現出李德裕從政不務虛名的政治智慧，以及追求實際政治效果的務實作風。徵諸史實，這種務實的政治作風始終貫穿於李德裕的政治實踐當中，例如在他第一次出任浙西觀察使、潤州刺史期間（822～829 年），除了「銳於布政」，踏踏實實地搞好地方政治、經濟建設以外，還時刻關注中央的政治變動，並多次上書勸諫皇帝。綜觀其間所上進諫奏疏，無不充分體現了他「辭婉」以諫的主張，如寶曆元年（825）二月，針對唐敬宗「荒僻日甚，遊幸無恒，疏遠賢能，昵比群小。坐朝月不二三度，大臣罕得進言」的實際情況，遠在浙西的李德裕專門上了一道《丹扆六箴》，對唐敬宗進行規勸，勸諫的言辭都

〔註 23〕 《史記》卷四三《趙世家》孝成王元年，第 1822～1823 頁。
〔註 24〕 《李德裕文集校箋・外集》卷二《忠諫論》，第 653 頁。
〔註 25〕 《李德裕文集校箋・外集》卷四《近世良相論》，第 689 頁。

是相當的委婉，即史言「德裕意在切諫，不欲斥言，託箴以盡意。」正是由
於諫疏言辭婉轉的緣故，所以唐敬宗雖然「不能盡用其言」，但還是在「手詔」
襃揚李德裕之後，又專門下令讓翰林學士韋處厚「殷勤答詔，頗嘉納其心焉。」
〔註26〕又如，唐敬宗信奉神仙之說，曾多次派遣使者到潤州尋訪「異人」。儘
管李德裕本人一向反對「神仙」之說，但面對唐敬宗專門派來的「中使」，他
也不能公開抗命，只能按照要求「給公乘遣之」。不過，李德裕還是借「中使」
之手，同時給唐敬宗上了一道言辭委婉的奏章，略云：「以臣微見，倘陛下睿
慮精求，必致眞隱，唯問保和之術，不求餌藥之功，縱使必成黃金，止可充
於玩好。則九廟靈鑒，必當慰悅，寰海兆庶，誰不歡心？」〔註27〕在李德裕
的這道奏疏中，沒有一句批評之辭，卻達到了勸諫的目的。此外，在潤州任
職期間，李德裕還曾多次接到唐敬宗要他在轄區內搜訪「異人」的命令，但
是他卻沒有實際執行過一次，唐敬宗也並未因此責備他違抗詔命。〔註28〕其
中原因，就在於李德裕能夠充分發揮政治智慧，婉辭以諫，從而達到有所爲、
有所不爲，又能保全自己的政治效果。

四、立功求名與反對「朋黨」的思想

「三十功名塵與土，八千里路雲和月」，岳武穆《滿江紅》中的這兩句，
實際上也講到對功業與名節的追求。人們爲何要如此不憚煩勞，對功業、名
節孜孜以求呢？就是因爲名節與功業二端，乃是封建時代政治家尤其看重的
一種政治品格。在傳統社會中，大凡積極有爲的政治家，無不渴望建功立業
和樹立名節。李德裕就是這樣一位注重功業、講求名節的傑出政治家，在他
內心深處，充滿著對名節和功業的強烈追求。

李德裕追求名節、功業的思想，在所撰《臣子論》一文中有充分表述，
他說：「士之有氣志而思富貴者，必能建功；有志氣而輕爵祿者，必能立名
節。」在李德裕看來，一個人如果有了氣節和志向而追求富貴，就一定能夠
建立功業，如果在追求建功立業的過程中，有了「志氣」又能夠做到輕視「爵

〔註26〕《舊唐書》卷一七四《李德裕傳》，第4514～4516頁。
〔註27〕《舊唐書》卷一七四《李德裕傳》，第4518頁。
〔註28〕據《舊唐書》卷一七四《李德裕傳》載，李德裕在給唐敬宗所上的一道奏疏
　　　　中曾說：「臣所以三年之內，四奉詔書，未敢以一人塞詔，實有所懼。」（第
　　　　4517頁）由此可知，唐敬宗在位期間，至少四次給李德裕下詔，要求他在浙
　　　　西境內尋訪「異人」，李德裕卻從未向他推薦過一個人。

祿」，那就能夠建立名節。進而，李德裕指出：無論是追求「建功業」還是「立名節」，他們都是君主所需要的人才，即所謂「二者雖其志不同，然時危世亂，皆人君之所急也。」為什麼這樣說呢？原因就在於「非好功業，不能以勘亂；非重名節，不能以死難。」當然，對於「建功業」與「立名節」二者，李德裕還是有所偏重的，他認為後者更加重要，即「好功業者，當理平之世，或能思亂；唯重名節者，理亂皆可以大任。平澹和雅，世所謂君子者，居平必不能急病理煩，遭難亦不能捐軀濟危；可以羽儀朝廷，潤色名教，如宗廟瑚璉，園林鴻鵠，雖不常為人用，而自然可貴也。」〔註29〕這段話的中心意思就是，喜好追求建立功業的人，放在治平之世，只有其中的一部分人可能會考慮到如何應對世亂的問題，多數人不一定能夠在世亂之時足以倚重。然而，那些注重「名節」之士，則無論是治世還是亂世，都可以替君主分擔重任。還有世人所謂「君子」一類的人物，他們素以性格平淡和雅著稱，但因缺乏追求建功立業的志向，故太平盛世時沒有治理繁鉅事務的能力，遭遇危難的時候也不能舍生忘死以挽救國家危難，他們的作用大概就在於平日裝點廟堂、羽儀朝廷或潤色名教，就好比宗廟中的瑚璉和園林中的鴻鵠，雖然並不常用，卻也有可貴之處。

　　需要注意的是，對於名節的問題，李德裕始終堅持以辯證的觀點對待，即所謂「名節之間，不可以一概論也。」〔註30〕例如，關於「自古名節之士，鮮受厚福，豈天意於善人薄耶」〔註31〕的說法，李德裕就頗不以為然。李德裕在此設問：既然「名節」之士也可以享受天賜的「厚福」，為什麼世人又都十分看重「名節」呢？對此，李德裕解釋道：「夫名節者，非危亂不顯，非險難不彰……若使不受困辱，不嬰楚毒，父母妻子，恬然安樂，則天下之人盡為之矣，又何貴於名節者哉？」〔註32〕從中可見，李德裕一方面承認，「名節」之士有著和平常人同樣的要求，放在承平時節，「名節」之士與常人可能並無多大差別。另一方面，李德裕又強調指出，只有到了「危亂」、「險難」的時候，「名節」之士與常人的不同之處才會表現出來，也就是說，如果「名節」可以在「恬然安樂」的環境下做到，那麼豈不是天下人都可以成為「名節」之士，如此一來，「名節」還有什麼可貴之處呢？

〔註29〕　《李德裕文集校箋・外集》卷二《臣子論》，第651～652頁。
〔註30〕　《李德裕文集校箋・外集》卷二《臣子論》，第652頁。
〔註31〕　《李德裕文集校箋・外集》卷四《近世節士論》，第692頁。
〔註32〕　《李德裕文集校箋・外集》卷四《近世節士論》，第692頁。

這裏需要特別指出的是，李德裕所強調的「重名節」，絕非追求虛名。李德裕曾經寫過一篇《虛名論》，在這篇文章中，對西漢元帝、成帝及西晉時期口談玄虛、追求虛名的政治風氣進行了深刻的分析批判，他指出：那些「名重海內」、誇誇其談的所謂「名士」，不過是一群盜竊聲名、品格低下的無能之輩，這些小人正是因爲沒有眞正的才能，所以才會結成朋黨「以陷正臣」。〔註33〕李德裕進而指出，小人朋黨危害眞正的「名士」，正是造成政治敗壞、國家危亡的根本原因。所以，從某種意義來說，李德裕在政治上注重「名節」、反對「虛名」，實際上也就是反對結黨營私、反對朋比爲周。

李德裕對於朋黨一向嫉若仇讎，史籍多有其載。例如，李德裕在唐文宗太和七年（833）第一次入朝拜相後，就給唐文宗上了一道奏章，專門論述朋黨對政治的危害，這正是他一貫反對朋黨政治作風的體現。李德裕之所以對朋黨害政有著直接而深刻的認識，乃是因爲他一向受到朝廷朋黨小人的政治打擊。在李德裕所撰寫的眾多政論文章中，多篇都曾論及朋黨的政治危害，其中《朋黨論》乃是一篇專門探討「朋黨」問題的文章。在這篇專題性文章中，李德裕明確指出：「理平之世」並無所謂「朋黨」，「朋黨」往往出現在紀綱馳紊的亂世，歷史上如東漢的桓帝、靈帝時期，之所以出現「黨錮」問題，乃是因爲其時「政在闇寺，綱紀以亂，風教寖衰」。在這篇文章中，李德裕所批判的對象主要是結黨營私的宦官集團，對於當時主要由知識分子構成的黨錮之士，李德裕則認爲他們所以結黨，目的卻是「在於維持名教，斥遠邪佞」，因此他們的行爲「雖乖大道」，但「猶不失正」，也就是說，東漢末年的「黨錮」之士參與政治生活的方式雖然不盡恰當，但其政治目標卻是爲了伸張正義。隨著論題的深入，李德裕的筆鋒逐漸由針對歷史上的「朋黨」問題，轉向批判現實生活中的「朋黨」。對於自己在現實政治生活中所要直接面對的那些「朋黨」，李德裕進行了嚴厲斥責，明確指出：他們「依倚倖臣，誣陷君子，鼓天下之動以養交遊，竊儒家之術以資大盜（自注：大盜謂倖臣也。）」，在李德裕看來，這些朋黨人物不過是一群「教猱升木，嗾犬害人，穴居城社，不可薰鑿……皆小才小勇，祇能用詭道入邪徑，鼠牙穿屋，虺毒螫人」〔註34〕、不敢光明正大展示自己行爲的小人。

會昌五年（845）十一月，李德裕給唐武宗上了一道奏章，再次就歷史上

〔註33〕 《李德裕文集校箋·外集》卷三《虛名論》，第 678 頁。
〔註34〕 《李德裕文集校箋·外集》卷三《朋黨論》，第 677 頁。

和現實政治生活中的「朋黨」問題申明自己的看法。在這篇奏章中，李德裕指出：歷史上孔子與顏回、子貢更相稱譽，禹、稷和皋陶轉相汲引，趙宣子與隨會、司馬侯與叔向、房玄齡與杜如晦等人之間的相互配合，都不能說是搞朋黨，因為他們的行為都是「忠於國則同心，聞於義則同志，退而各自行己，不可交以私」〔註35〕，他們的出發點都是基於「同心圖國」的政治目標。那麼，什麼才是朋黨呢？李德裕在列舉歷代朋黨之後，針對現實生活中的朋黨問題，明確指出：「以臣觀之，今所謂黨者，進則誣善蔽忠，附下罔上，歙歙相是，態不可容；退則車馬馳驅，唯務權勢，聚於私室，朝夜合謀。清美之官，盡須其黨；華要之選，不在他人。陰附者羽翼自生，中立者抑壓不進。」〔註36〕在另外一篇《小人論》中，李德裕對朋黨小人的行為又作了進一步的分析，他指出：「便辟巧佞，翻覆難信」、「背本忘義」、「以怨報德」等行徑，都是小人固有的姿態，其中「唯以怨報德者，不可預防，此所謂小人之甚者，背本忘義者雖不害人，亦不知感。昔傷蛇傅藥而能報，飛鴉食椹而懷恩。以怨報德者，不及傷蛇遠矣；背本忘義者，不及飛鴉遠矣。」〔註37〕在李德裕看來，背本忘義的人，雖然品德與君子相差甚遠，遠不如飛鴉這樣的禽獸，但還不算是無恥之尤，最無恥的就是那些以怨報德者了，因為他們可以說是小人中的小人，他們連傷人的毒蛇都不如。為什麼李德裕對於小人「以怨報德」的危害最有感觸呢？這應當和他的切身經歷有直接關係，例如，他明明知道白敏中是牛黨人物，但本著為國拔才的執政理念出發，在會昌時期不計前嫌，對白敏中加以提攜任用。然而，唐宣宗即位以後，白敏中卻成為迫害李德裕最急切的人物之一，其「以怨報德」的惡劣行為令人髮指。正是基於自己遭到小人陷害的親身經歷，李德裕深切地感受到，那些「以怨報德」的小人，其危害「可與叛臣賊子同誅」，類似這樣的無恥小人之害、之壞，不僅甚於入室行竊之盜賊，甚至超過聚眾搶劫的強盜。他說：

> 世以小人比穿窬之盜，殊不然矣！夫穿窬之盜，迫於飢寒，莫保性命，於高貲者有何恩義，於多藏者有何仁愛？既無恩義、仁愛，則是取資於道，拾金於野。若能識廉恥而不為，是有償金者之行矣；若能忍飢饉而不食，是有蒙袂者之操矣。所以陳仲弓觀梁上之盜，

〔註35〕 《李德裕文集校箋·文集》卷十《論侍講奏孔子門徒事狀》，第185～186頁。
〔註36〕 《李德裕文集校箋·文集》卷十《論侍講奏孔子門徒事狀》，第185～186頁。
〔註37〕 《李德裕文集校箋·外集》卷三《小人論》，第686頁。

> 察非惡人。以是而言，盜賊未爲害矣。然操戈鋋、挾弓矢，以衆暴
> 寡，殺人取財者，則謂之盜。比於以怨報德者，亦未甚焉。何者？
> 人之父子兄弟，有不相知者，有德於人者，是已知之矣，焉得負之
> 哉？〔註38〕

在李德裕看來，世人將「小人」比作穿牆入室爲盜的竊賊，並不妥當。這是
因爲那些入室行竊的盜賊，他們之所以爲盜，可能是迫於飢寒、無以爲生，
他們和那些擁有鉅額資財的富人之間，並無任何仁愛恩義可言，雙方之間既
無恩義仁愛，那麼在盜賊的眼中，他們入室爲盜可能就無異於在道路或田野
中撿拾財貨。在那些因生活困窘而被迫行竊者當中，有些稍知廉恥之道，脫
困後還會主動對被盜進行補償，還有一些人寧肯忍受飢饉也不吃盜來之食，
那就更有節操了。這也正是陳仲弓見到「梁上君子」之後，很快就判斷出他
並非惡人的原因所在。如果從這個角度來說，盜賊並不一定會造成禍害。即
便是那些明火執仗，公然以衆欺寡，殺人取財的強盜，其所爲害仍然不如「以
怨報德」的小人爲甚。原因就在於，強盜雖然公開殺人越貨，但他們和所殺
之人所越之貨之間，並無親情，亦不相知，如果是他們的親人或相識，相信
他們絕對不會加害，而那些「以怨報德」的小人，卻會爲了一己之私欲而全
然不顧親情友情。所以，「以怨報德」的小人，其禍害比之聚衆搶劫的盜賊，
要厲害多了。

　　通過以上分析，可以清楚地看到，賢人政治乃是李德裕政治思想的一個
重要方面。所謂賢人政治，也就是君子政治，它要求封建君主能夠親「賢人」、
遠「小人」，所謂「賢人」也就是能夠「尚功業」、「重名節」，能夠履行封建
政治義務的人，對於這些「賢人」，君主應該「專任」，至於那些善搞朋黨、
結黨營私的「小人」，則應該果斷地予以清除。

五、爲政「尚權變」的思想及其權力觀剖析

　　爲政「尚權變」，乃是李德裕政治思想的又一個重要組成部分。作爲一個
務實的政治家，李德裕在施政過程中，特別注重政治的實際效果，這就使得
他的政治思想具有較爲濃厚的辯證色彩。李德裕認爲，政治形勢發生了變化，
政治策略、治國方法也應該進行因時制宜的改弦更張，而不能拘泥不變。他
說：「然政未得中，改之可也。如弓之高下者抑舉，琴瑟之不調者更張，此亦

〔註38〕《李德裕文集校箋・外集》卷三《小人論》，第 686 頁。

天之道也，豈獨人事哉？」〔註39〕在李德裕看來，政治家順應時宜地調整政策，就好比調琴師根據樂器的性能狀況及時地更張改弦是同一個道理，這並非單純的「人事」，而是「天之道也」，這充分地體現出李德裕隨時而化、與時俱進的辯證思想。不過，李德裕同時也指出，這種變化或調整並非絕對，並不是說什麼都能改變，他認為政治策略、治國方術都應該因時宜而變，唯有一點卻是任何情況下都不應改變的，那就是作為臣子的一顆忠心，永遠也不能改變，他說：「古人言：『一心可以事百君，百心不可事一君。』豈有不忠於前朝，而能忠於後王者哉？」〔註40〕

作為一個在封建社會有重大建樹的政治家，李德裕強調執政者必須「尚權」，要善於審時度勢，「尚權」乃是為政者的一個基本素質。如在《張辟強論》一文中，李德裕對陳平、周勃誅滅諸呂的政治行動進行一番分析之後，對於張辟強為善於謀劃的「才智」之士的說法，提出了相反意見，他說：「楊子美辟強之覺陳平，非也。若以童子膚敏，善揣呂氏之情，奇之可也；若以反道合權，以安社稷，不其悖哉！」〔註41〕通過對史實的嚴密分析之後，李德裕指出：陳平、周勃用張辟強之計而幸獲成功，實因諸呂皆平庸無能之輩，若呂產、呂祿等人為「英傑之士」，則陳平、周勃必敗無疑，因此張辟強並非才智出眾之士。那麼，為何說張辟強並非「才智」之士呢？原因即在於，張辟強為政「不尚權譎」，也就是拘泥不化，不懂得應該隨時調整政治策略。在另外一篇《謀議論》中，李德裕再次強調執政必須「切於時機，明於利害」、「智足應變，道可與權」的思想，他認為像賈山、王陽那樣，雖然「謀闊意中，言高旨遠，其道可法」，但是「其術則疏」〔註42〕，因而賈山、王陽二人並不足以應付多變的時局。後來，李德裕又在《〈人物志〉論》一文中，對項羽進行了評價，指出項羽之所以失敗，是由於他唯任氣力、不尚權變，即「其所恃者氣力而已矣……聰明睿智，不足稱也。」〔註43〕對項羽唯任氣力、不尚權變而導致最後失敗結局的這個評價，正是李德裕「尚權」政治思想在其歷史觀上的體現。

為政「尚權」政治思想，在李德裕執政期間得到了很好的實踐。例如，在李德裕所主持的討伐澤潞的戰爭過程中，李德裕對「河北三鎮」的制御之

〔註39〕 《李德裕文集校箋‧外集》卷一《宋齊論》，第 647 頁。
〔註40〕 《李德裕文集校箋‧外集》卷一《宋齊論》，第 647 頁。
〔註41〕 《李德裕文集校箋‧外集》卷一《張辟強論》，第 633 頁。
〔註42〕 《李德裕文集校箋‧外集》卷三《謀議論》，第 669 頁。
〔註43〕 《李德裕文集校箋‧外集》卷三《〈人物志〉論》》，第 676 頁。

策，就充分體現了這一點。據《資治通鑑》略云：

> 自用兵以來，河北三鎮每遣使者至京師，李德裕常面諭之曰：「河
> 朔兵力雖強，不能自立，須藉朝廷官爵威命以安軍情。歸語汝使：
> 與其使大將邀宣慰敕使以求官爵，何如自奮忠義，立功立事，結知
> 明主，使恩出朝廷，不亦榮乎！且以耳目所及者言之，李載義在幽
> 州，爲國家盡忠平滄景，及爲軍中所逐，不失作節度使，後鎮太原，
> 位至宰相。楊志誠遣大將遮敕使馬求官，及爲軍中所逐，朝廷竟不
> 赦其罪。此二人禍福足以觀矣。」德裕復以其言白上，上曰：「要當
> 如此明告之。」由是三鎮不敢有異志。〔註44〕

眾所週知，河北三鎮「不敢有異志」，乃是討伐澤潞戰爭得以順利進行，並最
終獲勝的重要原因，在討伐澤潞的戰爭過程中，河北三鎮之所以「不敢有異
志」，實與李德裕駕馭有方、制御得當有著不可分割的聯繫。

　　論李德裕的政治思想，還必須說到他對政治權力的態度，亦即權力觀的
問題。眾所週知，在封建專制政體下，大凡有所作爲的政治家，首要條件就
是必須掌握實際的政治權力，做不這一點，要想在政治上有所作爲，絕無可
能。作爲一個行事光明磊落的封建政治家，李德裕從來都不隱瞞自己對於政
治權力的渴望，這是因爲他要爲君盡忠、爲國分憂。李德裕在唐武宗會昌時
期極力主張並採取許多措施，以加強宰相的輔政及執政權力，就充分體現了
他掌握實權，以資行政的權力觀。〔註45〕

　　李德裕對於政治家掌握權力的必要性和重要性，曾作過較爲深入的分
析。例如，他在一篇名爲《退身論》的文章中，對歷史上曾頗有作爲的政治
家如文種、李斯、張華、傅亮等人的悲劇性結局，進行了深入的剖析和反思，
他指出：上述四人「皆神敏知幾，聰明志古，圖國致霸，動必成功」，但是在
「自謀其身」方面，他們都一無例外地留下了千古遺憾。他們的人生結局爲
何如此悲慘？其主要原因就在於，他們都曾經大權在握，在執政過程中，難

〔註44〕《資治通鑑》卷二四八唐武宗會昌四年（844）八月，第8010頁。
〔註45〕前揭湯承業氏在其所著《李德裕研究》一書中，曾以「德裕能握實權」爲題，
　　　　對李德裕的「爲相之道」詳加闡述，並得出結論，云：「身爲『上相』者，若
　　　　不妥善把握天子所賦予的人事權，則如何『總百官，治萬事』？又如何『致
　　　　君堯舜，致時太平』？若非衛公的『獎拔孤寒』，與『裁減冗員』，則太和積
　　　　習何由滌除？而會昌中興又何由達成？衛公能適應相制而運用相權，這是頗
　　　　足稱道的政治作風。」（第197頁）湯氏認爲李德裕之所能夠在政治上頗有建
　　　　樹，主要就在於他掌握了實際的政治權力，這個看法可謂卓識。

—461—

免要得罪一些人，因此當他們離開權力中心，就很容易遭到別人的打擊報復，即「操政柄以禦怨誹者，如荷戟以當猛獸，閉關以待暴客；若捨戟開關，則寇難立至。」〔註46〕基於這個歷史經驗教訓，李德裕認為，如果有機會掌握權力的話，就應該盡力去爭取，因為掌握權力猶如「奔馬者不可以委轡，乘流者不可以去楫」，掌握政治實權並非「耽祿而患失」，而是「庶免終身之禍」即自保的需要。〔註47〕

在這篇文章中，李德裕還以自己的切身體會，現身說法地闡明掌握權力的必要性，他說：自己曾經一度因病離開中央，下到地方任職，原以為這樣一來就可以「在外而安」，但是沒有想到竟然「以天高不聞，身遠受害。」基於此，李德裕明確指出，自己之所以不願意「功成名遂身退」，並不是因為捨不得政治權力，而是因為激流勇退並不容易，是因為「天下善人少惡人多，一旦去權，禍機不測！」〔註48〕由此可見，在李德裕看來，切實地掌握政治權力，不僅是一個政治家自保其身的需要，更是其實現政治抱負的保證。執政必握其權，功成不必身退，或許就是李德裕權力觀的核心內容。

〔註46〕 《李德裕文集校箋・外集》卷二《退身論》，第 658 頁。

〔註47〕 《李德裕文集校箋・外集》卷二《退身論》，第 658 頁。

〔註48〕 《李德裕文集校箋・外集》卷二《退身論》，第 658 頁。

李德裕軍事思想研究

　　李德裕不僅是中晚唐時期著名政治家，也是卓越的軍事家。李德裕一生最重要的軍事活動主要有三次，即：唐憲宗元和年間任西川節度使期間的一系列軍事活動、唐武宗會昌時期討伐回鶻之役、主持壓平澤潞鎮的戰爭。正是在這三次軍事活動中，李德裕卓越的軍事才能與軍事思想，得到了充分表現，特別是會昌時期，作為實際的執政者，李德裕在指揮這兩次重大軍事鬥爭期間，撰寫了大量詔敕政令，這些撰述如今已經成為我們研究其軍事思想的重要參考文獻。概括言之，李德裕軍事思想內容豐富，涉及軍隊建設、國防建設、軍事謀略、軍事與外交、情報信息等多個方面。以下試從五個方面，對李德裕的軍事思想略作剖析。

一、君主執兵，強軍衛國的軍隊建設思想

　　李德裕軍隊建設思想的核心內容，首先表現為他對軍事鬥爭能力的充分認識和高度重視，在他看來，提高軍事鬥爭能力對於維護國家安全、保證君主權威，具有極其重要的作用。李德裕曾經明確指出：「夫兵者，所以除暴害也……然《書》有猾夏之戒，《傳》作修刑之訓；虞舜四罪，乃成大功；文王一怒，以至無悔，非德教之助歟！」〔註1〕他又說：「古人云：兵者所以明德除害也。故舉得於外，則福生於內。」〔註2〕可見，在李德裕看來，軍隊乃是「明德除害」、「德教之助」的保證，這些認識正是他總結自己多年政治生活的經驗而得出。正是在政治舞臺上的幾經沉浮，讓李德裕直接感受到，建設

〔註1〕　《李德裕文集校箋·文集》卷二《幽州紀聖功碑銘并序》，第10頁。
〔註2〕　《李德裕文集校箋·文集》卷三《授張仲武東面招撫回鶻使制》，第38頁。

一支完全聽命於中央政府、戰鬥力強大的軍隊乃是維護君主權威、實現國家長治久安的首要條件，因為無論是對內征討不馴藩鎮的軍事鬥爭，還是對外抵禦邊境外敵的入侵，都必須有一支服從命令、作戰能力強悍的軍隊作為保證。

眾所週知，封建專制政治體制的核心是君主，封建國家機器的運轉圍繞君權進行，這就要求必須保證君主的絕對權威（在某種意義上，君主的權威亦即中央政府的權威），而要確保君主的權威，就必須保證君主（或曰中央政府）對軍隊的控制權和領導權。基於這樣一種政治體制，李德裕加強軍隊建設思想的核心，首先就表現為確保君主（中央政府）能夠直接掌握軍隊。為了確保中央政府對軍隊的控制，李德裕在軍事實踐中特別注意做到如下兩個方面：

其一，謹慎選用將帥，確保忠於君主

常言說「千軍易得，一將難求」，李德裕認為治軍首在選將。他曾經說過：「古者有必勝之將，無必勝之人，欲立奇功，實在謀帥。」〔註3〕後來，在授予李丕晉州刺史的制書中，李德裕再次申述了選將治軍的思想，云：「晉謀元帥，必有佐軍；漢制出師，皆立副貳，所以重戎事而肅王命也。」〔註4〕有史實表明，李德裕在其軍事活動中，很好地踐行了「治軍首在選將」的軍事思想。

唐武宗會昌年間，李德裕推薦和拔擢了石雄、劉沔、張仲武、李彥佐等一批忠誠於國、頗富軍事才能的將帥，李德裕對於這批將帥或是提拔、或是優待，充分發揮了他們的指揮才能，結果這批將帥在征回鶻、討澤潞的戰爭中都建立了功勳。再如，會昌元年（841）八月，天德軍使田牟、監軍韋仲平奏請主動出擊回鶻以立軍功，鑒於當時邊境形勢並不明朗，因此李德裕力排眾議，明確指出武力討伐回鶻的時機尚不成熟，並主張先以「恩義」安撫回鶻，同時調兵選將，為武力討除作好準備，於是在會昌二年正月「以兵部郎中張拭為巡邊使，察帥能否。」〔註5〕我們注意到，李德裕在這裏首先強調的也是「選將」，為何如此呢？武聖孫子曾說：「夫將者國之輔也。」賈林注云：「國之強弱必在於將……擇人授任，不可不慎。」〔註6〕這就是李德裕強調用兵首在「選將」的理論支撐。

〔註3〕 《李德裕文集校箋·文集》卷七《賜石雄詔意》，第107頁。

〔註4〕 《李德裕文集校箋·文集》卷四《授李丕晉州刺史充冀氏行營攻討副使制》，第61頁。

〔註5〕 《資治通鑑》卷二四六唐武宗會昌二年（842）正月條，第7958頁。

〔註6〕 【戰國】孫武撰，曹操 等注：《諸子集成·孫子十家注》卷三《謀攻篇》，第46～47頁，上海，上海書店，1986。

　　那麼，應該怎樣「選將」，選什麼樣的人為將呢？李德裕指出，必須選擇那些忠於國家、忠於君主的人出任將帥。全面考察李德裕主政期間所選拔的將領，可以明確看出，他選拔將領的首要條件，就是對君主、國家的忠誠。除了「選將」，還要善於「用將」，為了確保所選將領能夠聽命於中央，李德裕除了用「法術」對其進行駕馭外，還非常注意培養將帥對君主的忠心，例如為了增強領兵將帥的榮譽感，同時也是為了讓他們體會到君主的「皇恩浩蕩」，李德裕不但經常向唐武宗建議給將帥們「加官」，還特別調整、修訂了「開元軍功格」，以調動將帥和士兵作戰的積極性。〔註7〕

　　其二，靈活駕馭監軍「中使」，充分發揮積極作用

　　監軍制度由來已久，以唐代而言，中前期監軍一般情況下均由御史臺官員充任；用宦官充當監軍，始自唐玄宗，唐玄宗之所以改用宦官充當監軍，其初衷主要是為了方便自己掌控軍隊；從唐憲宗元和（806～820）時期起，監軍則幾乎全部由「中使」擔任。〔註8〕宦官監軍、「中使」監軍自出現以後，

〔註7〕　《李德裕文集校箋‧文集》卷十六《請准兵部式依開元二年軍功格置跳蕩及第一第二功狀》，第304～306頁。

〔註8〕　據《資治通鑑》卷二〇四則天后垂拱三年（687）十一月：「太后欲遣韋待價將兵擊吐蕃，鳳閣侍郎韋方質奏，請如舊制遣御史監軍，太后曰：『古者名君遣將，閫外之事悉以委之。比聞御史監軍，軍中事無大小皆須承稟。以下制上，非令典也；且何以責其有功！』遂罷之。」（第6446～6447頁）這表明武則天統治以前，御史監軍乃是唐代「舊制」，儘管當時武則天拒絕韋方質遣御史監軍的奏請，但確有史實表明，這個「舊制」在武則天統治時期實際上仍然實行，如徐敬業起兵反時，魏元忠曾以「殿中侍御史」的身份出任監軍（《舊唐書》卷九二《魏元忠傳》：「文明元年，遷殿中侍御史。其年，徐敬業據揚州作亂，左玉鈐衛大將軍李孝逸督軍討之，則天詔元忠監其軍事。」第2951頁）；再如越王李貞起兵敗後，武則天派監察御史蘇珦「按察」韓王李元嘉、魯王李靈夔等宗室諸王，蘇珦拒絕誣陷諸王，結果被任命為「河西監軍」（《舊唐書》卷一〇〇《蘇珦傳》：「垂拱初，拜右臺監察御史。時則天將誅韓、魯等諸王，使珦按其密狀，珦訊問皆無徵驗。或誣告珦與韓、魯等同情，則天召見詰問，珦抗議不回。則天不悅，曰：『卿大雅之士，朕當別有驅使，此獄不假卿也。』遂令珦於河西監軍。」第3115頁）；武則天聖曆元年（698）九月，狄仁傑出任河北道行軍副元帥，吉頊擔任監軍使（《資治通鑑》卷二〇六則天后聖曆元年（698）九月：「戊寅，以狄仁傑為河北道行軍副元帥，右丞宋元爽為長史，右臺中丞崔獻為司馬，左臺中丞吉頊為監軍使。」第6534頁）。用宦官擔任監軍，始於唐玄宗，史言「玄宗尊重宮闈，中官稍稱旨，即授三品將軍，門施棨戟，故楊思勖、黎敬仁、林招隱、尹鳳祥等，貴寵與力士等。楊則持節討伐，黎、林則奉使宣傳，尹則主書院。其餘孫六、韓莊、楊八、牛仙童、劉奉廷、王承恩、張道斌、李大宜、朱光輝、郭全、邊令誠等，殿頭供奉、監軍、入蕃、教坊、功德主當，皆為委任之務。監軍則權過節度，出使則列郡辟易。」（《舊

就屢屢有人對其弊端加以指斥,諸如監軍「中使」對軍事主官干預過多或干預不當,以致於墮敗軍政,甚或激成兵變等情況,而且時間愈往唐朝晚期發展,宦官監軍之弊端愈加明顯。〔註9〕

對於宦官或「中使」監軍的弊端,我們自然不能否認。不過,對於宦官監軍的創設及其在制度層面上的積極意義,也不宜全盤否定。從某種意義來說,監軍「中使」實際上是代表皇帝對軍隊實行監視,他們有權過問軍中事務,並對軍事活動進行直接干預,也可以隨時把軍中情況傳遞給朝廷,從這個角度來說,「中使」乃是皇帝爲強化和確保軍隊控制權的重要環節。作爲君主掌控軍隊的主要手段之一,「中使」監軍制度如果全是弊端而一無積極意義,這種看法顯然不妥,因爲無論任何事情都同時具有兩面性,作爲一項制度或措施,中使監軍也不可能盡善盡美,而是利弊兼具。因此,科學的做法應該是,在充分發揮中使監軍制度積極作用的同時,最大限度地減少其可能造成的弊端或危害。我認爲,李德裕在會昌時期對中使監軍制度的靈活措置,其做法就十分可取。

首先,李德裕十分重視發揮「中使」監軍的積極作用。最明顯的例證是,在對回鶻和澤潞戰爭期間,李德裕曾多次派出「中使」到作戰部隊,這樣處置既是爲了提高軍隊作戰士氣、督促軍隊積極作戰,同時也是爲了

唐書》卷一八四《宦官・高力士傳》,第4757頁)唐玄宗以宦官監軍,本意是爲了加強對軍隊的掌控,雖然那時監軍還不是宦官「專利」,但宦官監軍呈日益增多之勢則是事實。大概從唐憲宗元和年間開始,監軍絕大多數由「中使」擔任,監軍幾乎成爲宦官的專屬權力,元和四年(809)十月白居易上奏章,指出:「國家征伐,當責成將帥,近歲始以中使爲監軍。自古及今,未有徵天下之兵,專令中使統領者也……臣恐四方聞之,必窺朝廷;四夷聞之,必笑中國。陛下忍令後代相傳云以中官爲制將、都統自陛下始乎?」(《資治通鑑》卷二三八唐憲宗元和四年(809)十月,第7667頁)

〔註9〕 關於宦官監軍之弊,有識之士莫不悉知,如名相裴度治軍平亂,首先就是去除宦官監軍,使兵權專於將帥,史言「時諸道兵皆有中使監陣,進退不由主將,戰勝則先使獻捷,偶創則凌挫百端。度至行營,並奏去之,兵柄專制之於將,眾皆喜悅。軍法嚴肅,號令畫一,以是出戰皆捷。」(《舊唐書》卷一七○《裴度傳》,第4418頁)李德裕也曾指出宦官監軍的三個弊端:「一者,詔令下軍前者,日有三四,宰相多不預聞。二者,監軍各以意見指揮軍事,將帥不得專進退。三者,每軍各有宦者爲監使,悉選軍中驍勇數百爲牙隊,其在陣戰鬥者,皆怯弱之士;每戰,監使自有信旗,乘高立馬,以牙隊自衛,視軍勢小卻,輒引旗先走,陳從而潰。」(《資治通鑑》卷二四八唐武宗會昌四年(844)八月,第8009~8010頁)客觀地說,宦官監軍確有弊端,其最大弊端就在於「中使」對軍事主官的行動胡亂干預。

隨時瞭解前線軍情，以供決策時參考。〔註10〕其次，對於監軍「中使」的權力加以限制，盡可能減少「中使」對軍事事務的干擾，從而保證前線軍事主官的自主權。如前所言，李德裕對於「中使」的弊端有明確而深刻的認識，他在會昌四年八月還曾專門就此事上奏論列。更為重要的是，李德裕並非僅僅流於空洞的議論，而是採取切實可行的措施，儘量減少「中使」監軍對軍務的干擾，史言「德裕乃與樞密使楊欽義、劉行深議，約敕監軍不得預軍政，每兵千人聽監使取十人自衛，有功隨例霑賞。二樞密皆以為然，白上行之。自黠回鶻至澤潞罷兵，皆守此制。自非中書進詔意，更無它詔自中出者。號令既簡，將帥得以施其謀略，故所向有功。」〔註11〕此外，在下發給前線軍事主官的許多詔敕、命令中，李德裕反覆強調將帥要注意「權便」，亦即將帥可以根據形勢變化自行處置，不必先請求朝廷，以免貽誤戰機。例如，在給劉沔的一道詔令中，就要求他「自度便宜，臨機應變，不得過懷疑慮，皆待指揮。朝廷既假以使名，令為諸軍節制，邊境之事，皆以責成，向後或要移營進軍，一切自取機便，不必皆候進止。」〔註12〕在給張仲武的一封命令中，李德裕也要求他「每事與（何）清朝商量，務從權便。應機在速，不更待奏聞。」〔註13〕給將帥以充分的行動自主權，既體現出李德裕駕馭將帥之術的高超，同時也是會昌時期在軍事上能夠取得

〔註10〕 據筆者粗略統計，李德裕在會昌時期所負責起草的詔敕中，至少有 26 份都明確提及「中使」的問題。這些「中使」任務雖不盡相同，但絕大多數為「監軍中使」，同軍事活動有關（其中祇有《文集》卷十二《論救楊嗣復李珏裴夷直三狀》1 例屬於內政，餘者 25 例均與「監軍」有關），具體可表述為三個方面：1. 慰勞、賞賜、安撫軍隊，如《文集》卷六《賜石雄及三軍敕書》、卷十三《論嗢沒斯特勤等狀》、《請賜嗢沒斯槍旗狀》、卷十四《請發河中馬軍五百騎赴振武狀》、卷十五《請賜（張）仲武詔狀》、卷十六《論堯山縣狀》、《請准兵部式依開元二年軍功格置跳蕩及第一第二功狀》；2. 傳達君主旨意、堅定將帥信心，如《文集》卷七《賜王元逵何弘敬詔意》、《賜王宰詔意》、《論昭義軍事宜狀》、《論回鶻事宜狀》、《賜石雄詔意》、卷十三《條疏應接天德討逐回鶻事宜狀》、卷一五《請諸道進軍狀》、《論河陽事宜狀》及《第二狀》、卷十六《李克勤請官軍一千二百人自引路取涉縣斷賊山東三州道路狀》、《魏城入賊路狀》、《巡邊使劉濛狀》、卷十七《論洺州事宜狀》、《太原狀》；3. 審訊降敵、勘查前方軍情，如卷十五《請問薄重榮賊中事宜狀》、《請問生口取賊計策狀》、卷十七《續得高文端賊中事宜狀》等。

〔註11〕 《資治通鑑》卷二四八唐武宗會昌四年（844）八月，第 8009～8010 頁。
〔註12〕 《李德裕文集校箋·文集》卷十四《請賜劉沔詔狀》，第 267 頁。
〔註13〕 《李德裕文集校箋·文集》卷七《賜張仲武詔意》，第 115 頁。

一系列重大勝利的重要原因。〔註14〕

李德裕的軍事建設思想，除上述重視軍事鬥爭能力，確保軍隊控制權這一核心內容外，還包括治軍、供軍、建軍等多個方面，具體概括如下：

（1）賞罰分明，從嚴治軍，以法治軍

中國兵家之鼻祖——孫子曾經明確指出：「將者，智信仁勇嚴也」，杜牧解釋曰：「嚴者，以威刑肅三軍也。」〔註15〕孫子還說：「善用兵者，修道而保法」，賈林注云：「常修用兵之勝道，保賞罰之法度，如此則常為勝，不能則敗，故曰勝敗之政也。」〔註16〕可見，從嚴治軍、以法治軍乃是孫子軍事思想的一項重要內容。綜觀中國軍事史，大凡傑出將帥或軍事家，無不十分重視嚴明軍紀、從嚴治軍。

史實表明，李德裕也是一位強調嚴明軍紀的軍事家。早在擔任西川節度使期間，李德裕就十分注意整飭軍備、嚴格軍紀。在會昌主政時期，更是通過賞功、罰過兩手策略，加強軍隊的紀律建設。李德裕認為，統帥軍隊除了要做到令出必行外，還必須注意嚴格軍紀，對尊令有功者賞，對違紀墮軍者罰。在會昌時期的兩次重大軍事行動中，李德裕均曾多次、反覆強調軍紀問題，在給前線將領的許多詔敕命令中，一無例外地要求他們注意安撫民眾、整頓軍紀。如會昌三年（843）五月發布的一道制書中，李德裕明確要求：「其諸道進軍，並不得焚燒廬舍，發掘丘墓，擒執百姓，以為俘囚。桑田麻苗，皆許本戶為主。罪止元惡，務安生靈。」〔註17〕同年十二月給王宰、石雄等人的密詔中，李德裕明確要求攻擊部隊不能進入潞州，「祗在三數十里內下營，並不驚擾村閭，即當秋毫不犯」，〔註18〕會昌四年（844）四月給王宰的詔令中，要求他「大布誠信，且務綏懷，不得焚其室廬，翦其桑梓……克城之後，不犯秋毫」〔註19〕同年八月給石雄、王宰的詔令中，也要求他們「到彼不令侵擾軍人百姓。如秋毫有犯，便按軍法。」〔註20〕

〔註14〕 如宋人孫甫在評論會昌時期討平澤潞的戰爭時，就明確指出：「此皆獨任其策，不與諸將同謀，大得制御將帥用兵必勝之術。」（【宋】孫甫 撰：《唐史論斷》卷下「李德裕讓太尉」條，上海古籍出版社縮印文淵閣四庫全書《史部十五》，第 685 冊第 695 頁上欄。）

〔註15〕 前揭《孫子十家注》卷一《計篇》，第 7 頁。

〔註16〕 前揭《孫子十家注》卷四《形篇》，第 61 頁。

〔註17〕 《李德裕文集校箋‧文集》卷三《討劉稹制（奉宣撰）》，第 32 頁。

〔註18〕 《李德裕文集校箋‧文集》卷十五《請諸道進軍狀》，第 295 頁。

〔註19〕 《李德裕文集校箋‧文集》卷七《賜王宰詔意》，第 129 頁。

〔註20〕 《李德裕文集校箋‧文集》卷六《賜潞州軍人敕書意》，第 94 頁。

無論是賞功還是罰過，最終目的都是為了提高軍隊戰鬥力，確保軍隊能夠拉得出、打得贏。李德裕除了強調嚴明軍紀、從嚴治軍外，還非常注意利用賞功的手段，激勵軍隊的作戰積極性，在會昌時期所發布的許多詔敕令中，均曾專門提到對一線作戰部隊的獎賞問題。如會昌三年正月，李德裕建議唐武宗懸賞三軍，以便早日取得對回鶻戰爭的勝利，他說：「陛下若欲早見功效，須激勸人心。自古用兵，皆懸賞格，以此誓眾，人必輕生……如兵馬使已下大將取得可汗，便授金吾小將軍及大郡刺史，賞錢一萬貫；如取得宰相，便授兼御史大夫，賞錢五千貫；若是小將軍長行取得，白身授予兼御史中丞，賞並準此。今可汗與宰相只有四人，直依此酬賞，祇用二萬五千貫文，比一月供軍所費五分之一。如此即得義勇知勸，點虜難逃。伏望出自宸衷，早賜明勅處分。」〔註21〕會昌四年正月，對於討伐澤潞諸軍，李德裕也建議「兼許三軍重賞，倘立殊勳，必比諸軍倍加賞賜。」〔註22〕會昌四年六、七月間，李德裕主持修訂了唐玄宗開元二年所制訂的「軍功格」，更是試圖從制度的層面建立對軍隊的獎勵機制。〔註23〕

（2）加強後勤保障，確保軍隊供給

當今世界，後勤保障能力乃是考量一個國家軍事鬥爭能力的一項重要指標，中國古代也早有「兵馬未動，糧草先行」之說，這充分說明軍隊後勤保障工作從來都是軍隊建設的一項重要內容，古今中外概莫能外。史實表明，李德裕對於後勤保障工作在軍事上的重要性，有著直接而深刻的認識，他在會昌年間指揮討平澤潞和驅逐回鶻的戰爭過程中，從始至終都十分關注軍隊後勤保障工作，並採取相應措施強化後勤保障能力。因此，加強後勤保障工作，提升軍事供給能力，也是李德裕軍事思想的一項重要內容。

為了確保作戰部隊的後勤供給，李德裕執政期間不僅從國家財政撥出專款作為戰爭開支，還派出最有力的財臣專職負責軍餉籌措，如供軍使盧商，就是因為理財能力卓越，而被李德裕選中，並終於在討平澤潞的戰爭中表現出不同尋常的軍供才能。〔註24〕戰爭期間由李德裕草擬、頒發給前線軍事主

〔註21〕 《李德裕文集校箋・文集》卷十五《殄滅回鶻事宜狀》，第 273 頁。
〔註22〕 《李德裕文集校箋・文集》卷十七《論劉稹狀》，第 324 頁。
〔註23〕 《李德裕文集校箋・文集》卷十六《請准兵部依開元二年軍功格置跳蕩及第一第二功狀》，第 304～306 頁。
〔註24〕 據《舊唐書》卷一七六《盧商傳》載，盧商乃是一位優秀的理財專家，唐文宗開成年間在蘇州刺史任上表現出卓越的理財能力，會昌三年「朝廷用兵上黨，飛輓越太行者環地六七鎮，以商為戶部侍郎，判度支，兼供軍使，軍用無闕。」（第 4575 頁）

官的一系列詔敕命令，一無例外地將後勤保障工作，特別是糧草供應問題擺在突出地位，如會昌三年（843）二月在命令張仲武出兵的詔書中，就明確告訴他「緣卿師旅眾多，費用尤重，其出界糧料，已令所司依前支給。」〔註25〕會昌五年（845）二月給前線將領的詔書中，也明確要求他們「宜選練師徒，多蓄軍食，使器甲犀利，烽火精明，尺籍伍符，盡無虛數。」〔註26〕會昌四年（844）八月的一份奏狀中，則提及以內庫貨財充當軍需及運輸的有關事宜，並要求召回諸道供奉官，以免妨礙前線的軍事指揮。〔註27〕為確保邊防前線的糧草供應，除了強化轉運使職能、加強軍需轉運工作以外，李德裕還要求在邊防駐地積極開展軍屯、「和糴」，增強邊境軍事儲備，從而有效保證邊軍的生活需要，如在會昌二年（842）八月的一份奏摺中，針對回鶻在雲州一帶的活動情況，李德裕除要求「速令度支差使於河西路，潛為準擬」外，還「望令度支揀幹事有才人充和糴使，及秋收就此和糴，於所在貯蓄。且以和糴為名，兼令與節度使潛計會設備……所冀事先布置，即免臨時勞擾。」〔註28〕

　　既然後勤保障對於戰爭具有如此重要的影響，因此打擊和破壞敵方的後勤保障體系，就成為克敵制勝的一種有效戰術。中國歷史上有許多經典性戰役，如西漢時周亞夫打敗吳楚七國聯軍的滎陽之戰、三國時曹操擊敗袁紹的官渡之戰，都是通過切斷對方糧草供應或摧毀敵方糧草基地的戰法而大獲全勝。〔註29〕史實表明，李德裕在會昌年間的軍事指揮過程中，也特別重視對敵方後勤保障供給進行打擊和破壞，如會昌二年八月給前線軍事主官的「密詔」中，要求他們對回鶻作戰時，除「堅壁清野，不得與戰」外，還要「別選驍將，潛出兵掠其家口輜重」，並明確指出「此最是制勝之術」〔註30〕。再如，討伐澤潞的軍事行動中，王逢所部負責攻擊固鎮寨，固鎮寨「四面懸崖」，易守難攻，如果強行攻擊，必定會造成官軍重大傷亡。不過，固鎮寨沒有水

〔註25〕　《李德裕文集校箋·文集》卷六《賜張仲武詔》，第100頁。

〔註26〕　《李德裕文集校箋·文集》卷六《賜緣邊諸鎮密詔意》，第125頁。

〔註27〕　《李德裕文集校箋·文集》卷十六《天井冀氏行營狀》，第303頁。

〔註28〕　《李德裕文集校箋·文集》卷十四《要條疏邊上事宜狀》，第252～253頁。

〔註29〕　前揭《孫子十家注》卷六《虛實篇》「飽以饑之」條注云：「曹公曰：絕糧道以饑之。李筌曰：焚其積聚，芟其禾苗，絕其糧道。」（第85～86頁）可見，孫子時代的軍事家對於破壞敵方後勤保障的戰略意義，已經有了明確認識，這個戰法為其後歷代兵家所繼承並不斷運用於戰爭中，且每每取得戰略性的軍事勝利。

〔註30〕　《李德裕文集校箋·文集》卷十三《請密詔塞上事宜狀》，第226頁。

源，飲水完全依靠東南一里外的山泉，針對固鎮寨水源供應上的這個特點，李德裕明令王逢，「但逼賊寨三兩日，絕其取水路，賊軍無水可吃，即須拔寨退走，官軍便可進取固鎮。」另外，固鎮東面十五里處的青龍寨，情況與固鎮差不多，吃水也要到寨外運回，因此，李德裕指示王逢可以如法炮製，「絕其取水路即得」。〔註31〕在這個戰術指導下，官軍的這兩次軍事行動，均在有效避免較大傷亡的情況下，取得了勝利。

（3）加強騎兵隊伍建設，提高軍事對抗能力

在傳統戰爭條件下，與步兵相比，騎兵不僅在速度、機動性等方面要優越許多，而且衝擊力、殺傷力也大大強於步兵。綜觀中國古代戰爭史，中原政權在同北方遊牧民族的戰爭中，在一些時候陷入階段性的劣勢，其中一個重要原因就在於中原政權的軍隊以步兵為主，在戰爭中往往很難抵擋少數民族騎兵的衝擊。另一方面，中原政權大凡有能力對北方遊牧民族展開反擊作戰，多數情況下也是在擁有一支足以和他們抗衡的騎兵隊伍之後，如西漢武帝調整國家政策，改變對匈奴實施和親的做法，轉入大規模武力征討，就是在經過漢初七十餘年的休養生息之後，西漢已經建立起一支戰鬥力強大的騎兵部隊。因此，大凡有卓識的政治家、軍事家，在謀劃北方邊防時，無不重視騎兵部隊的建設，史實表明，李德裕也是如此。

李德裕對於騎兵部隊建設十分重視，首先基於他對北方遊牧民族軍隊的構成特點有明確認識。例如他在一份分析回鶻軍事情況的奏章中，就明確指出：「回鶻皆騎兵，長於野戰，若在磧鹵，難與交鋒，雖良將勁卒，無以制勝。」〔註32〕因此，在指揮對回鶻作戰的過程中，李德裕除了要求作戰部隊揚長避短、採取「守城」、「斫營」等相應作戰方略外，還致力於建設一支可以與之對壘的騎兵部隊，這一點可以從會昌時期所發布的一系列詔敕中找到證明。如，在嗢沒斯降唐後，李德裕多次起草詔敕，對嗢沒斯及其部屬進行優待，目的就是為有效籠絡嗢沒斯所部騎兵以為大唐效力，即所謂「取士殊鄰，秦能致霸；得賢異壤，晉實用材。」〔註33〕會昌二年（842）九月，李德裕還曾專門下令在邊境「市馬」以備邊，略云：「朝廷比來所乏，最在戎馬，因此收市，深得事機。宜收壯馬，令入東□，保無散失……如收市得後，旋送樓煩

〔註31〕《李德裕文集校箋·文集》卷十七《續得高文端賊中事宜狀》，第331頁。
〔註32〕《李德裕文集校箋·文集》卷十七《論討襲回鶻事宜狀》，第321頁。
〔註33〕《李德裕文集校箋·文集》卷八《授嗢沒斯檢校工部尚書兼歸義軍使制》，第132頁。

監牧收管。諸道若有欠缺，即量賜與。」〔註34〕會昌三年（843）八月，李思忠（按，即嗢沒斯，歸順後唐其賜姓名）表示願意留在京城時，李德裕遂取消其「歸義軍使」的使職，同時將其所部騎兵分配給諸道團練使統帥，勅旨略云：「況聞諸道軍鎮，皆置馬軍，選擇蕃渾，尤不易得。緣此將健久工騎射，頗出常倫，列於牙騎，足壯戎閫。宜分諸道節度團練使收管，便給本道衣糧，稍加安存，務令得所。」〔註35〕李德裕所以要這樣處置，目有當然是爲了加強騎兵建設。

除此而外，在征回鶻戰爭期間所發布的一系列表狀，如《請契苾通等分領沙陀退渾軍馬共六千人狀》、《李思忠下蕃騎狀》、《河東奏請留沙陀馬軍狀》、《請何清朝等分領李思忠下蕃兵狀》、《請發河中馬軍五百騎赴振武狀》、《請更發山外邀截回鶻狀》、《請發陳許軍馬狀》、《奏晉州刺史李丕狀》〔註36〕等，則涉及到騎兵隊伍的配置、管理、使用等多方面的內容，這從一個方面也進一步側證了李德裕對騎兵建設的重視。

二、立足於己，積極防禦的國防建設思想

重視國防建設，也是李德裕軍事思想的一項重要內容。國不可一日無防，作爲一個具有全局眼光的政治家，李德裕國防建設思想，首先表現爲他能夠從戰略的高度看待邊防問題，例如在論及中原政權防禦周邊少數民族的策略時，李德裕明確指出：「自古禦戎，衹有二道：一是厚加撫慰，二是以力驅除。」〔註37〕縱觀中國歷史，中原政權對付少數民族的方法，也確實只有此二道，從歷史的經驗來看，無論是「厚加撫慰」，還是「以力驅除」，這兩種途徑都不能偏執一端，應該綜合敵我雙方的情況，選擇相應對策。在這個問題上，李德裕的看法頗具辯證色彩，他指出，應對周邊諸族的軍事侵擾，即便決定以武力驅除，也應該首先將對方穩住，從而爲己方贏得準備戰爭的時間，即所謂「將欲取之，必固與之。」〔註38〕如果把這個思想同對處置回鶻的一系列詔敕政令結合起來進行分析，我們就不難看出李德裕國防思想的一個明顯特點，就是採取立足於己、以我爲主的積極防禦政策。所謂立足於

〔註34〕 《李德裕文集校箋‧文集》卷十四《請市蕃馬狀》，第261頁。
〔註35〕 《李德裕文集校箋‧文集》卷七《停歸義軍勅旨》，第126頁。
〔註36〕 以上均見《李德裕文集校箋‧文集》卷十四至卷十六。
〔註37〕 《李德裕文集校箋‧文集》卷十三《請賜回鶻嗢沒斯等物狀》，第227頁。
〔註38〕 《李德裕文集校箋‧文集》卷十三《請賜回鶻嗢沒斯等物狀》，第227頁。

己、以我爲主的積極防禦政策，概括起來就是，建立一支可靠的軍事武力，隨時做好邊境禦敵的準備，在邊疆防衛過程中堅持軍事防禦與軍事鬥爭相結合、防禦隨時可以轉變爲進攻的策略，其特徵是以武力爲基礎，在確保邊防安全的前提下，一旦發現有利戰機，則隨時可以投入戰鬥，以徹底解決邊防隱患。

　　立足於己、積極防禦的國防思想，既是李德裕對他本人政治、軍事活動進行總結而得出的認識，也是對其父李吉甫軍事思想的繼承。〔註39〕自唐文宗太和五年（831）就任西川節度使起，李德裕就開始將這種立足於己，積極防禦的國防思想付諸政治實踐。李德裕在西川節度使任職期間，爲整頓軍備、穩固邊防所採取的這種措施，《資治通鑒》、兩《唐書·李德裕傳》及其他相關史籍均有詳略不一的記載，概括而言，這些措施大致包括以下三個方面：1. **加強軍事整訓，提高軍事戰鬥力**，具體做法是將蜀中土著兵員與招募的北方兵士相結合，使之「轉相訓習，日益精鍊。」〔註40〕2. **改善武器裝備**，鑒於川中所造兵器「徒務華飾不堪用」〔註41〕，轉而從其他地方聘請工匠打造武器裝備，「又請甲人於安定，弓人河中，弩人浙西。繇是蜀之器械皆犀銳。」〔註42〕3. **完善邊防工事等基礎設施的建設，調整此前節度使所採取的消極防守策略**。李德裕就任西川節度使以後，不僅「作籌邊樓，圖蜀地形，南入南詔，西達吐蕃」，加強邊防基礎設施的建設，還「日召老於軍旅、習邊事者，雖走卒蠻夷無所間，訪以山川、城邑、道路險易廣狹遠近，未踰月，皆若身嘗涉歷。」〔註43〕也就是說，爲了盡快掌握蜀中地形、關隘、城邑、道路交通等第一手資料，李德裕不僅向那些熟悉邊防事務的軍中老兵瞭解情況，還向當地的少數民族咨詢，結果不到一個月，李德裕就將巴蜀地區的相關情況摸得一清二楚，就好像親身到過這些地方一樣。基於對蜀中形勢的判斷，李德裕認爲，要有效成功地防範吐蕃和南詔的襲擾，就不能單純依靠填塞關隘道路，因爲那樣做只是一種消極防禦，並不能從根本上解決問題，正

〔註39〕 關於李吉甫的軍事思想，可參前揭拙撰：《試析唐代贊皇李氏之門風——以李栖筠、李吉甫、李德裕政風之比較爲中心》，《揚州大學學報》2005 年第 5 期，第 77～82 頁。

〔註40〕 《資治通鑒》卷二四四唐文宗太和五年（831）八月，第 7878 頁。

〔註41〕 《資治通鑒》卷二四四唐文宗太和五年（831）八月，第 7878 頁。

〔註42〕 《新唐書》卷一八〇《李德裕傳》，第 5332 頁。

〔註43〕 《資治通鑒》卷二四四唐文宗太和四年（830）十月，第 7872 頁。

確的做法應該是牢固控制戰略要地、構築堅固防禦工事，同時充實戰略據點的防守兵力。〔註44〕

作爲唐武宗會昌時期的實際執政者，李德裕在指揮對回鶻戰爭的過程中，再一次展示了他積極防禦的國防思想。當回鶻初入北境，形勢尚不明朗，李德裕一方面嚴令邊將不得主動出擊，同時派出使節以安撫回鶻爲名，對其詳情進行觀察，一方面積極部署邊境防衛，要求邊將做好戰爭準備。例如，會昌元年（841）八月接到田牟請求反擊回鶻的奏章後，李德裕立即上書唐武宗，請求「具詔太原、振武，排比騎兵於邊上，嚴防侵軼，待犯國家城鎮，然（後）以武力驅除。」〔註45〕李德裕進而指出，眼下最重要的任務是做好戰爭準備，只要唐朝邊境守軍的準備工作做得充分，武力驅除回鶻並非難事，即「伏以回鶻在邊，切須有備，邊備既壯，制置不難。」〔註46〕由此可見，李德裕在處理邊防問題時的著眼點，乃是以我爲主，只要我們自己準備充分，就足以應對邊境上任何突發性事件。

在這次對回鶻戰爭的初始階段，李德裕又是如何具體部署對回鶻的備禦之策呢？徵諸史籍所載，李德裕此次備禦回鶻的具體措施，主要就是以三受降城爲核心，迅速修復北方邊防體系，並立即向關鍵性戰略要地增兵，同時強化各戰略據點之間的交通聯絡、信息傳遞工作。會昌二年（842）二月、四月間，李德裕接連發出兩道命令，要求加強北方緣邊地區的戰略防禦工

〔註44〕 據《資治通鑑》卷二四四唐文宗太和四年（830）十月載：「上命德裕脩塞清溪關以斷南詔入寇之路，或無土，則以石壘之。德裕上言：『通蠻細路至多，不可塞，惟重兵鎮守，可保無虞；但黎、雅以來得萬人，成都得二萬人，精加訓練，則蠻不敢動矣。邊兵又不宜多，須力可臨制……恐議者又聞一夫當關之說，以爲清溪可塞。臣訪之蜀中老將，清溪之旁，大路有三，自餘小徑無數，皆東蠻臨時爲之開通，若言可塞，則是欺罔朝廷。要須大度水北更築一城，迤邐接黎州，以大兵守之方可。況聞南詔以所掠蜀人二千及金帛賂遺吐蕃，若使二虜知蜀虛實，連兵入寇，誠可深憂……』朝廷皆從其請。德裕乃練士卒，葺堡郭，積糧儲以備邊，蜀人粗安。」（第 7872～7873 頁）按，此處引文所說之清溪關，爲蜀中地區南連南詔、西通吐蕃的重要關隘，據正文所引「日召老於軍旅、習邊事者，雖走卒蠻夷無所閒」句後胡三省注云：「蜀自清溪關則南入南詔，踰西山則西達吐蕃。」唐文宗之所以聽從他人建議，命令李德裕堵塞清溪關以絕南詔入侵路道，原因即在清溪關處於控扼南詔、吐蕃入侵孔道的特殊地理位置。

〔註45〕 《李德裕文集校箋·文集》卷十三《論田牟請許党項仇復回鶻嗢沒斯部落事狀》，第 224 頁。

〔註46〕 《李德裕文集校箋·文集》卷十三《條疏太原以北邊備事宜狀》，第 234 頁。

作，具體包括如下內容：1. **增兵把頭峰**：「雲州之北，並是散地，備禦之要，係把頭峰」，把頭峰在北方防線中具有核心戰略性地位，此前符澈雖然已經將其修復，但並未同時向把頭峰增添兵力，李德裕認為這仍然「事同虛設，恐不應機」。基於此，李德裕明確要求，巡邊使立即與前線軍事主官符澈商量，迅速從太原城及其他閒處抽調兵力，向把頭峰增援。2. **修復並增兵中受降城**：三受降城之間相距四百里，自設置天德、振武二節度使後，中、東受降城均兵力寡薄，且城防殘破不堪，一旦回鶻從陰山中部南下，天德、振武立即面臨被分割的險境，有鑑於此，李德裕要求，立即從太原、振武軍兩地抽調兵力，對中受降城加以修復，所抽調之兵力同時就地駐防。3. **修復東受降城舊城，確保新城之戰略安全**：東受降城原為武周時張仁願所築，已經荒廢多年，唐文宗時期在其附近新修一城，即新東受降城。新城的最大問題是城內沒有獨立水源，飲水依靠城外的河水，因此一旦被敵人包圍，「即須困蹙」。有鑑於此，李德裕要求立即修復張仁願所築之舊城，從而對新城形成保護。〔註47〕4. **徵調外地弩手，充實防禦力量**：為了對抗回鶻騎兵的衝鋒，李德裕還下令從浙西、宣州等地緊急抽調「勁弩」，把守關隘、叢林等「要處」。〔註48〕

　　李德裕國防建設的思想內容豐富，遠不止以上所述幾點。李德裕不僅能夠從戰略的高度去認識國防建設的重要性，而且能夠採取切實可行的具體措施來改進國防建設工作，提高國防能力。例如，李德裕能夠根據不同地區在地理形勢、氣候條件等方面的變化，在確保軍隊控制權的前提下，盡可能地促進軍隊的「鄉土化」，以適應當地作戰的需要。如會昌時期在征討回鶻戰爭和部署北邊防務時，李德裕就充分考慮到北方諸族以騎兵為主的軍事特點，作為應對之策，他在加強騎兵隊伍建設的同時，非常注意籠絡退渾（按，即吐谷渾，音譯不同之故，因為《李德裕文集》中凡提到此民族，均言「退渾」，故本文亦用此譯詞。）、沙陀、党項等少數民族，利用他們的騎兵為北部邊防效力。〔註49〕

〔註47〕《李德裕文集校箋‧文集》卷十三《條疏太原以北邊備事宜狀》，第233～234頁。
〔註48〕《李德裕文集校箋‧文集》卷十三《條疏應接天德討逐回鶻事宜狀》，第236頁。
〔註49〕《李德裕文集校箋‧文集》卷十四《請契苾通等分領沙陀退渾馬軍共六千人狀》、《河東奏請留沙陀馬軍狀》兩份奏狀，主要內容都是就如何分配使用沙陀騎兵所進行的部署。

促進軍隊「鄉土化」，以適應本土作戰需要，作為李德裕國防思想的一個
突出特點，集中體現在他擔任劍南西川節度期間，為提升轄區軍事力量所採
取的種種舉措。唐文宗太和四年（830）十月，李德裕由滑州刺史、義成節度
使改任檢校兵部尚書、兼成都尹，充劍南西川節度使。〔註 50〕其時，劍南西
川地區剛剛經歷南詔侵襲，民心不穩、軍無鬥志，因此，李德裕到西川之後
的當務之急，乃是盡快穩定轄區的軍心民心，特別是迅速恢復軍隊的士氣和
戰鬥力。然而，「蜀兵脆弱，新為蠻寇所困，皆破膽，不堪征戍」，李德裕面
臨兩難的決擇：若軍隊盡用蜀人為兵，則軍心士氣很難振作；如果全部用「北
兵」，則難免重蹈前任刺史杜元穎的覆轍，因為無力駕馭「北兵」而導致「蜀
中不保」局面的再次重演。〔註 51〕

為緩解並最終解決川西地區長期受制於南詔、吐蕃寇擾的局面，李德裕
到任以後，著意於提高川西地區的軍事對抗能力。為此，他主要採取了如下
五個方面的措施，以加強川西武裝力量的建設：

其一，整軍練兵，具體包括精簡兵員、徵募壯勇、混合編練等內容

李德裕到西川上任之後，鑒於轄區軍心消沉，軍隊戰鬥力下降的現實，
立即著手對軍隊進行整訓。首先對所轄軍隊進行了精簡，淘汰蜀兵之羸疾老
弱者，重新召募少年體壯者入伍；然後，又到外地召募一批「北兵」；再將新
募蜀兵與「北兵」混合編隊，讓彼此之間「轉相習訓，日益精鍊。」〔註 52〕
這樣一來，不僅顯著提升川西本土軍隊的戰鬥力，同時也可有效制約「北兵」，
從而有利於川西節度使對軍事力量的掌控。

其二，改善武器裝備，提高軍糧轉運能力

「工欲善其事，必先利其器」，針對川西地區武器製作技術相對落後的
事實，李德裕到劍南西川上任以後，積極從外地引進工匠，以改進本地武器
製作的工藝水平，史言「又請甲人於安定，弓人河中，弩人浙西。繇是蜀之
器械皆犀銳。」〔註 53〕武器裝備改善，自然有助於戰鬥力的提高。巴蜀境內
多山，城堡鎮戍據點的軍糧供應頗屬不易，以前運往黎、巂等州的軍糧，多
從嘉、眉二州起運，要途經陽山江，才能到達大渡河地區，另外由於起運時

〔註 50〕 《舊唐書》卷一七下《文宗紀下》，第 539 頁。
〔註 51〕 《資治通鑒》卷二四四唐文宗太和四年（830）十月，第 7872～7873 頁。
〔註 52〕 《資治通鑒》卷二四四唐文宗太和五年（831）八月，第 7878 頁。
〔註 53〕 《新唐書》卷一八〇《李德裕傳》，第 5332 頁。

間的關係，多數是盛夏時節才能到達，由此經常造成差役人夫中暑死亡。李德裕到任後，改為從邛、雅二州轉運糧食，且從十月起運，如此一來，運夫差役就不再遭受盛夏之苦從而避免無謂死亡，同時也提高了軍糧轉運的效率。〔註54〕

其三，創新徵兵、練兵方式，農戰結合，寓兵於農

李德裕在主政四川期間，借鑒歷史經驗，並結合當地實際情況，創造性地推行農戰結合，寓兵於農的徵兵、練兵方式，他規定：轄區內的民戶每二百戶出一人，「使習戰，貸勿事，緩則農，急則戰，謂之『雄邊子弟』。其精兵曰南燕保義、保惠、兩河慕義、左右連弩；騎士曰飛星、鷙擊、奇鋒、流電、霆聲、突騎。總十一軍。」〔註55〕由這些「雄邊子弟」所組成的「南燕保義、保惠」等十一軍精兵，平時主要訓練作戰能力，只有在形勢極度緩和的情況下，才偶而參加農事活動，因此，他們和後世所謂的職業兵、雇傭兵有某些相似之處，其戰鬥力大為提高，自是不難想像。

其四，修治關隘，提高軍事防衛能力

巴蜀自古稱為天險，境內頗多「一夫當關，萬夫莫開」之險要關隘，這些易守難攻之關隘，乃是一把雙刃劍，一方面可以為我所用，我方據關守險就可以用少量兵力，扼制敵方的強大攻勢，從而以相對較低之軍事成本獲得較高之戰鬥效率；反過來也一樣，一旦這些關隘落入敵手，則我方也將受害匪淺。李德裕到蜀中上任後，首先在境內一些重要交通孔道上修治城堡，或是恢復已經荒廢的原有關隘，牢牢控制住戰略交通線，如「築杖義城，以制大度、青溪關之阻；作禦侮城，以控榮經掎角勢；作柔遠城，以阨西山吐蕃；復邛崍關，徙巂州治臺登，以奪蠻險。」〔註56〕杖義城、禦侮城、柔遠城為新修的三個城堡，邛崍關則係恢復舊有設置，為此還特別將巂州治所遷徙至臺登縣。經過一番整治以後，吐蕃、南詔襲擾西川的主要通道，就基本被唐軍所控制，劍南西川地區的安全形勢得到顯著改善。

〔註54〕 《新唐書》卷一八〇《李德裕傳》：「舊制，歲杪運內粟贍黎、巂州，起嘉、眉，道陽山江，而達大度，乃分餉諸戍。常以盛夏至，地苦瘴毒，輦夫多死。德裕命轉邛、雅粟，以十月為漕始，先夏而至，以佐陽山之運，饋者不涉炎月，遠民乃安。」（第5332頁）
〔註55〕 《新唐書》卷一八〇《李德裕傳》，第5332頁。
〔註56〕 《新唐書》卷一八〇《李德裕傳》，第5332頁。

其五，加強情報工作，收集敵方軍事信息

孫子曰：知己知彼，百戰百勝。料敵於先機的前提條件，就是充分掌握敵我雙方的情況。史實表明，李德裕就任劍南西川節度使以後，在這方面也採取了一些措施。據《新唐書·李德裕傳》載，李德裕到任以後，即創建了「籌邊樓」，作爲收集和整理相關軍事信息的專用處所，在籌邊樓的左側牆壁上，詳細圖畫出川西向南通往南詔的山川河流、道路津要，以及南詔入侵川西的線路；籌邊樓的右側牆壁上，則詳細圖畫西川向西通往吐蕃道路的相關情況；尤其難得的是，在這左右兩壁的畫圖中，對於沿途諸少數民族部落的位置、人口數量，以及通往各鎮戍運糧通道的里程等信息，也都予以詳細標注。〔註 57〕因此，籌邊樓牆壁上的畫圖，實際上就相當於「劍南西川防禦南詔、吐蕃軍事形勢圖」──可謂一幅具有專業水平的軍用地圖。有了這份軍事地圖，對於邊境上的突發性事件，李德裕就可以準確、快速地做出判斷，並據之在最短時間裏制訂相應對策。

除了創建籌邊樓，詳細勾畫出敵我雙方態勢圖之外，李德裕還不辭辛苦下到基層，進行實地考察，以獲取邊境相關情況的第一手資料。據諸史載，李德裕不僅親自向那些習於邊事的老兵和土著居民進行訪察，還和他們共同商議探討應對之策，從而詳盡全面地掌握了邊境敵情。〔註 58〕

經過李德裕的精心謀劃和辛苦工作，劍南西川節度使轄區不僅軍事力量明顯增強，對吐蕃、南詔的作戰能力顯著提升，而且轄區的社會治安形勢也發生根本性的變化，人民獲得了較爲安定祥和的生活環境，史言「德裕所歷征鎮，以政績聞。其在蜀也，西拒吐蕃，南平蠻蜑。數年之內，夜犬不驚，瘡痍之民，粗以完復。」〔註 59〕

綜合以上所論，包括改善軍隊構成、加強軍事儲備、建設關防要塞、加強各關隘間的交通聯絡與信息溝通、構築完善的軍事防禦體系、加強情報工作、收集敵方軍事信息等內容，較爲完整地構成了李德裕國防建設思想的理論體系。

〔註 57〕 《新唐書》卷一八〇《李德裕傳》：「乃建籌邊樓，按南道山川險要與蠻相入者圖之左，西道與吐蕃接者圖之右。其部落眾寡，饋餫遠邇，曲折咸具。」（第5331 頁）

〔註 58〕 《新唐書》卷一八〇《李德裕傳》：「乃召習邊事者與之指畫商訂，凡虜之情僞盡知之。」（第 5331 頁）

〔註 59〕 《舊唐書》卷一七四《李德裕傳》，第 4519 頁。

三、政治攻勢與軍事鬥爭相結合的思想

武聖孫子曾說：「上兵伐謀」，意思就是說，不使用軍事鬥爭的手段而實現戰爭的目標，乃是最高明的軍事謀略。「上兵伐謀」的軍事思想，標誌著中國古代的軍事家已經開始從政治角度去思考戰爭了，幾乎已接近於現代人「戰爭是政治的延續」這一認知水平。李德裕對於戰爭的認識，儘管還沒有達到現代人的認識高度，但他對「上兵伐謀」的軍事思想，卻領悟得十分透徹。因此，李德裕在指揮戰爭的過程中，始終堅持政治、軍事雙管齊下，在強調軍事鬥爭的同時，也十分注意政治手段的運用，力圖以「伐謀」的方式贏得戰爭的勝利。因此，在戰爭中充分重視政治手段的運用，把政治攻勢與軍事鬥爭緊密結合起來，也是李德裕軍事思想的重要內容和突出特點之一。以下即從兩個方面，對此略加闡釋。

其一，堅持軍事鬥爭與政治綏撫相結合、政治手段優先於軍事鬥爭的軍事方針

李德裕對於軍事鬥爭一向十分重視，但他並非武力至上主義者，對於那些能夠以和平方式解決的問題，則儘量避免使用武裝鬥爭的方式，只有在萬不得已的情況下，才會使用武力。徵諸史實，在解決幽州兵變、討伐澤潞及對回鶻戰爭的過程中，都十分明顯地體現出李德裕堅持政治手段優先於軍事鬥爭的策略主張。例如，會昌元年（841）幽州發生兵變，作為當時的實際執政者，李德裕在積極準備軍事鬥爭的同時，特別加強了對幽州的政治綏撫工作，希望通過非武力的方式解決問題，如在寫給劉約的書信中，李德裕誠懇地希望劉約「審更籌度，早施方略，必不可費國家財力，致他日興師。」〔註60〕會昌三年（843），澤潞事件發生初期，李德裕同樣希望通過和平談判的方式加以解決，為此他或以朝廷執政的名義，或代前線將帥主筆，接連致信澤潞鎮的領導人，殷勤勸導他們早日歸降，例如在以石雄的名義寫給劉稹的書信中，李德裕明確告訴他說：「今聖上方示大信，以安危疑，倘能自新，必捨罪釁……兵馬使若不早決大計，束身歸降，更欲遷延，即無所及。」〔註61〕

不僅在對內戰爭中如此，在處置對回鶻戰爭時，李德裕同樣主張政治手段優先於軍事鬥爭。如會昌二年（842）四月，李德裕就處置回鶻的問題，給

〔註60〕 《李德裕文集校箋・文集》卷九《宰相與劉約書》，第 162 頁。
〔註61〕 《李德裕文集校箋・文集》卷九《代石雄與劉稹書》，第 158 頁。

唐武宗上了一道奏章，要求前線軍事負責人田牟對回鶻應該先行招降，他明確指出：「回鶻既乏糧食，又累年勞苦，人心易動，必可招降。望且遣田牟速招，降者許以優賞。」〔註62〕同年八月，在論回鶻事宜的奏章中，李德裕再次強調指出：「縱要驅除，祗可出於邊將，常令曲在於彼，未要便與交鋒。望更詔劉沔，令遣使邀約，若事非獲己，驅逐不遲。」〔註63〕以上均可證，李德裕始終堅持政治優於軍事的主張，即使準備運用武力解決問題，也首先要「常令曲在於彼」，也就是說，首先要讓敵方處於理虧的狀態，從而爲己方獲得政治輿論上的有利地位。

其二，高度重視政治工作的重要性，充分發揮政治工作對軍事鬥爭的輔助作用

李德裕對於加強軍隊建設、提高軍事鬥爭能力的工作始終非常重視，並認爲這是維護君主權威、保證國家治安的基礎，由此可見李德裕對於軍事鬥爭的重要性和必要性都十分重視。我們這裏所要強調指出的是，李德裕並非片面強調軍事鬥爭重要性的黷武主義者，對於政治工作的重要性，他向來也予以高度重視。

李德裕重視政治工作對軍事鬥爭的輔助作用，在軍事鬥爭的過程中，經常提醒領兵將帥加以靈活運用。例如，在指揮討伐澤潞及對回鶻的戰爭中，李德裕不僅要求將帥奮勇作戰，還提醒他們要充分運用攻心戰術，對敵進行政治策反，爭取達到「不戰而屈人之兵」的效果。如，在朝廷賜予王宰的詔書中，李德裕明確要求他「申以恩威」，不能一味依靠軍事立「威」，必須同時施之以「恩」，要注意綏撫民眾，其辭略云：「卿頃莅澤州，頗彰惠政。彼之黎庶，自合有情；申以恩威，正在今日。卿宜大布誠信，且務綏懷，不得焚其廬室，翦其桑梓。」〔註64〕再如，會昌三年（843）五月發布的《討劉稹制》，明確宣佈：「其昭義軍舊將士及百姓等，如保初心，並赦而不問。昭義軍舊大將等，如能捨逆效順，以州郡兵眾歸降者，必厚加封賞。如能擒送劉稹者，別授土地，以報勳庸。其村鄉百姓，如所在團結歸順者，亦加爵賞……如能感喻劉稹束身歸朝，必當待之如初，特與洗雪；爾等舊校，亦並甄酬。」

〔註62〕 《李德裕文集校箋·文集》卷十三《條疏應接天德討逐回鶻事宜狀》，第237頁。

〔註63〕 《李德裕文集校箋·文集》卷十四《論回鶻事宜狀》，第246頁。

〔註64〕 《李德裕文集校箋·文集》卷七《賜王宰詔意》，第129頁。

〔註 65〕通過這種「攻心」戰法,不僅有助於分化瓦解敵人目標的實現,還可節約戰爭成本,加速戰爭勝利的進程。縱觀討伐澤潞和平定回鶻的戰爭全程,李德裕始終把「攻心」戰法擺在重要位置,對於主動歸順朝廷者,全部加以優待,如對於主動歸順的回鶻嗢沒斯部及澤潞降將,朝廷不僅給予官爵,還多次下敕予以表彰,這樣做不僅可以招徠更多降人,對於動搖瓦解敵方的軍心、士氣都有不可低估的作用。

　　眾所週知,心理戰在現代戰爭中特別受重視,輿論宣傳乃是進行心理戰的主要手段,近代以來的許多經典戰例證明,通過加強輿論宣傳對敵實施強大政治攻勢,不僅能夠大大減少己方的傷亡、節省軍費開支,更可以有效摧毀敵方戰鬥意志,加速其崩潰,從而實現「不戰而屈人之兵」的戰略目的。李德裕在指揮對澤潞及回鶻的戰爭中,也非常善於運用心理戰法,真正做到了「上兵伐謀」。在此期間他或以前方將帥的名義,或以執政者的身份,給敵方發出多封書信,通過這些書信對敵展開強大政治攻勢。在這些書信中,李德裕既有動之以情的誠摯勸導,也有曉之以理的嚴正告誡;既有對敵我雙方軍情的對比分析,也有對官方軍事實力的正面展示,如《代石雄與劉稹書》中,李德裕先是向劉稹說明朝廷的寬大政策,督勸其能夠迅速自新改過、歸順朝廷,接著又指出澤潞內部存在的矛盾,最後嚴正告誡劉稹,云:「弓勁馬豪,視險如砥,糧儲豐足,器甲精堅。並是諸道強兵,近方抽到,士皆宿飽,人百斗心。大兵一交,立見焦爛。」〔註 66〕其他一些書信,如《代(何)弘敬與澤潞軍將書》、《代(李)彥佐與澤潞三軍書》〔註 67〕、《代李石與劉稹書》、《代盧鈞與昭義大將書》、《代李丕與郭誼書》〔註 68〕等,都是通過正反兩方面的事例或訓喻,向敵方說明歸降朝廷與頑抗到底的兩種不同後果,無一不體現出李德裕「上兵伐謀」的用兵思想,沉重打擊了澤潞叛軍軍心士氣的同時,也爲後來的軍事討伐創造了良好的政治氛圍。

四、外交活動與軍事鬥爭相結合的思想

　　孫子曰:「不戰而屈人之兵,善之善者也。故上兵伐謀,其次伐交,其下

〔註 65〕　《李德裕文集校箋·文集》卷三《討劉稹制》,第 31～32 頁。
〔註 66〕　《李德裕文集校箋·文集》卷九《代石雄與劉稹書》,第 158 頁。
〔註 67〕　《李德裕文集校箋·文集》卷八,第 147～150 頁。
〔註 68〕　《李德裕文集校箋·文集》卷九,第 152～157 頁。

攻城。」〔註69〕可見「伐交」在軍事戰爭中同樣具有戰略性意義，高明的軍事家可以運用「伐交」的方式去贏得戰爭的勝利。李德裕也是一個「伐交」高手，在會昌時期的一系列軍事活動中，他非常嫻熟地運用了「伐交」策略，並取得突出成效，有力地配合了戰場上的正面交鋒。

早在擔任劍南西川節度使期間，李德裕就將「伐交」的謀略運用到軍事活動中。李德裕主政劍南西川期間，爲了加強川西地區對吐蕃的軍事防禦和作戰能力，他除了採取措施加強軍隊建設、提高軍事鬥爭能力外，還主動改善與南詔的關係，進而與南詔建立軍事同盟，破壞南詔和吐蕃之間的結盟，從外交上孤立了吐蕃。此後，直到唐朝滅亡，吐蕃在西川地區基本沒有形成威脅，和李德裕在西川時期「伐交」所造成之唐——南詔——吐蕃之間相互制衡的機制，就頗有關係。

在討伐澤潞及平定回鶻的戰爭中，李德裕再一次成功地運用了「伐交」策略，並且取得非常明顯的效果。澤潞事件初起時，李德裕一方面調兵遣將，積極準備軍事討伐，一方面加強對河北三鎮的勸諭綏撫，使得三鎮明確表示順服於中央，從而成功地孤立了澤潞鎮。會昌時期平定澤潞的戰爭，之所以最後能夠贏得戰爭的勝利，與河北三鎮「不敢有異志」〔註70〕，就大有關係。

最能體現李德裕「伐交」謀略的軍事行動，還是會昌時期由他所主持的平定回鶻之役。在平定回鶻戰爭初期，鑒於當時對回鶻的動向並不是十分清楚，李德裕一方面從軍事上積極備戰，一方面連續派出使節，對回鶻進行「安撫」、「曉諭」。李德裕如此措置，既是爲軍事鬥爭贏得更多準備時間，同時也可以通過使節更多地探知回鶻的內情。會昌二年（842），李德裕起草了多封賜回鶻可汗及宰相的外交書信，這些外交書信包含著十分豐富的信息，諸如李德裕對唐朝和回鶻外交關係的分析，李德裕對唐朝與黠戛斯、党項、室韋、退渾等部族關係的說明，李德裕對唐朝外交政策的總括性闡述，李德裕通過外交途徑來解決回鶻「擾邊」問題的政治意圖，等等。〔註71〕

〔註69〕 前揭《孫子十家注》卷三《謀攻篇》，第35～38頁。
〔註70〕 《資治通鑒》卷二四八唐武宗會昌四年（844）八月，第8010頁。
〔註71〕 詳參《李德裕文集校箋・文集》卷五《論回鶻可汗書》、《賜回鶻書意》、《論回鶻可汗書意》、《賜回鶻可汗書並公主及九姓宰相詔書》、《賜太和公主敕書》、《賜背叛回鶻敕書》、《賜回鶻嗢沒斯特勤等詔書》、《賜回鶻嗢沒斯等詔》，第62～76頁。

在武力征討回鶻的政治決策確定以後，李德裕依然採取兩手準備的應對方略，一方面繼續積極備戰，為即將展開的軍事行動做好充分準備，一方面展開更大規模的外交攻勢，加強對黠戛斯、室韋、党項等部落的聯繫，其中對黠戛斯的溝通籠絡，成為當時唐朝外交工作的重點。會昌三年至五年（843～845），李德裕先後撰寫了《與紇扢斯可汗書》、《與黠戛斯可汗書》、《賜黠戛斯書》等，〔註72〕對黠戛斯進行籠絡。在這批外交文書中，李德裕對唐朝和黠戛斯結盟的政治目的，進行了詳細申述，具體內容包括：1. 李德裕認為，在決定軍事討伐回鶻之前，必須先搞好與黠戛斯的外交關係，進而與之建立軍事同盟，共同對付回鶻；2. 李德裕認為，唐朝與黠戛斯結成軍事同盟，就可以借黠戛斯的軍事力量消滅回鶻殘部，從而避免唐軍勞師遠征；3. 李德裕認為，利用與黠戛斯在西北的同盟關係，可以有效扼制防範吐蕃可能發動的侵襲。

史實表明，唐朝與黠戛斯之間的結盟，在征討回鶻的戰爭中發揮了重大作用，黠戛斯出兵攻擊回鶻，不僅加速了回鶻殘部的滅亡，節約了唐朝的戰爭開支，也使得唐朝西北邊防進一步穩固。另外，唐朝西北邊境在戰爭期間始終沒有遭到吐蕃的襲擾，除了吐蕃內訌、實力衰弱等因素外，唐朝與黠戛斯結盟及其對吐蕃的牽制，也是其中一個重要原因。

五、機動靈活，方法多變的戰術思想

李德裕從來都沒有揮戈上陣，甚至沒有親臨前線戰場，但是他在會昌時期的兩次重要軍事鬥爭中，均表現出卓越的軍事才能，他不僅能夠從戰略的層面運籌帷幄、謀劃全局，還能夠對前線的軍事鬥爭進行具體的戰術指揮，可以說，李德裕不僅是一位具有戰略眼光、能夠廟算決勝的謀略家，還是一位具有良好戰術素養和卓越指揮能力的戰術家。即使撇開戰略不談，單從戰術角度來看，李德裕依然稱得上是一位傑出的軍事家。對於李德裕的戰術思想，竊意可用機動靈活、隨機應變這兩個詞加以概括。以下試從兩個方面略作分析：

其一，對天時、地利、人和等影響戰爭的客觀因素認識充分，能夠根據三者情況變化，做出相應的戰術安排

「天時不如地利，地利不如人和」，大凡領兵作戰的將領，莫不要對這三

〔註72〕《李德裕文集校箋・文集》卷六，第 79～92 頁。

者進行綜合考慮之後，才能夠作出相應的軍事部署。李德裕在指揮對澤潞及回鶻的戰爭中，對於天時、地利、人和這三個要素，始終予以高度關注，並及時根據所發生的變化對戰術進行調整。

李德裕十分關注戰爭中的「天時」因素，要求前線將領選擇恰當時機展開軍事行動。作為一個草原民族，回鶻以騎兵為主要軍事力量，對於草原民族來說，春天往往是他們最難熬的季節，因為他們在這個季節裏直接面臨人缺糧食、馬缺草料的窘境。基於回鶻以騎兵為主要作戰手段的這個軍事特點，因此李德裕在指揮作戰的過程中，就特別注意選擇有利的「天時」條件。會昌二年（842）八月，李德裕給劉沔下達命令，要求他「待至來春回鶻人馬羸困之時，計會驅逐，則漢兵免冒寒苦，易為施力……若慮冰合後回鶻更有馳突，事當及早驅逐，即須速為計會。至十月已後，寒凍轉甚，恐施力不得，須決在三五日內方及事機。」〔註73〕會昌二年五月下達給前線將帥的命令中，除要求劉沔、張仲武等軍協同作戰、加強配合外，還要求他們「須及塞草未青，虜馬羸弱，便令蕃軍掩襲，必見成功。」〔註74〕會昌三年（843）年七月，李德裕在他所擬的一道勅旨中明確要求：「成德軍、魏博皆出兵甲，俯臨賊境，秋氣已至，攻取是時。」〔註75〕這些都是要求前方軍事主官要注意利用「天時」，選擇有利於我不利於敵的時機展開軍事行動，從而在有效避免唐軍無謂傷亡的同時，獲得戰爭的勝利。

李德裕不僅高度重視戰爭中的「天時」因素，對於「地利」更加重視，他在多篇文章中反覆指出：「兵家之法，地有必爭」〔註76〕、「用兵之難，在於過險，既收要害，便合成功。」〔註77〕由此可見，李德裕對「地利」因素在戰爭中的重要性，實有充分認識。驗諸史實，在對澤潞及回鶻戰爭期間，在發給前線將帥的命令中，幾乎每一份都談到了「地利」的問題，特別要求前線將帥加強對戰略要地的爭奪。例如，會昌三年（843）唐朝宣佈設置孟州，主要就是出於「地有必爭」的角度加以考慮，略云：「蓋以河有造舟之危，山有摧輪之險。左右機軸，表裏金湯；既當形勝之地，實為要害之郡。令所制置，豈限常規？積萬庾於敖前，尤資地利；列二矛於河上，須壯軍聲。」

〔註73〕 《李德裕文集校箋・文集》卷十四《驅逐回鶻事宜狀》，第 254 頁。

〔註74〕 《李德裕文集校箋・文集》卷十五《討襲回鶻事宜狀》，第 276 頁。

〔註75〕 《李德裕文集校箋・文集》卷七《李回宣慰三道救旨》，第 128 頁。

〔註76〕 《李德裕文集校箋・文集》卷四《贈故蕃維州城副使悉怛謀制》，第 52 頁。

〔註77〕 《李德裕文集校箋・文集》卷七《贈王宰詔意》，第 117 頁。

〔註78〕聯繫當時討伐澤潞的戰爭，並結合孟州地理位置進行綜合判斷，可知孟州之設置，並不僅僅是爲了拱衛東都、增強中央對河南地區的控制，還在於孟州可以居中協調討伐澤潞諸軍的行動，並爲增援前線的兵馬提供戰略基地。〔註79〕

再如，會昌三年（843）九月，李德裕在所擬的一份奏狀中明確指出：「冀氏去潞州最近，才二百里已下，於此進兵，最當要害。翼城亦是大路，須備賊奔衝。」〔註80〕會昌四年（844）二月，給石雄的命令中，指出：「晉絳密邇王畿，地當襟帶。自卿與將士等扼其險要，勇冠諸軍，捍彼奔衝，爲吾砥柱。」〔註81〕同年三月任命李丕的制書中，則提到了「玉璧重地，河汾要津」；〔註82〕五月的一份奏狀，則言及魏城，「訪聞魏城絕當要害，向南十二里至狗脊嶺，雖有小山，並無險阻。」〔註83〕《條疏太原以北邊備事宜狀》、《條疏應接天德討逐回鶻事宜狀》〔註84〕、《論振武以北事宜狀》、《要條疏邊上事宜

〔註78〕《李德裕文集校箋・文集》卷七《置孟州敕旨》，第127頁。
〔註79〕按，「孟州」即河陽，戰略位置十分重要。據《中國歷史圖集》第五冊第44～45頁「都畿道・河南道」所示，其中並無「孟州」，而只有「河陽」，這是因爲此圖係唐玄宗開元二十九年（741）的疆域示意圖，而孟州設置於唐武宗會昌三年（843），故本圖對於「孟州」並無標示。設置孟州的目的，在《李德裕文集校箋・文集》卷一五《論河陽事宜狀》、《第二狀》中有明確表述，略云：「緣河陽奏事高官從眞到，稱十八日陳後遍山遍谷，盡是賊軍。（王）茂元兵力寡少，頗似危急，若賊勢更甚，便要退守懷州，非惟損挫威聲，必恐驚動東洛。皆由魏博未有戰陳，（李）彥佐又隔深山，所以並力南攻，不得不慮。自元和以來，賊中用眾，皆取軍寨弱處，即並兵用力；一處不敵後，即移向他處。計王宰排比，已有次第，倘遣全軍便發，救援河陽，不止捍蔽洛京，足以臨制魏博。」（第286頁）「訪聞河陽兵力已竭，弓矢皆盡，地邇東洛，實係安危，向外人情，無不憂恐。」（第287頁）由此可見，會昌三年設置孟州的動機，首先是爲了加強這一地區的軍事防禦能力，蓋因此地已成爲澤潞方面的軍事主攻方向，河陽一旦失守，則東都洛陽所在的都畿地區全面受到威脅，討伐澤潞的戰爭必將陷入被動局面。相反，如果官軍牢牢控制河陽，則「不止捍弊洛京，足以臨制魏博」，就佔據了「地利」上的有利位置。這應當就是當時將「河陽」升格爲「孟州」的原因所在。
〔註80〕《李德裕文集校箋・文集》卷十五《論石雄請添兵狀》，第292頁。
〔註81〕《李德裕文集校箋・文集》卷四《賜石雄及三軍敕書》，第92頁。
〔註82〕《李德裕文集校箋・文集》卷四《授李丕晉州刺史充冀氏行營攻討副使制》，第61頁。
〔註83〕《李德裕文集校箋・文集》卷十五《魏城入賊路狀》，第302頁。
〔註84〕《李德裕文集校箋・文集》卷十三，第233～237頁。

狀》〔註 85〕等，則是爲防禦、征討回鶻而在北方邊境以三受降城爲核心進行整體佈防，其中涉及到多處戰略要地，李德裕要求前方將帥務必搶先控制這些地區，如會昌二年（842）八月，李德裕就要求劉沔「於雲伽關及邊界要害添兵，嚴加警備。」〔註 86〕同月，李德裕又下令在麟、勝二州之間佈防，略云：「勝州隔河去東受降城十里，自東受降城至振武一百三十里。此路有糧，東可以壯振武，西可以救天德。所冀先事布置，即免臨時勞擾。」〔註 87〕

在天、地、人三者中間，「人和」最爲重要。在戰爭期間，特別是討伐澤潞的軍事鬥爭中，協調諸路征討軍隊的行動，對於李德裕來說，乃是關鍵性的工作，因爲從各地徵調來的軍隊，尤其是河北三鎮與澤潞鎮之間本來就有著千絲萬縷的聯繫。因此，讓這些來自不同藩鎮的軍隊心甘情願、毫無保留地爲朝廷效力，實屬不易，一旦諸軍不能有效配合，甚至發生相互掣肘牴牾的情況，則必然重蹈覆轍，勞而無功。對此，李德裕顯然有著十分清醒的認識，這也是他自始至終一直著意於協調諸軍行動，努力爭取「人和」政治局面的根本原因。

分析戰爭期間所發布詔敕政令，不難發現，幾乎每一份政令詔敕中，都包含協調將帥關係的內容，還有一些則是嘉勉將帥，目的都是爲了促進各藩鎮將帥的關係協調。例如，會昌二年（842）九月賜李思忠詔書，其核心內容就是爲了協調李思忠、何清朝、契苾通、李弘順諸軍之間的關係，詔書明確告訴李思忠：「今令左衛將軍何清朝、蔚州刺史契苾通分領蕃渾部落，取卿指揮。朕已切戒何清朝等，令其協盡心力，副卿忠誠，進取之時，一切取卿方略。卿宜每事與（李）弘順等商量，審度事機，勿爲輕進。」〔註 88〕會昌四年（844）正月，在下達給張仲武的詔書中，李德裕明確要求他「速與卿本道都頭密意動靜，與（何）清朝計會，犄角相應……每事與清朝商量，務從權便。」〔註 89〕同年四月，爲協調李克勤、李丕兩軍行動，李德裕還專門派出「中使」，陪同李克勤前往晉州，與李丕「面議機計，審定入兵處所。」〔註 90〕

〔註 85〕 《李德裕文集校箋・文集》卷十四，第 250 頁、第 252～253 頁。
〔註 86〕 《李德裕文集校箋・文集》卷十四《論振武以北事宜狀》，第 250 頁。
〔註 87〕 《李德裕文集校箋・文集》卷十四《要條疏邊上事宜狀》，第 253 頁。
〔註 88〕 《李德裕文集校箋・文集》卷五《賜思忠詔書》，第 77 頁。
〔註 89〕 《李德裕文集校箋・文集》卷七《賜張仲武詔意》，第 115 頁。
〔註 90〕 《李德裕文集校箋・文集》卷十六《李克勤請官軍一千二百人自引路取涉縣段賊山東三洲道路狀》，第 300 頁。

　　如果能夠在戰爭中利用敵方內部矛盾，造成敵方失去「人和」，則更易於我方軍事行動的展開，這一點主要表現為對敵方人員進行策反。策反敵將，早在唐文宗太和年間，李德裕主政劍南西川時，就曾有過成功的案例，那就是策反吐蕃維州守將悉怛謀。

　　維州（治所在今四川汶川東南、理縣西北）地勢險要，具有重要軍事戰略價值，史言維州「據高山絕頂，三面臨江，在戎虜平川之衝，是漢地入兵之路」，「安史之亂」以後，河西、隴右盡喪吐蕃，唯獨此州仍為唐守，唐朝遂因此控制吐蕃進一步東出的通道。吐蕃為方便快速東出，並扼制唐軍西進通道，一直致力於奪取維州。後來，吐蕃將本族婦人嫁與維州守城門將，待其所生之子長大成人之後，與吐蕃軍隊裏應外合，吐蕃始得佔領維州，並派遣重兵把守，稱為「無憂城」。吐蕃既占維州，便牢牢扼制唐軍進攻路線的咽喉，從而得以全力在河西隴右用兵而無後顧之憂。韋皋主持劍南西川時，為了經略河湟地區，曾多次派遣重兵進攻維州，試圖將其奪回，均未能奏效。〔註91〕

　　李德裕就任劍南西川節度使以後，在採取措施「外揚國威，中緝邊備」的同時，還對吐蕃守將進行策反，吐蕃維州守將悉怛謀表示願意率兵歸服，李德裕因此與之盟誓，並上表請求唐朝給予悉怛謀嘉獎。維州入唐以後，吐蕃不得已只好收縮防線，唐朝因此「可減八處鎮兵，坐收千里舊地」。不過，由於當時的執政者牛僧孺等人決策錯誤，要求李德裕將悉怛謀執還吐蕃，結果造成悉怛謀等三百餘人被吐蕃處死，維州亦得而復失。〔註92〕

　　會昌年間征澤潞之役，李德裕在堅持武力進攻的同時，命令前線將帥對劉稹集團進行策反。如在會昌三年十二月的《賜李石詔意》中，李德裕要求李石利用澤潞內部矛盾，策反劉稹的親信郭誼，又基於李丕和郭誼私人關係良好，李德裕建議李石將李丕招至軍中，令其寫信給郭誼，「喻以利害，遣其自圖劉稹，早務歸降」，為了確保此事落到實處，李德裕還特別要求李石，一定要親自過目李丕的書信，然後再派「密作」送達郭誼。〔註93〕

〔註91〕 《舊唐書》卷一七四《李德裕傳》，第 4523～4524 頁。更為詳細的情況，可
　　　　參《李德裕文集校箋・文集》卷十二《論大和五年八月將故維州城歸降准詔
　　　　卻執送本番就戮人吐蕃城副使悉怛謀狀》，第 210～212 頁。
〔註92〕 以上詳參《舊唐書》卷一七四《李德裕傳》所載李德裕為悉怛謀請贈奏狀，
　　　　第 4523～4525 頁。
〔註93〕 《李德裕文集校箋・文集》卷七，第 110 頁。又《全唐文》卷六九九同篇，
　　　　第 7175 頁下欄。

其二，對情報信息收集工作高度重視，並根據所獲取的信息，迅速及時作出軍事決策

所謂「兵貴神速」、「知己知彼，百戰不殆」，就是說在戰爭中要盡可能詳細地掌握敵方的情況，並根據所瞭解的信息迅速作出決斷。古今中外的傑出將帥，莫不重視對敵方情報的收集，並能夠根據這些信息迅速調整軍事部署。

李德裕對於情報工作非常重視，在指揮對澤潞及回鶻的戰爭中，不僅要求前線軍事主官注意收集敵人的情報，他本人也始終注意在第一時間瞭解最新戰況，並根據所掌握的信息，迅速作出軍事決策，並在最快的時間內傳達到前線作戰部隊。

例如，會昌五年（845）二月賜緣邊諸將帥的密詔中，李德裕要求他們務必須詳細瞭解敵方情況，包括邊境地區的關津通道、敵方駐守地點、敵方駐兵數量、敵方將領姓名等，同時要求唐軍將領整頓軍備、多蓄軍糧，並注意加強保密工作。〔註94〕再如，會昌三年（843）十月延英集議，李德裕請求唐武宗派「中使」詳細訊問降將薄重榮，因為薄重榮乃是「賊之心腹，必盡知謀計」，諸如「賊中兵馬多少，諸界布置防備何處？今欲入兵，何處最當要害？兼問賊中人情，還思歸順否？」等，均屬訊問的內容。〔註95〕再如會昌四年（844）閏七月，李德裕通過河中留後任畹詳細瞭解前線戰況，在得知李丕進兵方略之後，請求唐武宗下令，讓何清朝、李義忠等人改變進軍路線，「潛移兵取黃澤路，掩其不備」，這是根據瞭解到的最新戰況，及時進行戰術調整。〔註96〕

另外，李德裕還明確要求前線將領加強對敵方的情報搜集工作，如在《論鎮州奏事官高迪陳意見二事狀》中，他明確指出：「切要詔王宰、石雄、義忠常密遣細作探，偵知諸處抽兵來，即不要戰；知抽兵卻兵虛處，即入兵攻討。但常如此支敵，萬萬不落便宜」云云。〔註97〕我們還注意到，在指揮討回鶻、平澤潞的戰爭中，所發布的詔敕命令中有許多標示「訪聞」、「訪知」、「近訪聞」、「近訪知」等字樣，這表明李德裕經常向前線來朝使者瞭解前方的軍事

〔註94〕 《李德裕文集校箋‧文集》卷七《賜緣邊諸鎮密詔意》，第125頁。

〔註95〕 《李德裕文集校箋‧文集》卷十五《請問薄重榮賊中事宜狀》，第293頁。按，薄重榮，《全唐文》作「薄仲榮」，卷七〇二，第7203頁下欄。

〔註96〕 《李德裕文集校箋‧文集》卷十七《進任畹李丕與臣狀共三道狀》，第329頁。

〔註97〕 《李德裕文集校箋‧文集》卷一六，第327頁。又《全唐文》卷七〇三同篇，「常密遣細作探」一句，「探」後有一「知」字，第7211頁下欄～7212頁上欄。

情況。除了通過前線來使瞭解前方軍情以外，李德裕還經常向前線派出「中使」，「中使」的主要任務就是將前線戰況及時彙報至中央，以供其分析研判，然後據之以進行決策。

半夜邀僧至，孤吟對竹烹
——李德裕與佛教及「會昌毀佛」的關係

　　作爲唐代傑出的政治家、軍事家、思想家、文學家，李德裕素來頗受文史學界的關注，綜觀學界對李德裕所做的學術研究，絕大多數圍繞其政治活動進行，特別是圍繞「牛李黨爭」展開。鄙見所及，對於李德裕的宗教信仰問題，學界似未見專題論述。眾所週知，唐武宗在位期間發動了著名的「會昌毀佛」，作爲其時的實際執政者，李德裕在「會昌毀佛」的過程中，到底扮演了什麼樣的角色？李德裕的宗教信仰是否直接影響了他對「會昌毀佛」的態度？諸如此類的問題，都必須通過剖析李德裕的宗教信仰，才能得出相對客觀的認識，進而對李德裕與「會昌毀佛」的關係做出恰當判斷。

一、李德裕詩文中與佛教有關的作品

　　有唐一朝崇佛與反佛的鬥爭一直比較激烈，唐初高祖、太宗、高宗三朝，都曾圍繞這個問題展開激烈爭論。由於李唐皇室以老子後裔自居，因此在儒、釋、道三家的排序問題上，偏向道教，唐高祖武德（618～626）時期，曾通過國家行政命令的方式，將道教排在首位，從而形成了道、儒、佛這樣的三教次序排列。然而，佛教在唐代社會上的影響，並沒有因此而稍歇，隨著中國化進程的完成，佛教在事實上已經成爲影響唐人心靈的第一大宗教。因此，在討論李德裕宗教信仰的時候，我們首先必須注意這個宏觀時代背景。

　　諸多史實表明，李德裕對佛教其實有著相當深刻的認識，具體表現在他的作品中，就是以佛教作爲題材者數量頗多。對於這些直接或間接以佛教題材所進行的詩文創作，我們大致可以將之分爲如下幾類：

第一類，與詩僧的唱和之作，或寫給僧侶的詩文：如撰寫於元和十三年（818）二月的《贈圓明上人》、《贈奉律上人》、《戲贈慎微寺主道安上座三僧正》〔註1〕、《寄龍門僧》〔註2〕。

第二類，對僧侶進行頌揚或紀念的文字：如撰寫於大和三年（829）二月的《重瘞禪眾寺舍利題記》〔註3〕、三月的《大迦葉贊》〔註4〕。

第三類，應朋友之請，或對人生有所感悟，從而創作的與佛教、佛寺內容有關的詩文：如唐穆宗長慶二年（822）十月，應好朋友段文昌之請，李德裕寫作了《丞相鄒平公新置資福院記》〔註5〕，記錄了時任西川節度使的段文昌在成都修建佛寺一事。撰寫於開成五年（840）春天的《憶葛勝木禪床》〔註6〕，則是李德裕借佛理禪機，抒發對人生的感悟之情。撰寫時間不詳的《梁武論》〔註7〕，從標題、內容看，是李德裕讀史時有所感想，從而對歷史人物所做出的價值判斷，但正如他在標題下所作的自注「所論出於釋氏，故全以釋典明之」，表明李德裕對於佛教義理頗有研究。

第四類，是就佛教事宜所上朝廷的表狀奏章：如唐穆宗長慶四年（824）所上《王智興度僧尼狀》〔註8〕、唐文宗大和三年（829）所上之《請宣賜鶴林寺僧諡號奏》〔註9〕、唐武宗會昌五年（845）八月所上之《賀廢毀佛寺德音表》〔註10〕、十一月《論兩京及諸道悲田坊》〔註11〕。

這些包含佛教因素或以佛教題材為內容的詩文，就是我們瞭解和認識李德裕對佛教態度的主要依據，通過剖析上述詩文的內容，基本上可以弄清楚李德裕的宗教信仰。在上述四類涉及佛教的詩、文中，第四類是李德裕寫給朝廷的表狀奏章，主要是涉及唐朝國家宗教政策層面的政論文章，其中未必能夠反映李德裕對佛教的真實態度。前三類的內容，則以抒發個人感情為主要，可以據之分析李德裕的精神世界。

〔註1〕 《李德裕文集校箋·別集》卷三，第458、459頁。
〔註2〕 《李德裕文集校箋·別集》卷十，第591頁。
〔註3〕 《李德裕文集校箋·新補李德裕佚文佚詩》，第737頁。
〔註4〕 《李德裕文集校箋·別集》卷八，第566頁。
〔註5〕 《李德裕文集校箋·別集》卷七，第540～542頁。
〔註6〕 《李德裕文集校箋·別集》卷十，第591～592頁。
〔註7〕 《李德裕文集校箋·外集》卷四，第708～709頁。
〔註8〕 《李德裕文集校箋·別集》卷五，第516～517頁。
〔註9〕 《李德裕文集校箋·〈叢刊〉李衛公集補》，第716頁。
〔註10〕 《李德裕文集校箋·文集》卷二十，第389～390頁。
〔註11〕 《李德裕文集校箋·文集》卷十二，第221頁。

　　從以上前三類作品中，我們很容易就看出，李德裕與一些有道高僧頗有交情，由此可以判斷他對於佛教教義應該有著較爲深刻的認識。例如，李德裕寫給圓明上人、律上人、道安等人的詩，就表明他不僅和這些高僧的交情很深，而且對於佛教教義頗爲贊許，如《贈圓明上人》七絕詩自注云：「圓公，佛頂之最」，詩云：「遠公說易長松下，龍樹雙經海藏中。今日導師聞佛慧，始知前路化成空。」詩歌的前二句是稱讚圓明上人講法高妙，有似慧遠說《易》，又似龍樹講經；後二句則是說，自己聽了圓明上人一番教導後，不僅開啓了智慧，還對未來的人生之路頗有領悟。再如，《贈奉律上人》一詩，在自注中稱「律公精於《維摩詰經》」，詩中則稱讚奉律上人學有專精，云：「知君學地厭多聞，廣渡群生出世氛」。特別是《戲贈愼微寺主道安上座三僧正》一詩，更表明李德裕和愼微寺主持道安乃是十分要好的朋友，因爲他們彼此之間竟然可以「戲贈」，也就是開玩笑，若非二人之間關係極爲密切，那就絕對不可能用戲謔的方式相互酬贈。

　　李德裕與高僧頗多交往，特別是對那些富於學識修養的高僧更是極力推許，這在某種程度上緣於他本人對佛理也有較爲精深的研究。李德裕對於佛理頗有研究，在他的詩文創作中也有所反映，如在《寄龍門僧》一詩中，李德裕將這位「龍門僧」稱爲「開士」，並且表示要「爲我謝此僧，終當理歸策。」又如，唐文宗大和三年（829），當時李德裕還在浙西觀察使任上，他在下令禁止佛寺胡亂替人剃度的同時，卻對當地有道高僧法融大師禮敬有加。據劉禹錫《牛頭山第一祖融大師新塔記》略云：

　　　　大和三年，潤州牧、浙江西道觀察使、檢校禮部尚書趙郡李公，在鎮三閏，百爲大備，尚理信古，儒玄交修。始下令桑門皈佛以眩人者，而於眞實相深達焉。常謂：「大師像設，宜從本教，言自我啓，因自我成。」乃召主吏，籍我月入，得緡錢二十萬，俾秣陵令如符經營之。三月甲子，新塔成。事嚴而工人盡藝，誠達而山神來護。願力既從，眾心知歸。撞鐘告白，龍象大會。諸天聲香之蘊，如見如聞。即相生敬，明幽同感。尚書欲傳信于後遠，命愚志之。〔註12〕

由「始下令桑門皈佛以眩人者，而於眞實相深達焉」一句可知，李德裕所打擊的是愚弄人民的假和尚或騙子，而對於眞正的有道高僧不僅尊崇有加，甚

<hr>

〔註12〕　【唐】劉禹錫 撰，《劉禹錫集》整理組點校，卞孝萱 校訂：《劉禹錫集》卷四，第 55～56 頁，北京，中華書局，1990。

至還自掏腰包，從自己的薪水中拿出錢來，爲高僧法融修造紀念塔，並請遠在長安的友人劉禹錫撰寫塔記。

就在同一年，李德裕還爲潤州鶴林寺已故禪師玄素向朝廷奏請，希望朝廷給予玄素贈諡，在前揭《請宣賜鶴林僧諡號奏》中，李德裕稱讚玄素「傳牛頭山第五祖智威心法，是徑山大覺之師。伏請依釋門例，賜諡號大額。」這充分表明，李德裕對於確有佛學修養的高僧，那是發自內心的欽佩。類似的崇佛禮僧行爲還有一些，如大和三年（829）二月，李德裕主持重新埋藏禪眾寺的舍利，所需經費全部由他本人出資，據《重瘞禪眾寺舍利題記》云：是年正月，在上元縣禪眾寺舊塔基下發現了裝有佛舍利的石函，李德裕因此就從自己的薪俸中出資，將這批佛舍利重新埋藏于丹徒縣甘露寺東塔之下，共計用去了「金棺一、銀槨一、錦繡褥九重」，這些費用「皆余之施也」，也就是說，這些費用全部由李德裕個人承擔。這些事實足以證明，李德裕的內心深處，對於佛教的相關教義應該是有所信仰的。

另外，還有跡象表明，李德裕和一些有道高僧的交情絕非泛泛，而是感情深厚的至交，如他在《故人寄茶》一詩中曾經這樣寫到：「半夜邀僧至，孤唫對竹烹」〔註13〕，收到老朋友從外地寄來的新茶，李德裕興致勃勃地邀請身邊的朋友來分享，竟然不願意等到天亮，而這個好朋友卻是一位和尚！關於李德裕和高僧大德的密切交往，我們還可以舉出一些事例，如：

> 釋崇珪，姓姜氏，郯城人也……棲息數齡起迴，樂南徐茅山，乃依棲霞寺。珪已登徑門，道聲洋溢。會贊皇李公德裕廉問是邦，延諸慈和寺。一交雅談，如遊形器之外，曰：「吾有幽憂之疾，非是居侯藩聚落之人也。」明歲遂行，重抵嵩少，居於嶽寺……開成元年，贊皇公攝冢宰，請珪於洛龍興寺化徒。兩京緇白往來問道，檀施交駢……忽告眾決別，入方丈而滅，春秋八十六。白侍郎撰《塔銘》。會昌元年辛酉八月十日入塔云。〔註14〕

又如：

> 釋恒政，姓周氏，平原人也……太和中，文宗皇帝……始宣問群臣：「斯何瑞也？」相國李公德裕奏曰：「臣不足知，唯知聖德昭

〔註13〕 《李德裕文集校箋・別集》卷三，第479頁。
〔註14〕 【宋】贊寧 撰，范祥雍 點校：《宋高僧傳》卷九《習禪篇第三之二・唐洛京龍興寺崇珪傳》，第214～215頁，北京，中華書局，1987。

應。其諸佛理，聞終南山有恒政禪師，大明佛法，博聞強識。」詔
入宣問，政曰……〔註15〕

再如：

潤州棲霞寺釋清源，姓馮，南徐延陵人也。稚年貞素，長亦弗
群，俗態不拘，法流爰入。造涉公爲弟子焉。學贍經律，人罕疇匹。
棲於攝山，積其齡稔。長慶初，工部尚書李相國德裕鎮于浙西，洗
心道域，延居京口，諮稟禪要，雅契凰心。及贊皇去郡，返錫棲霞，
終于住寺。〔註16〕

從以上可知，李德裕與釋崇珪、釋恒政、釋清源三位高僧的交情均頗深厚。
他在擔任浙西觀察使期間，將釋崇珪請入慈和寺，與之「一交雅談，如遊形
器之外」，也就是說，二人一見如故，雅談興致十分高昂；及李德裕進京任職，
又將崇珪延請至洛陽龍興寺，講經授徒，其間德裕還經常前往洛陽，聽崇珪
講經說法。至於釋恒政，雖然我們並不清楚解李德裕和他交往的細節，但李
德裕明確知道恒政「大明佛法，博聞強識」，並向唐文宗推薦了他，適足表明
他對於這位高僧的精深佛學造詣和博學多識，應該頗爲瞭解。釋清源，原爲
棲霞寺一位「學贍經律」的高僧，李德裕到浙西上任後，因爲有意向佛，對
佛學發生濃厚興趣（即所謂「洗心道域」），於是特地將清源禮請至京口（古稱南徐
州，即今江蘇鎮江，時爲浙西節度觀察使治所），以方便自己向他請教佛學，其間兩人
相得甚歡（即「諮稟禪要，雅契凰心」之謂也）。及李德裕從浙西離任，釋清源也便
從京口返回了原來的住錫地棲霞寺，清源此舉大概是鑒於在京口已經沒有賞
識自己的知音了吧？

再如前揭《丞相鄒平公新置資福院記》一文，寫於唐穆宗長慶三年（823），
是李德裕應好朋友段文昌之請而撰寫。段文昌曾經做過宰相，唐文宗時進爵
鄒平公，對佛教有著虔誠的信仰，甚至可以說有點佞佛。段文昌爲何要請李
德裕爲自己新修建的佛圖祠撰寫紀念文章？其中一個重要原因，就是他知道
李德裕對佛教教義有較爲精深的瞭解，而且對佛教並不反感。再從這篇文章
的內容來看，我們注意到其中頗多佛家專用術語，如其中說「……孰若歸於
淨土，環以香林。乃購之於官，以爲精舍。又以桑門之上首者七人居之，所

〔註15〕　《宋高僧傳》卷十一《習禪篇第三之四・唐京師聖壽寺恒政傳》，第262～263 頁。
〔註16〕　《宋高僧傳》卷二十九《雜科聲德篇第十之一・唐京兆千福寺雲邃傳附清源
　　　　傳》，第 735 頁。

以證迷途而資夙植也。殿堂層立，軒房四柱，鎔金作繪，彷彿諸天。」完全可以想像得出，如果李德裕對佛理根本就一無所知，或者對從內心深處反感佛教，又怎麼能夠寫出這樣深切佛理的文字？段文昌又怎麼會請他來撰寫這篇紀念性的文章？

《梁武論》則是李德裕所寫的一篇史論性文章，梁武帝蕭衍是一位在南朝歷史上有重要影響的帝王，頗富軍事、政治才能。不過，讓梁武帝知名於中國歷史的原因，並非他的政治或軍事功業，而是他佞佛成性，以及最後因為佞佛而造成的身死國滅。李德裕的這篇史論，正是從梁武帝佞佛與蕭梁亡國的關係切入。在文章標題下，李德裕自注云：「所論出於釋氏，故全以釋典明之。」可知，本文通篇以佛教典故展開論說，表明李德裕對於佛教義理的鑽研頗為精深。文章開宗名義，指出梁武帝迷信佛教，可是佛教並沒有為之提供幫助以致破國亡家，世人因此開始懷疑佛教的作用。對此，李德裕並不同意，接下來他闡述了自己的見解，云：「釋氏有六波羅密，檀波羅密是其一也。又曰：『難捨能捨。大者頭目支體，其次國城妻子，此所謂難捨也。』余嘗深求此理。本不戒其不貪，能自微不有其寶，必不操人所寶，與老氏之無欲知足，司城之不貪為寶，其義一也。」其中所說「六波羅密」、「檀波羅密」、「難捨能捨」等，都是具有特定涵義的佛教專業語彙，李德裕通過對其涵義的闡釋，不僅剖析了所謂梁武帝「難捨」佛教信仰，還因此得出另外一個重要結論，那就是一個人如果能夠做到戒除貪念、不奪人所愛，那就和道家「無欲知足」的思想相一致了。

當然，本文重點還是探討梁武帝與佛教的關係問題。眾所週知，在對待佛教的問題上，梁武帝始終堅信自己是誠心向佛的，因為他確曾每天只吃一餐，且粗食糲粢；他還主持修建了許多寺院，並不惜帝王之尊，捨身寺院去做苦役。一言以蔽之，為了佛祖，該捨的、難捨的，全都捨了！難道這些功德，還不足以證明自己對佛的虔誠之心，還不足以獲得佛祖的保祐嗎？對此，李德裕明確給出了否定的答案，指出：「庸夫謂之作福，斯為妄矣。而梁武所建佛剎，未嘗自損一毫。或出自有司，或厚斂氓俗，竭經國之費，破生人之產，勞役不止，杼柚其空，閏位偏方，不堪其弊，以徼身福，不其悖哉！此梁武所以不免也。」也就是說，表面上看，梁武帝好像為佛祖做了很多「功德」，也「捨」去了許多「難捨」的東西，這些行為在「庸夫」看來，乃是「作福」的祈福之舉，但實際上卻是虛妄不實。因為梁武帝所興建的佛剎，對他

本人來講，並未造成一絲一毫的損害，他「作福」所耗費的大量財物不是來自國庫，就是厚斂於民眾，給國計民生造成了巨大危害，用這種方法來向佛祖祈求福祉，不是太荒謬了嗎？這就是梁武帝不能幸免於身死、家敗、國亡的原因所在！

二、《入唐求法巡禮行記》所見李德裕與佛教之關係

關於李德裕對佛教的態度，我們還可以從日本求學僧圓仁所著《入唐求法巡禮行記》一書中找到一些。圓仁是日本著名僧人，曾於唐文宗開成（836～840）末年至唐武宗會昌（841～846）年間到中國求法，圓仁的足跡先後踏遍了今揚州、江蘇北部、膠東半島、山西五臺山及長安等地，後來他把這段求法經歷寫成了《入唐求法巡禮行記》，可以說這是一部關於當時中國社會的第一手材料，史料價值甚高。

圓仁求法來到揚州時，當時的淮南節度使爲李德裕。因此，《入唐求法巡禮行記》所記圓仁等人在揚州的活動情況（按，圓仁一行到達揚州後，住於開元寺），就和李德裕頗多交集。茲將其中與李德裕有所關涉的資料，摘錄如下（據《入唐求法巡禮行記》卷一）：

> 開成三年（838）
>
> 八月一日，「早朝，大使到州衙，見揚府都督李相公，事畢歸來。」（第9頁）
>
> 八月三日，「請令請益僧等向台州之狀，使牒達揚府了。爲畫造妙見菩薩、四王像，令畫師向寺裏。而有所由制不許外國人濫入寺家，三綱等不令畫造佛像。仍使牒達相公，未有報牒。」（第9頁）
>
> 八月四日，「早朝，有報牒。大使贈土物於李相公，彼相公不受，還卻之……齋後，從揚府將覆問書來。」（第9頁）
>
> 八月九日，「巳時，節度使李相公牒於開元寺，許令畫造佛像。未時，勾當日本國使王友眞來官店慰問僧等，兼早令向台州之狀，相談歸卻。請益法師便贈土物於使。」（第10頁）
>
> 八月十日，「辰時，請益、留學兩僧隨身物等斤量之數定錄，達使衙了。即聞第二舶著海州，第二舶新羅譯語朴正長書送金正南房。午時，王大使來道：『相公奏上既了，須待勅來，可發赴台州去。』大使更留學僧暫住揚府；請益僧不待勅符，且令向台州之狀牒送相

公。二三日後，相公報牒稱：『不許且發，待報符可定進止。其間令僧住寺裏者。』船師佐伯金成患痢經數日。」（第10～11頁）

八月十六日，「暮際，勾當日本國使王友眞共相公使一人到官店，勘錄金成隨身物。」（第11頁）

八月十八日，「早朝，押官等來檢校此事……未時，押官等勾當買棺葬去。」（第11頁）

八月廿二日，「王大使將相公牒來。案其狀稱：『兩僧及從等令住開元寺者。』」（第11頁）

八月廿三日，「晚頭，開元寺牒將來，送勾當王大使。」（第11頁）

八月廿六日，「李相公隨軍游擊將軍沈弁來咨問，兼語相公諱四字：『府』、『吉』、『甫』、『云』四字也。翁諱『云』，父諱『吉甫』。暮際，沈弁差使贈來蜜一碗。請益法師爲供寺僧，喚寺庫司僧令端，問寺僧數，都有一百僧。」（第12頁）

九月九日，「相公爲大國使設大饌，大使不出，但判官已下盡赴集矣。」（第13頁）

九月十三日，「聞相公奏狀之報符，來於揚府，未得子細。齋後，監軍院要籍薰廿一郎來，語州裏多少。……揚府裏僧尼寺四十九門。」（第13頁）

九月十六日，「長判官云：『得相公牒稱：請益法師可向台州之狀，大使入京奏聞，得報符時，即許請益僧等發赴台州者。』未得牒案。」（第14頁）

九月廿日，「寫得相公牒狀，稱日本國朝貢使數內僧圓仁等七人，請往台州國清寺尋師。右，奉詔朝貢使來入京，僧等發赴台州。未入可允許。須待本國表章到，令發赴者。委曲在牒文。」（第14頁）

九月廿九日，「相公爲入京使於水館設饌。又蒙大使宣稱：『請益法師早向台州之狀，得相公牒……仍更添已緘書，送相公先了。昨日得相公報，稱此事別奏上前了，許明後日，令得報帖。若蒙勅詔，早令發赴者。』……」（第15頁）

十月十九日，「爲令惟正、惟曉受戒，牒報判官錄事……」（第16頁）

十一月七日，「開元寺僧貞順私以破釜賣與商人，現有十斤。其商人得鐵出去，於寺門裏逢巡檢人，被勘捉歸來。巡檢五人來云：『近者相公斷鐵，不令賣買，何輒賣與？』貞順答云：『未知有斷，賣與。』即勾當並貞順具狀，請處分，官中免卻。自知揚州管內不許賣買鐵矣。齋後，相公衙前之虞候三人特來相見，筆言通情。相公始自月三日，於當寺瑞像閣上，刻造三尺白檀釋迦佛像。其瑞像飛閣者，於隋煬帝代，栴檀釋迦像四軀，從西天飛來閣上，仍煬帝自書『瑞像飛閣』四字，以懸樓前。」（第18頁）

十一月八日，「齋前，相公入寺裏來，禮佛之後，於堂前砌上，喚請益、留學兩僧相見，問安穩否。前後左右相隨步軍計二百來，虞候之人卅有餘，門頭騎馬軍八十疋許，並皆著紫衣，更有相隨文官等，總著水色，各騎馬，忽不得記。相公看僧事畢，即於寺裏蹲踞大椅上，被擔而去。又總特捨百斛米，充寺修理料。」（第18頁）

十一月十六日，「作啓謝相公到寺慰問，兼贈少物：水精念珠兩串、銀裝刀子六柄、斑筆廿管、騾子三口。別作贈狀，相同入啓函裏，便付相公隨軍沈弁大夫交去。」（第18～19頁）

十一月十七日，「巳時，沈弁歸來，陳相公傳語，以謝得啓。又唯留取大騾子不截尻一口，而截尻小騾子二口，及餘珠刀筆，付使退還。更差虞候人贈來白絹二疋、白綾三疋，即作謝，付迴使奉還。」（第19頁）

十一月十八日，「相公入來寺裏，禮閣上瑞像，及檢校新作之像。少時，隨軍大夫沈弁走來云：『相公屈和尚。』乍聞，共使往登閣上。相公及監軍并州郎中、郎官、判官等，皆椅子上喫茶。見僧等來，皆起立作手，並禮唱且坐，即俱坐椅子啜茶。相公一人，隨來郎中以下判官以上，惣八人。相公著紫，郎中及郎官三人著緋，判官四人著綠袟，虞候及步騎軍並大人等與前不異。相公對僧等近坐，問：『那國有寒否？』留學僧答云：『夏熱冬寒。』相公道：『共此間一般。』相公問云：『有僧寺否？』答云：『多有。』又問：『有多少寺？』答：『三千七百來寺。』又問：『有尼寺否？』答云：『多有。』又問：『有道士否？』答云：『無道士。』相公又問：『那國京城方圓多少里數？』答云：『東西十五里，南北十五里。』又問：『有坐夏否？』

答：『有。』相公今度時有語話，且慰懃問。申情既畢，相揖下閣。更到觀音院，檢校修法之事。」（第19頁）

十一月廿七日，「冬至之節，道俗各致禮賀。在俗者拜官，賀冬至節。見相公，即道：『運推移日南長至。伏惟相公尊體萬福。』貴賤官品並百姓，皆相見拜賀。出家者相見拜賀，口敘冬至之辭，互相禮拜。俗人入寺亦有是禮……」（第21～22頁）

十二月二日，「本國留後官爲令惟正等受戒，更帖相公。雖先帖送所由，而勾當王友眞路間失卻，仍令更帖送。其狀如別。」（第22頁）

十二月八日，「國忌之日，從捨五十貫錢於此開元寺設齋，供五百僧。……辰時，相公及將軍入寺，來從大門，相公、將軍雙立，徐入來步，陣兵前後左右咸衛，州府諸司皆隨其後……（案，本段省略大段文字，爲禮佛儀式）相公諸司共立禮佛，三四遍唱了，即各隨意。相公等引軍至堂後大殿裏喫飯。五百眾僧，于廊下喫飯……於是日，相公別出錢，差勾當於兩寺，令涌湯浴諸寺眾僧，三日爲期。」（第23～24頁）

十二月十八日，「申時，勾當王友眞來云：『大使尋以今月三日到京都了。近日相隨大使入京，勾當書帖，奉達州衙。又沙彌等受戒之事，相公不許。比年有勑云：『不令受戒，非勑許，未可允許』云云。」（第24頁）

開成四年（839）

正月一日甲寅，「是年日也，官俗三日休暇，當寺有三日齋。早朝，相公入寺禮佛，即歸去。」（第25頁）

正月六日，「相公隨軍沈弁來云：『相公傳語，從今月初五日，爲國並得錢修開元寺栴檀瑞像閣，寄孝感寺令講經募緣。請本國和尚特到聽講，兼催本國諸官等結緣捨錢者。」（第26頁）

正月七日，「沈弁來傳相公語言：『州府諸官，擬以明日會集孝感寺，將屈本國和尚相來者講者。』兼有講經法師璠募緣文。案彼狀稱：『修瑞像閣，講《金剛經》，所乞錢五十貫。狀過相公，賜招募同緣同因，寄孝感寺講經候緣者。』其狀如別。沈弁申云：『相公施一千貫。此講以一月爲期，每月進赴聽法人多數，計以一萬貫，

得修此閣。彼期國出千貫錢，婆國人捨二百貫。今國眾計少人數，仍募五十貫者。』轉催感少。」（第 26 頁）

正月十七日，「沈弁來，助憂遲發，便問：『殊蒙相公牒，得往台州否？』沈弁書答云：『弁諮問相公，前後三四度……相公所說，揚州文牒出，到浙西道，及浙東道，不得一事，須得聞奏。勅下即得，餘不得。又相公所管八州，以相公牒，便得往還。其潤州、台州，別有相公，各有管領。彼此守職不相交，恐若非勅詔，無以順行矣。』……」（第 27 頁）

正月十八日，「……又相公近者屈來潤州鶴林寺律大德光義，暫置惠照寺。相公擬以此僧爲當州僧正，便令住此開元寺。其僧正、檢領揚州都督府諸寺之事並僧等。凡此唐國有僧錄、僧正、監寺三種色：僧錄統領天下諸寺，整理佛法；僧正唯在一都督管內；監寺限在一寺。自外方有三綱並庫司。尋暮際，僧正住當寺。」（第 28 頁）

閏正月五日，「下〔雨〕，……自後七箇日降雨，至望始晴。相公爲修理開元寺瑞像閣，設講募緣。始自正月一日，至于今月八日講畢。以五百貫買木，曳置寺庭，且勾當令整削之。」（第 29 頁）

二月六日，「州官准勅給祿……」（第 30 頁）

二月十七日、十八日，「爲向楚州，官私雜物等，惣載船裏。」（第 31 頁）

二月十九日，「早朝，諸官人入州，拜別相公。申時，駕船……（按，離開揚州，乘船前往楚州。）」（第 31 頁）

圓仁的這些記載，爲其親身所經歷者，而且是以一個佛教徒的身份加以敘述，因此完全可以視爲研究李德裕與佛教關係的第一手資料，對於剖析李德裕對佛教的眞實態度，具有極爲重要的史料價值。

從前揭圓仁所記述的內容，我們可以瞭解到如下信息：

1、「禮佛」

僅據上引史料所載，李德裕就曾四次到寺院「禮佛」，分別爲：開成三年（838）十一月八日至開元寺「禮佛」；十八日，又到開元寺「禮閣上瑞像，及檢校新作之像」；十二月八日，因爲「國忌」日的緣故，率領淮南節度使府全府官員開元寺禮佛；開成四年正月一日，按唐代休假制度，其時「官俗三日休假」，開元寺則在這三天中舉行三日齋會，當天早晨，李德裕「入寺禮佛，

即歸去。」這隱約表明李德裕平時可能經常到寺院禮佛，至少在唐朝的「國忌」日或節日（如正月一日元會日、佛教節日等）要到寺院禮佛。

2、施捨及募捐

從上引史料還可知道，李德裕經常向寺院施捨，並爲寺院募集維修資金，如開成三年十一月八日在開元寺禮佛之後，李德裕向寺院施捨一百斛米；開成四年正月六日，爲修理開元寺旃檀瑞像閣，「令講經募緣」，並於七日帶頭捐助一千貫錢；閏正月十五日，再次下令「設講募緣」。我們還注意到，在「講經募緣」時，李德裕特別要求「州府諸官」一起到寺院聽講，目的就是爲了給開元寺募集到更多的維護資金。

3、禮敬僧侶

李德裕對於僧侶一向禮敬有加，無論是中國的「高僧」，還是來華的外國僧人，如圓仁來到揚州境內，一直受到禮待。李德裕對於外國僧侶不僅以禮相待，還親自向他們詢問其國中佛教的有關情況，如開成三年八月九日，圓仁等日本僧侶到達開元寺後，李德裕即派出「勾當日本國使」王友眞，代表他前往寺院慰問，二十六日，又派游擊將軍沈弁送來蜂蜜一碗；十一月八日，李德裕到開元寺禮佛之後，又親自詢問請益、留學二僧人在寺院的生活情況；十一月八日，又向留學僧詢問日本的氣候、都城面積、有無僧寺尼寺、有無道士等相關情況，並再次向他們表示慰問。再如，開成三年十一月十六日，圓仁等人爲表示對李德裕的感激之情，向他贈送水精（按，即水晶）念珠兩串、銀裝刀子六柄、斑筆二十管、驟子三口，十七日，李德裕派人表示感謝，只留下其中的一口大驟子，其餘諸物均原封退還，並向他們回贈了白絹兩匹、白綾三匹。

4、對寺院實施有效管理

作爲揚州最高軍政長官，李德裕對轄區內的佛寺實施了有效管理，不僅多次前往寺院「檢校修法」，即調研佛教寺院在工程建設、僧籍登錄、僧尼剃度等方面的相關情況，還於開成四年（839）正月十八日，從潤州（治今江蘇鎮江）鶴林寺請來高僧釋光義，準備任命爲揚州「僧正」，以加強對揚州都督府轄區內寺院的管理工作。再如開成四年二月初六，按照朝廷勅令，給轄區內的僧人發放祿俸。按，給僧侶發放祿俸，乃是唐朝在寺院僧侶事務管理工作中的一項創舉，此前從無先例，李德裕在接到勅令以後，立即遵照執行。

5、嚴格執行國家佛教政策

在佛教政策問題上，李德裕能夠與中央保持一致，嚴格按照中央發布的詔敕行事。如開成三年八月九日，揚州府正式牒文回覆開元寺，同意該寺「畫造佛像」；八月十日，日本、新羅兩國遣唐使船舶進入揚州都督府轄區，在將他們妥善安頓後，李德裕當即上奏中央，同時告訴這些外國來使耐心等待，須得中央敕書下達以後，才可能允許他們前往下一站目的地，此後圓仁等人只能在揚州靜候唐朝中央的批覆敕文。再如，開成三年十一月七日，開元寺僧人貞順私自將破釜賣於商人，被官差捉獲後，揚州府立即予以處理，這是嚴格執行中央政府關於嚴控鐵製品管理的政策。同年十二月十八日，王友眞向李德裕彙報沙彌受戒等事宜，李德裕予以否決，則是因爲「比年有敕云不令受戒，非敕許，未可允許」，這表明在僧人受戒剃度的問題上，李德裕同樣嚴格執行了國家的佛教政策，不允許轄區內的寺院盲目剃度僧人。

圓仁一行到中國來的主要目的，是前往台州國清寺，以及山西五臺山一帶「巡禮求法」，但是在到達揚州以後，卻較長時期滯留於此，主要就是因爲李德裕在執行國家宗教政策時極爲嚴格。按照唐朝制度規定，外國僧侶在指定口岸登陸以後，如果要前往下一地點，必須持有皇帝下達的勅令，才可行動。圓仁到達揚州以後，由於等候時間較長，不免心急，曾經試圖請李德裕自行批准他們前往台州。對此，李德裕派人給他們回覆，告知圓仁：儘管他可以以淮南節度使的身份下發一道通關文牒，但這只能保證他們在淮南節度使所轄的八個州中自由通行，至於浙西、浙東等道，如果沒有詔勅，則無法通行。爲此，李德裕專門委派府中工作人員，轉告圓仁一行，希望他們耐心等候皇帝的批准詔勅。我們注意到，圓仁等人雖然心急於去台州等地求法，但對於李德裕的做法並未有什麼報怨，因爲他也清楚，李德裕不過是恪盡職守，履行他作爲揚州地方最高長官的應盡之職責，並非有意刁難。而且他們在揚州滯留期間，李德裕不僅派人慰問或幫助解決實際困難，甚至不惜屈尊前往，親自垂詢問候。

以上五點充分表明，李德裕對於佛教並非眞心牴觸，對於眞正修行的有道僧人，他不僅發自內心的敬佩，而且他對佛教教義其實也有較爲精深的理解，我認爲這才是李德裕對佛教的眞實態度。上述圓仁的相關記事，可以側證相關史籍所載李德裕禮敬瓦官寺高僧一事的眞實性，據《唐語林》卷二《文學》略云：

上元瓦官寺僧守亮，通《周易》，性若狂易。李衛公鎮浙西，以南朝舊寺多名僧，求知《易》者，因帖下諸寺，令擇送至府。瓦官寺眾白守亮曰：「大夫取解《易》僧，汝常時好說《易》，可往否？」守亮請行。眾戒曰：「大夫英俊嚴重，非造次可至，汝當慎之。」守亮既至，衛公初見，未之敬。及與言論，分條析理，出沒幽賾，公凡欲質疑，亮已演其意。公大驚，不覺前席。命於甘露寺設館舍，自於府中設講席，命從事已下，皆橫經聽之，逾年方畢。既而請再講。講將半，亟請歸甘露。既至命浴，浴畢，整巾屨，遣白公云：「大期今至，不及回辭。」言訖而終。公聞驚異，明日率賓客至寺致祭。適有南海使送西國異香，公於龕前焚之，其煙如弦，穿屋而上，觀者悲敬。公自草祭文，謂舉世之官爵俸祿，皆加於亮，亮盡受之，可以無愧。〔註17〕

唐穆宗長慶四年（824），李德裕正在浙西觀察使任上，時帶御史大夫銜，因此其中稱李德裕為「大夫」。此事雖然是唐人筆記小說，但驗之以圓仁《入唐求法巡禮行記》，我認為李德裕對於有道高僧極盡禮敬之事，不可能為虛妄，如《唐語林》所載「自於府中設講席，命從事已下，皆橫經聽之，逾年方畢」一事，參諸圓仁所記李德裕率眾到開元寺禮佛聽經、開成四年（839）正月七日下令「州府諸官擬以明日會集孝感寺，特屈本國和尚相來者講聽」，以及禮請潤州鶴林寺僧釋光義到揚州講法等事，可證此事應當屬實。

另外，我們還注意到，瓦官寺僧守亮是因為精通《周易》，並以演講《周易》而受到李德裕的禮敬，其實李德裕本人對於道家經典著作《周易》，也有頗為精深的研究，在思想修養上傾向於道家虛玄之學。如所週知，南朝時代有許多高僧，既精於佛理，也同時擅長道家的「三玄」（按，即《莊子》、《老子》、《周易》），瓦官寺又是南朝時期特別是蕭梁時期的著名寺院，一直名僧輩出，這些名僧大都同時精擅道家經典。這個僧守亮正是繼承了南朝高僧的遺範，並以精通《周易》而受到李德裕的敬佩。當然，李德裕於自己府中設講席，要求部屬聽講，後又率部屬到寺院祭奠守亮，均可證明他對有道高僧的欽慕，也說明他對於佛教並非真正牴觸，否則不可能親至寺院焚香致祭。

此外，《唐語林》中還有一則李德裕採納高僧建議，剋制嗜欲的史料記載，略云：

〔註17〕 【宋】王讜撰，周勛初校證：《唐語林校證》卷二《文學》，第152頁，北京，中華書局，1987。

李衛公性簡儉，不好聲妓，往往經旬不飲酒，但好奇功名。在
中書，不飲京城水，茶湯悉用常州惠山泉，時謂之「水遞」。有相知
僧允躬白公曰：「公迹並伊、皋，但有末節尚損盛德。萬里汲水，無
乃勞乎？」……公遂罷取惠山水。〔註18〕

李德裕嗜好不多，唯喜飲茶，千里取水以飲之事如果屬實，確實也夠奢侈的了。
但是，當李德裕聽到僧人允躬的規勸之後，便剋制住自己的嗜欲，這一方面固然
體現他能夠從善如流的品德，另一方面也表明他和允躬的交情絕非泛泛。〔註19〕

又唐人張彥遠曾記載云：「會昌五年，武宗毀天下寺塔，兩京各留三兩所，
故名畫在寺壁者，唯存一二。當時有好事，或揭取陷於屋壁，已前所記者，
存之蓋寡。先是宰相李德裕鎮浙西，創立甘露寺，唯甘露不毀，取管內諸寺
畫壁置於寺內……」〔註20〕後來，宋人郭若虛對於此事亦有記述，略云：「唐
李德裕鎮浙西日，於潤州建功德佛宇，曰甘露寺。當會昌廢毀之際，奏請獨
存，因盡取管內廢寺中名賢畫壁，置之甘露，乃晉顧凱之、戴安道，宋謝靈
運、陸探微，梁張僧繇，隋展子虔，唐韓幹、吳道子畫……」〔註21〕儘管無
法排除郭若虛有轉述張彥遠紀事的可能，但這二人所記述的事情，應該還是
可以據信。基於此，我們甚至可以認為，李德裕的內心深處對於佛教應當還
有一定的信仰，否則他怎麼會創立甘露寺呢？徵諸史載，李德裕創立甘露寺
之動機，顯然又是出於祈福的「功德」之心。〔註22〕也正是因為對佛教的這
種態度，所以在「會昌毀佛」之際，李德裕特別向唐武宗奏請，請求保留甘

〔註18〕《唐語林校證》卷七《補遺》，第613～614頁。

〔註19〕據《唐語林校證》卷七《補遺》載：「李德裕自金陵追入朝……及南貶，有甘
露寺僧允躬記其行事……」（第616頁）云云，由此可知，僧允躬來自甘露寺，
甘露寺又係李德裕在擔任浙西觀察節度使期間所創立，詳見下文所述。

〔註20〕【唐】張彥遠 撰：《歷代名畫記》卷三「兩京外州寺觀壁畫」條，上海古籍
出版社縮印文淵閣四庫全書《子部八》，第812冊第311頁下欄至312頁上欄。

〔註21〕【宋】郭若虛 撰：《圖畫見聞志》卷五「會昌廢壁」條，上海古籍出版社縮
印文淵閣四庫全書《子部八》，第812冊第558頁下欄至559頁上欄。

〔註22〕又據前揭《嘉定鎮江志》卷六《地理・山川》「丹徒縣」條云：「李德裕創甘
露寺於北固山，而祭言禪師文以為北固乃京峴之一枝……」（第119頁）同書
卷八《僧寺》「丹徒縣」條云：「甘露寺，在北固山。唐寶曆中，李德裕建，
以資穆宗冥福（自注：《潤州類集》：熙寧中，主僧應夫因治地，獲德裕所藏舍利並手記，
云『創甘露寶刹，以資穆皇之冥福。』）時甘露降此山，因名。」（第197頁）由此
可知，李德裕創立甘露寺，動機正是為了唐穆宗祈求冥福，造寺建塔、供養
舍利乃是佛教信徒建功德、祈福祉的主要方法，此事又表明李德裕對於佛教
的宗教儀式頗為熟悉。

露寺，而甘露寺的保留，又在客觀上保護了江南各地寺院中的歷代名畫，從而爲保護「文化遺產」做出了貢獻。當然，此事進一步印證我們的看法，即李德裕對於佛教的態度，並非眞心牴觸，他對佛教義理是有所研究的，對於佛教教義也是能夠接受的，甚至不能排除他對佛教教義還有些許信仰的成分。

三、李德裕與「會昌毀佛」

既然李德裕對於佛教並非眞心牴觸，那麼唐武宗會昌年間所發生的毀佛事件，他要負多大責任呢？李德裕在「會昌毀佛」中的行爲、表現又該如何解釋呢？

首先必須明白，由於李德裕乃是會昌時期的實際執政大臣，因此其間所發生的任何重大政治措置，李德裕都應該是參與決策的主要人物之一。「會昌毀佛」之發生、「會昌毀佛」之深入開展、毀佛政策之製定，均和李德裕的大力襄贊有著分割不開的關係。簡言之，李德裕對於會昌時期的毀佛，在態度上是贊同支持的，在行動上又是實際政策的製定者。這也應該就是圓仁在所撰《入唐求法巡禮行記》中，有一部分內容對李德裕進行詆毀的根本原因。

李德裕所以贊同並主持了「會昌毀佛」的工作，並非基於對佛教教義或有道高僧的仇恨，而是針對佛教界嚴重僞濫的狀況，特別是佛教勢力的擴張已經深深地影響到社會政治經濟的運行，作爲會昌政治的實際執政者，他有責任對此弊端加以整飭。從本質上來說，李德裕所主張的「毀佛」，是希望對佛教的僞濫狀況加以整頓，特別是限制佛教勢力的進一步惡性膨脹。徵諸史實，對佛教的這個認識和態度，一方面來自於李德裕對佛教的一貫主張，另一方面也有受到家風傳統影響方面的因素。

李德裕的父親李吉甫，對於佛教勢力的迅速擴張及由此造成的僞濫狀況，就曾主張加以治理。唐憲宗元和六年（811）正月，李吉甫第二次出任宰相，在執掌朝政期間，李吉甫曾著手進行政治革新，其政治革新的一項重要內容，就是針對佛教寺院的問題。據《舊唐書・李吉甫傳》云：「京城諸僧有以莊磑免稅者，吉甫奏曰：『錢米所徵，素有定額，寬緇徒有餘之力，配貧下無告之民，必不可許。』憲宗乃止。」〔註23〕可見，李吉甫主張對寺院進行

〔註23〕 《舊唐書》卷一四八《李吉甫傳》，第 3994 頁。此事《新唐書》卷一四六《李栖筠附子吉甫傳》亦有載，云：「又奏收都畿佛祠田、磑租入，以寬貧民。」（第 4741 頁）《唐會要》卷八九「碾磑」條則將此事繫於元和六年正月。（第 1925 頁）

限制，同樣也不是出於對佛教教義的敵視，而是著眼於經濟方面，寺院擁有經濟特權，不僅直接與民爭利，同時也是對國家經濟的變相掠奪。

李德裕在處理寺院經濟惡性膨脹的問題時，和父親李吉甫的做法幾無二致。例如，李德裕在唐穆宗長慶四年（824）十二月，曾以浙西觀察使的身份上書唐穆宗，要求下令禁止徐州節度使王智興在泗州私度僧尼，據前揭《王智興度僧尼狀》云：

> 王智興於新屬泗州置僧尼戒壇，自去冬於江淮以南，所在懸榜招置。江淮自元和二年後，不敢私度。聞泗州有壇，戶有三丁，必令一丁落髮，意欲規避王徭，影庇資產。自正月以來，落髮者無慮數萬。臣今於蒜山渡點其過者，一日百餘人，勘問惟十四人是舊人沙彌，餘是蘇、常百姓，亦無本州文牒，尋已勒還本貫。訪聞泗州置壇次第，凡髡夫到，人納二千，給牒即回，別無法事。若不特行禁止，比至誕節，計江淮以南，失卻六十萬丁壯。此事非細，繫於朝廷法度。〔註24〕

從狀文內容可知，徐州節度使王智興在泗州置壇剃度僧尼，絕非是出於對佛教的信仰，而是爲了聚斂錢財。由於江淮以南對於剃度出家之管束甚嚴，因此蘇州、常州一帶的人民爲了逃避國家賦稅，紛紛渡江到泗州剃度，結果造成江南勞動力的大量流失。據李德裕估算，如果任由這種情況持續下去，江南在未來三個月左右的時間裏，將損失 60 多萬的壯丁。李德裕當時擔任浙西觀察使之職，徐州、泗州並不屬於他的管轄範圍，因此他完全可以採取事不關己的態度，沒有必要上奏此事。但是，出於對國家利益的考慮，李德裕並沒有採取明哲保身的做法，而是不惜得罪徐州節度使王智興也要毅然上奏，請求朝廷對王智興的做法加以禁止。從這道奏狀當中，我們根本看不出李德裕對佛教的仇視或牴觸，只能看到他維護大唐帝國國家利益的赤膽忠心。

又，唐敬宗寶曆二年（826），傳言亳州（今安徽譙縣）出現所謂「聖水」，亳州屬汴州刺史、宣武軍節度使、汴宋亳觀察使治下，其長官爲令狐楚，令狐楚上奏朝廷，說「聖水」可以治病。李德裕認爲這是「妖僧」惑人，並爲此上了一道奏章，指出這是「妖僧誑惑，狡計丏錢」的行爲，但由於令狐楚

〔註24〕 《李德裕文集校箋‧別集》卷五，第 516～517 頁。此事《舊唐書》卷一七四《李德裕傳》、《新唐書》卷一八○《李德裕傳》、《資治通鑒》卷二四三唐穆宗長慶四年（824）十二月乙未條，均有記載，可參。

等人的縱容保護，江南人紛紛趕赴亳州，很多人家爲了買「聖水」而傾家蕩產，更有許多老疾之人飲水後病危，李德裕因此請求唐敬宗下詔，讓令狐楚填塞水井，「以絕妖源」。〔註25〕與此同時，李德裕還召集民衆，現身說法，以事實公開揭露「妖僧」的騙人伎倆。〔註26〕此事與長慶四年揭露王智興在泗州置壇剃度僧尼如出一轍，所針對的都是佛教僞濫、妖僧騙人的行爲，而不是出於對佛教的仇視或牴觸。

唐文宗太和時期，李德裕出任西川節度使，在川西任職期間，他也曾在轄區推行過禁佛政策，史言：「毀屬下浮屠私廬數千，以地予農。蜀先主祠旁有獠村，其民剔髮若浮屠者，畜妻子自如，德裕下令禁止。蜀風大變。」〔註27〕從中可見，李德裕在川西禁佛，出發點是爲了解決寺院廣占田地，農民土地不足，以及僞濫假冒僧侶的等問題，經過李德裕的大力整飭以後，劍南西川地區的社會風氣也發生了明顯變化。

李德裕對佛教僞濫及其給社會所造成危害的認識，除了來自實際政治生活中的身同感受以外，還有他對歷史經驗教訓的總結與反思，歷史上的前車之鑒，反過來又進一步深化了他對佛教僞濫及其危害嚴重性的認識。再如我們前面已經提及的《梁武論》一文，這是李德裕梁武帝佞佛一事進行深刻反思，所寫成的一篇史論性文章。這一篇幅不長的文章中，李德裕深刻指出：「世人疑梁武建佛刹三百餘所，而國破家亡，其禍甚酷，以爲釋氏之力，不能拯其顚危。余以爲不然也⋯⋯余嘗深求此理。」〔註28〕李德裕所深入探求的道理是什麼呢？李德裕認爲：從勸人放棄貪念、控制私欲膨脹這一點來說，佛教的主張和道家一致。儘管梁武帝表面上克制自己的欲望，本人也帶頭節儉，並宣稱自己修建佛寺是爲民衆和國家祈福。但是，梁武帝修建佛寺的錢財，「或出自有司，或厚斂眠俗，竭經國之費，破生人之產，勞役不止，

〔註25〕《舊唐書》卷一七四《李德裕傳》，第4516頁。又，此事《新唐書》卷一八○《李德裕傳》、《新唐書》卷一七三《裴度傳》、《唐語林》卷一《政事》等均有記載，可一併參看。李德裕所上《亳州聖水狀》全文，可參《李德裕文集校箋‧別集》卷五，第515～516頁。

〔註26〕據《唐語林校證》卷一《政事》載：「寶曆中，亳州云出聖水，服之愈宿疾，亦無一差者。自洛已來及江西數十郡，人爭施金貨之衣服以飲焉，獲利千萬，人轉相惑。李德裕在浙西，命於大市集人，置釜取其水，設令取豬肉五斤煮，云：『若聖水也，肉當如故。』逡巡熟爛。自此人心稍定，妖者尋而敗露。」（第71頁）

〔註27〕《新唐書》卷一八○《李德裕傳》，第5332頁。

〔註28〕《李德裕文集校箋‧外集》卷四，第708～709頁。

杼柚其空，閭位偏方，不堪其弊，以徼身福，不其悖哉！此梁武所以不免也。」〔註29〕這也就是說，梁武帝雖然能夠克制一己之私欲，卻不能掩蓋刻剝人民的「大欲」，這刻剝民眾的「大欲」，適與佛教所提倡的「節制欲望」南轅北轍，這正是梁武帝統治不能善終的根本原因！易言之，佛家真正的「節欲」，應該是放棄一切營造修建，轉而加強內心自省！應該說，這才是佛教的真諦！從中我們不難看出，李德裕對佛家理論的認識和領悟，是多麼的精緻而深刻！

由此我們再來看「會昌毀佛」，就不難發現李德裕所參與的這場「毀佛」運動，並非因為信仰方面的原因，他的本意並不是要毀滅佛教，而是從國家、民眾的根本利益出發，同時也是對佛教界進行的一次「純潔」運動，是希望通過「毀佛」的方式，將那些假和尚、假信徒清除出去。據諸李德裕所撰有關文章記載，當時的佛教寺院十分奢華，所謂「土木興妖，山林增構；一巖之秀，必極雕鐫；一川之腴，已布高剎；鬼功不可，人力寧堪？」〔註30〕寺院廣占良田、大興土木，浪費大量人力物力，既加重廣大勞動人民的經濟負擔，也嚴重影響到唐朝的國家財政收入。「會昌毀佛」的根本目的，就是要將這些財富從佛教寺院手中奪回，增加國家財政收入，以減輕廣大人民的經濟負擔，這正是會昌毀佛首先從省併寺院、拆除佛寺開始的原因所在。據諸史載，會昌毀佛期間總共拆除大小寺院 46600 多所。

「會昌毀佛」的另外一大貢獻就是，將大量勞動力從佛寺中解放出來，使他們重新成為國家的編戶齊民。據前揭《賀廢毀諸寺德音表》載，會昌毀佛期間勒令還俗的僧尼，以及隸屬於寺院的寺戶、奴婢，共計 41 萬多人。這是一個什麼樣的數字呢？唐代宗大曆十三年（778）四月，劍南東川觀察使李叔明奏請澄汰佛、道二教，事下尚書省集議。都官員外郎彭偃因此上了一道奏章，其中有云：

> 當今道士，有名無實，時俗鮮重，亂政猶輕。惟有僧尼，頗為穢雜……今天下僧道，不耕而食，不織而衣，廣作危言險語，以惑愚者。一僧衣食，歲計約三萬有餘，五丁所出，不能致此。舉一僧以計天下，其費可知……臣伏請僧道未滿五十者，每年輸絹四疋；尼及女道士未滿五十者，輸絹二疋。其雜色役與百姓同。有才智者令入仕，請還俗

〔註29〕《李德裕文集校箋·外集》卷四《梁武論》，第708～709頁。
〔註30〕《李德裕文集校箋·文集》卷二十《賀廢毀諸寺德音表》，第390頁。

爲平人者聽。但令就後輸課，爲僧何傷。臣竊料其所出，不下今之租

賦三分之一，然則陛下國富矣，蒼生之害除矣。〔註31〕

按照彭偃的說法，一個僧尼每年衣食需要耗費三萬多錢，相當於 5 個丁口所
交納的賦稅，唐代宗大曆十三年的天下僧尼人數，我們並不知道，但從彭偃
說，如果年齡不到五十歲的僧道每人每年納絹 4 匹、年齡不到五十歲的尼姑、
女道士每人每年納絹 2 匹，則總計所得不少於全年國家租賦收入的三分之一！
僧尼人數之多，不難想像！以本年勒令還俗的僧尼 41 萬人計，則相當於國家
財政增加收入 123 億錢，或 205 萬丁口的租賦了。

　　彭偃一僧所費需五丁供養的說法，並非誇張之辭。晚唐詩人杜牧也曾撰
文說：

　　　　文宗皇帝嘗語宰相曰：「古者三人共食一農人，今加兵、佛，一
　　農人乃爲五人所食，其間吾民尤困於佛。」帝念其本牢根大，不能
　　果去之。

　　　　武宗皇帝始即位，獨奮怒曰：「窮吾天下，佛也。」始去其山臺
　　野邑，四方所冠其徒，幾至十萬人。後至會昌五年，始命西京留佛寺
　　四，僧唯十人：東京二寺。天下所謂節度觀察，同、華、汝三十四治
　　所，得留一寺，僧准西京數，其他刺史州不得有寺。出四御史縷行天
　　下以督之，御史乘驛未出關，天下寺至於屋基耕而刓之。凡除寺四千
　　六百，僧尼笄冠二十六萬五百，其奴婢十五萬，良人枝附爲使令者
　　〔註32〕，倍笄冠之數，良田數千萬頃，奴婢口率與百敵，編入農籍。
　　其餘賤取民直，歸於有司，寺材州縣得以恣新其公署傳舍。〔註33〕

〔註31〕　《唐會要》卷四十七「議釋教上」條，第 980～981 頁。

〔註32〕　按，此句有誤，意不可解，姜伯勤氏在參考日人滋野井恬氏研究成果（滋野井
　　　　恬：《唐代佛教史論》，京都，1973。）的基礎上，指出此句應爲「良人投附爲使人
　　　　者」之誤，意即良民投附寺院，成爲供寺院驅使之「使人」，詳參前揭氏著《唐
　　　　五代敦煌寺戶制度》，第 22～23 頁、第 277～278 頁。

〔註33〕　【唐】杜牧撰，陳允吉 校點：《樊川文集》卷十《杭州新造南亭子記》，第 155
　　　　頁，上海，上海古籍出版社，2009。按，杜牧此文所載沙汰僧尼及寺院奴婢
　　　　人數，《新唐書》卷五二《食貨志二》亦有記述，云：「武宗即位，廢浮圖法，
　　　　天下毀寺四千六百、招提蘭若四萬，籍僧尼爲民二十六萬五千人，奴婢十五
　　　　萬人，田數千萬頃，大秦穆護、祆二千餘人。」（第 1361 頁）因此，杜牧文
　　　　中所說「二十六萬五百」，也有可能是「二十六萬五千」之誤，至於奴婢數則
　　　　相同，均記爲「十五萬」，《新志》所多出來的是「大秦穆護、祆二千餘人」，
　　　　亦即摩尼教徒、祆教徒二千餘人。總體來看，這兩個數據差別不大，因此沙
　　　　汰的僧尼及奴婢總數，大概在 40 萬人以上。

從中可知，對於佛教有害於國計民生，唐文宗也有明確認識，他和宰相談起農民的負擔，說得十分直白：以前農民一個人需要供養三個人，現在增加了兵、佛，變成了五個。增加的士兵，他們擔負守土衛國之責，由國家財政承擔其支出，猶不失理由正當。根據彭偃的說法，僧尼一人衣食所費，需要五個丁夫供應，這也難怪唐文宗要驚呼「其間吾民尤困於佛」了！不妨計算一下，唐武宗即位初期，罷去僧尼 10 萬人，會昌毀佛共沙汰 26.5 萬僧尼，同時解放寺院奴婢 15 萬人，按照前揭 5 丁供養一僧計算，則相當於解放近 190 萬的勞動力。再考慮到 40 多萬的寄生者也大多數還俗為民，又可直接增加 40 多萬勞動力。這兩個數據相加，就相當於增加了 230 多萬丁壯的勞動力。這對於唐朝的國家財政來說，不等於是卸掉了一個沉重的包袱嗎？

還有一點也要注意，那就是「會昌毀佛」將寺院的土地及財貨沒收，重新收歸國家所有。就土地佔有情況而言，隨著寺院地主階級的形成，大量良田成為寺院的私產，史言「凡京畿之豐田美利，多歸於寺觀，吏不能制。」〔註 34〕其實，不僅長安、洛陽地區是這樣，全國其他地方也大致如此，大量良田都被寺院佔領了，寺院經濟的惡性膨脹，已經嚴重影響到唐朝的國家財政收入。「會昌毀佛」又是如何處理這些重新收回的土地呢？據《新唐書·食貨志》云：「腴田鬻錢送戶部，中下田給寺家奴婢丁壯者為兩稅戶，人十畝。」〔註 35〕也就是說，質量上好的良田公開出售，所得錢歸於戶部，即納入國家財政收入；質量不高的中田、下田，分配給從寺院解放出來的奴婢丁壯，並將他們編入國家戶籍成為兩稅戶，人均得田十畝。通過這樣處理以後，不僅增加了國家的財政收入，還解放了一部分勞動力，擴充了編戶齊民。下一個問題是，「會昌毀佛」到底從寺院收回了多少土地？《舊唐書·武宗紀》、《新唐書·食貨志》、《資治通鑒》及杜牧的《杭州新造南亭子記》等，均說收回良田數千萬頃，只有李德裕的《賀廢毀諸寺德音表》說有數千頃，估計是《賀廢毀諸寺德音表》等在傳抄過程中有闕、漏或誤字，我傾向於作「數十萬頃」為是。至於沒收寺院財貨，則主要是將廢毀寺院中的銅像、鐘磬、鐵像等金屬製品沒收，其中銅質材料交給鹽鐵使鑄錢，鐵像則交給本州作為鑄造農器之用，金、銀等貴重金屬，則熔煉以後交給度支，也就是收歸國庫所有。

〔註 34〕 《舊唐書》卷一一八《王縉傳》，第 3417 頁。
〔註 35〕 《新唐書》卷五二《食貨志二》，第 3631 頁。

綜合以上分析可知,「會昌毀佛」的著眼點是國計民生,尤其唐朝的國家經濟利益。當然,我們並不否認其中也包含佛教、道教鬥爭的因素,因為最高統治者唐武宗確實是一個虔誠的道教信徒。另外,在毀佛的過程中,也確實有一些道教徒乘機煽風點火、推波助瀾。但是,我們必須清楚地看到,佛、道鬥爭這個因素,絕對不是「會昌毀佛」的主要原因。至於圓仁等佛教徒把唐武宗迷戀道教作為他推行毀佛政策的根本原因,顯然是站在佛教立場上看問題,其觀點偏頗,並不足以為憑。

作為「會昌毀佛」的實際主持人之一,李德裕也絕對不是因為信仰問題而主張毀佛,他考慮問題的出發點只能是現實政治,只能立足於為國家理財、抒民生困頓。正因會昌毀佛立足於國計民生,故當時及其後的一些有識之士,便對「會昌毀佛」進行了熱情謳歌,稱讚唐武宗、李德裕此舉是「利民」、「務民」的行為。例如,唐宣宗大中(847~860)年間進士及第的劉蛻,就曾撰文極力抨擊佛教之害民蠹政,並因此對唐武宗、李德裕大加稱讚,稱其為「聖主賢臣」,略云:

> 伏以釋氏之疾生民也,比虞禹時,曷嘗在洪水下?比湯與武王時,曷嘗在夏政商王下?比孔子、孟軻時,曷嘗在禮崩樂壞、楊墨邪道下?而聖主賢臣,欲利民而務其民害如此其勤也?今釋氏夷其體而外其身,反天維而亂中正,自晉以來相率詭怪而往之,半天下而化其衣冠……今天子聰明,以為中正衣冠之所棄,則刑政教化亦無所取,故絕其法不使汙中土,未半年,父母得隸子,夫婦有家室,是以復出一天下也。僕故謂其功業出禹、湯、武王、孔子、孟軻之上……〔註36〕

在劉蛻看來,唐武宗會昌毀佛的功業,和禹、湯、武王、孔子、孟軻等人相比,猶在其上,因為會昌毀佛不到半年,就恢復了父母子女得以團聚、夫婦重新有了家室的社會和諧局面,這種「復出一天下」的功業,當然都是拜託「聖主賢臣」之賜了。比劉蛻稍晚一些時候的孫樵,也曾對「會昌毀佛」大加讚揚,略云:

> 武皇帝得利劍於希夷之間,提攜六年而四用之,宜其庶績暉如哉!……浮屠之流,其來綿綿,根盤蔓滋,日熾而昌;蠹於民心,蟊於民生,力屈財殫,民惙不知。武皇始議除之,女泣於閨,男號

〔註36〕 【唐】劉蛻:《文泉子集》卷五《移史館書》,上海古籍出版社縮印文淵閣四庫全書《集部二》,第 1082 冊第 636 頁上欄。

于途，廷臣辨之於朝，褻臣爭之於旁，群疑膠牢，萬口一辭。武皇曾不待（按，據宋蜀刻本唐人集《孫可之文集》，「待」作「持」，疑宋蜀刻本是。上海古籍出版社 2013 年「宋蜀刻本唐人文集叢刊」《孫可之文集》卷五《武皇遺劍錄》，第 53 頁）疑，卒詔有司，驅群髡而髮之，毀其居而田之。其徒既微，其教僅存，民瘳其瘵，國用有加，風雨以時，災沴不生。非武皇四用其劍耶？……〔註37〕

孫樵在這篇激情洋溢的歌頌文章中，對唐武宗「四用其劍」即四大功績（按，即定幽州、逐回鶻、平澤潞、廢佛教）大加讚揚，特別是對毀廢佛教一事更是心情謳歌，孫樵的著眼點也是國計民生。唐宣宗即位後，全面復興佛教，孫樵又上了一道《復佛寺奏》，對唐宣宗的這項決策提出批評，略云：

賤臣樵上言：臣以為殘蠹於理者，群髡最大。且十口之家（注：謂中戶也），男力而耕，女力而桑，卒（按，據宋蜀刻本唐人集《孫可之文集》，「卒」作「雖」，未知孰是。上海古籍出版社 2013 年「宋蜀刻本唐人文集叢刊」《孫可之文集》卷六《復佛寺奏》，第 59 頁）歲，其衣食僅自給也，棟宇僅自完也。若群髡者，所飽必稻粱，所衣必綿穀，居則邃宇，出則肥馬，是則中戶不十不足以活一髡。武皇帝元年，籍天下群髡者，凡十七萬夫，以十家給一髡，是編民百七十萬困於群髡矣。武皇帝一旦髮天下髡，悉歸平民，是時一百七十萬家之心，咸知生地。陛下自即位以來，詔營廢寺以復群髡，自元年正月即位以來，泊今年五月，斤斧之聲不絕天下而工未已。訊（按，據宋蜀刻本唐人集《孫可之文集》，「訊」作「訖」，未知孰是。上海古籍出版社 2013 年「宋蜀刻本唐人文集叢刊」《孫可之文集》卷六《復佛寺奏》，第 60 頁）聞陛下即復之不休，臣恐數年之間，天下十七萬髡如故矣。臣以為武皇帝即不能除群髡，陛下宜勉思而去之，以甦疲民，況將興於已廢乎？請以開元之事明之……

臣願陛下已復之髡止而勿復加，已營之寺止而勿復修，庶幾天下之民尚可活也。今天下最不可去者兵也，尚為陛下日夜思去兵之術，究開元太平事，冀異日為陛下言之，況去無用之髡耶？臣昧死以言。〔註38〕

〔註37〕 【唐】孫樵：《孫可之集》卷五《武皇遺劍錄》，上海古籍出版社縮印文淵閣四庫全書《集部二》，第 1083 冊第 79 頁下欄至 80 頁上欄。

〔註38〕 《孫可之集》卷六《復佛寺奏》，上海古籍出版社縮印文淵閣四庫全書《集部二》，第 1083 冊第 81 頁下欄至 82 頁下欄。

基於以上，我認爲，李德裕在會昌時期的事功，襄助唐武宗毀佛也是十分重要的一點。「會昌毀佛」決策的出發點在於國計民生和唐朝的國家利益，唐武宗君臣的個人宗教信仰，並非影響決策的關鍵因素。以李德裕來說，他不僅對佛教義理頗有研究，甚至還有些許信仰，但是作爲肩負國計民生的執政大臣，他能夠拋開個人信仰愛好等因素的干擾，一切從國家政治需要出發，推動、襄助唐武宗做出毀佛的重大決策，這既需要相當的勇氣和膽識，也需要很高的政治智慧。因爲在一個佛教信仰風靡已久的社會中，要做出這樣一個可能會引起千夫所指的政治決策，並將其付諸實施，其間所可能遇到的阻力和所要承受的政治、精神方面的雙重壓力，是不難想像的。

「吳湘之獄」再探討

　　從單純的司法角度來說，「吳湘之獄」原本只是發生於唐武宗會昌年間的一樁基層官員犯罪案件，案犯吳湘也不過就是一個品級為從九品上的縣尉，所犯罪行也只是政府官員常見的貪污錢糧，以及涉嫌違律嫁娶，均非十惡不赦的大罪。〔註1〕然而，包括兩《唐書》、《資治通鑒》以及唐末五代時期為數眾多的筆記小說，對「吳湘之獄」卻有著數量眾多、詳細而紛繁的記錄，從而使得這個十分普通的官員犯罪案件，在千年之後仍然顯得不同尋常。

　　今人對「吳湘之獄」所做的探討或評價，數量頗夥，有些研究也較為深入。鄙見所及，這些研究或論斷，多數著眼於「牛李黨爭」的角度，如張采田氏在《玉谿生年譜會箋》大中二年二月，對覆審吳湘一案就有評價，指出此案之真相，乃是「牛黨傾軋李黨一大事，蓋欲為一網打盡之計。」〔註2〕岑仲勉氏《通鑒隋唐紀比事質疑》「吳湘獄」條也說：「吳湘之獄，無非周內鍛鍊以成德裕之罪而已。」〔註3〕筆者多年以前也曾撰文討論此案。〔註4〕到底是什麼原因，使得份量本來無足輕重的「吳湘之獄」，竟然在歷史上留下如此濃墨重彩的一筆？對「吳湘之獄」的重新審視，除有助於揭示歷史真相之外，

〔註1〕　本案案犯吳湘，或云江都縣令，或云江都縣尉。本文取傅璇琮氏《李德裕年譜》（石家莊，河北教育出版社，2001。）的說法，吳湘時任江都縣尉。據《新唐書》卷四九下《百官志四下》的記載，諸州上等縣的縣尉，品級為從九品上，江都係揚州都督府治所，因此江都乃是揚州所轄的上等縣（「望縣」），其縣尉品級自然就是從九品上。

〔註2〕　張采田撰：《玉谿生年譜會箋》卷三「大中二年二月」，第133頁，上海，上海古籍出版社，1983。

〔註3〕　岑仲勉撰：《通鑒隋唐紀比事質疑》，第304頁，北京，中華書局，1964。

〔註4〕　李文才撰：《關於吳湘案的幾點考釋》，《揚州師院學報》1995年第4期，第110～112頁。

對今天我們建設法治中國是否也有一定的借鑒意義？本文擬通過對「吳湘之獄」的考察，對此做出回答。

一、有關「吳湘之獄」的文獻記載

「吳湘之獄」發生於唐武宗會昌五年（845），有關此案的文獻記載十分豐富。首先是兩《唐書》、《資治通鑒》等所謂「正史」，均有很多關於此獄的記錄，如：《舊唐書》卷一七三《李紳傳》及所附《吳汝納傳》、《新唐書》卷一八一《李紳傳》、《舊唐書》卷一八下《宣宗紀》記述均頗爲詳細，其中尤以《舊唐書・宣宗紀》爲詳。另外，《舊唐書》卷一七四《李德裕傳》、《新唐書》卷一八〇《李德裕傳》、《舊唐書》卷一六五《柳公綽附子仲郢傳》、《新唐書》卷一六三《柳公綽附子仲郢傳》、《新唐書》卷一三一《李回傳》、《新唐書》卷一七七《敬晦傳》、《新唐書》卷一八五《鄭畋傳》等，也都或多或少地提及吳湘案；《資治通鑒》卷二四八也有此案過程的完整記述，分別繫於唐武宗會昌五年（845）正月和唐宣宗大中元年（855）九月。

其次，晚唐五代時期的野史筆記，對「吳湘之獄」也頗多記載，如《北夢瑣言》卷六、《雲溪友議》卷中、《南部新書》卷丁、《賈氏談錄》等均有關於這個案件的記述。另外，《新唐書》卷五八《藝文志二》注錄有《吳湘事迹》一卷，此書可能即南宋晁公武《郡齋讀書志》卷二下所注錄的《吳湘事跡錄》一卷，這表明晚唐時代已經有記錄「吳湘之獄」的專門性著作了，只不過此書久佚，否則，肯定有助於我們深化對「吳湘之獄」的認識，甚至有可能早就將「吳湘之獄」的謎底揭開。

茲將《資治通鑒》卷二四八所載吳湘案，以及覆審吳湘案之始末情況，摘錄如下：

1. 淮南節度使李紳按江都令吳湘盜用程糧錢，（胡注：《新書・百官志》：主客郎中，主蕃客。東南蕃使還者，給入海程糧；西北蕃使還者，給度磧程糧。至於官吏以公事有遠行，則須計程以給糧，而糧重不可遠致，則以錢準估，故有程糧錢。）強娶所部百姓顏悅女，估其資裝爲贓，罪當死。湘，武陵之兄子也，李德裕素惡武陵，議者多言其冤，諫官請覆按，詔遣監察御史崔元藻、李稠覆之。還言：「湘盜程糧錢有實；顏悅本衢州人，嘗爲青州牙推，妻亦士族，與前獄異。」德裕以爲無與奪，二月，貶元藻端州司戶，稠汀州司戶。不復

更推，亦不付法司詳斷，即如紳奏，處湘死。（胡注：爲德裕以吳湘獄致禍張本。）諫議大夫柳仲郢、敬晦皆上疏爭之，不納。——唐武宗會昌五年（845）正月、二月，第8014頁

2. （大中元年九月）乙酉，前永寧尉吳汝納，訟其弟湘罪不至死，「李紳與李德裕相表裏，期罔武宗，枉殺臣弟，乞召江州司户崔元藻等對辨。」丁亥，敕御史臺鞫實以聞。冬，十二月，庚戌，御史臺奏，據崔元藻所列吳湘冤狀，如吳汝納之言。戊午，貶太子少保、分司李德裕爲潮州司馬。——唐宣宗大中元年九月，第8031頁

3. 初，李德裕執政，有薦丁柔立清直可任諫官者，德裕不能用。上即位，柔立爲右補闕；德裕貶潮州，柔立上疏訟其冤。丙寅，坐阿附貶南陽尉。（胡注：史言丁柔立有是非之心。）

   西川節度使李回、桂管觀察使鄭亞坐前不能直吳湘冤，乙酉，回左遷湖南觀察使，亞貶循州刺史，李紳追奪三任告身。（胡注：李紳已薨，故追奪。）中書舍人崔嘏坐草李德裕制不盡言其罪，己丑，貶端州刺史。——唐宣宗大中二年正月，第8031～8032頁

又據《舊唐書》卷十八下《宣宗紀》，將吳汝納訴訟「吳湘之獄」案情，陳列如下：

1. （大中元年）九月，前永寧縣尉吳汝納詣闕稱冤，言：「弟湘會昌四年任揚州江都縣尉，被節度使李紳誣奏湘贓罪，宰相李德裕曲情附紳，斷臣弟湘致死。」詔下御史臺鞫按。——第618頁

2. （大中二年）二月，制劍南西川節度、光祿大夫、檢校吏部尚書、同平章事、成都尹、上柱國、隴西郡開國公、食邑二千户李回責授湖南觀察使，桂州刺史、御史中丞、桂管防禦觀察使鄭亞貶循州刺史，前淮南觀察判官魏鉶貶吉州司户，陸渾縣令元壽貶韶州司户，殿中侍御史蔡京貶澧州司馬。御史臺奏：

   據三司推勘吳湘獄，謹具逐人罪狀如後：揚州都虞候盧行立、劉群，於會昌二年五月十四日，於阿顏家喫酒，與阿顏母阿焦同坐，群自擬收阿顏爲妻，妄稱監軍使處分，要阿顏進奉，不得嫁人，兼擅令人監守。其阿焦遂與江都縣尉吳湘密約，嫁阿顏與湘。劉群與押軍牙官李克勳即時遮攔不得，乃令江都百姓

論湘取受，節度使李紳追湘下獄，計贓處死。具獄奏聞。朝廷疑其冤，差御史崔元藻往揚州按問，據湘雖有取受，罪不至死。李德裕黨附李紳，乃貶元藻嶺南，取淮南元申文案，斷湘處死。今據三司使追崔元藻及淮南元推判官魏鉶並關連人款狀，淮南都虞候劉群，元推判官魏鉶，典孫貞、高利、錢倚、黃嵩，江都縣典沈頌、陳宰，節度押牙白沙鎮過使傅義，左都虞候盧行立，天長縣令張弘思，典張洙清、陳迴，右廂子巡李行璠，典臣金弘舉，送吳湘妻女至澧州取受錢物人潘宰，前揚府錄事參軍李公佐，元推官元壽、吳珙、翁恭，太子少保分司李德裕，西川節度使李回，桂管觀察使鄭亞等，伏候敕旨。

其月，敕：

李回、鄭亞、元壽、魏鉶已從別敕處分。李紳起此冤訴，本由不真，今既身歿，無以加刑。粗塞眾情，量行削奪，宜追奪三任官告，送刑部注毀。其子孫稽於經義，罰不及嗣，並釋放。李德裕先朝委以重權，不務絕其黨庇，致使冤苦，直到于今，職爾之由，能無恨歎！昨以李咸所訴，已經遠貶。俯全事體，特爲從寬，宜準去年敕令處分。張弘思、李公佐卑吏守官，制不由己，不能守正，曲附權臣，各削兩任官。崔元藻曾受無辜之貶，合從洗雪之條，委中書門下商量處分。李恪詳驗款狀，蠹害最深，以其多時，須議減等，委京兆府決脊杖十五，配流天德。李克勳欲收阿顏，決脊杖二十，配流硤州。劉群據其款狀，合議痛刑，曾效職官，不欲決脊，決臀杖五十，配流岳州。其盧行立及諸典吏，委三司使量罪科放訖聞奏。——第619～620頁

正如前面所說，吳湘之獄本來只是一起普通的官員犯罪案件，但是在帝王本紀中，卻有如此翔實的記錄，就不能不引起我們的格外關注。〔註5〕

〔註5〕 按，《舊唐書》成書倉促，且唐武宗以後的諸帝本紀因爲缺少實錄、國史爲憑據，故史臣修撰過程中，確有以蕪雜史料充數者，這也可能是《宣宗紀》記載覆審吳湘之獄如此詳細的一個原因。儘管我們並不否認這可能是原因之一，但在帝王本紀中如此大費筆墨，去記述一件地方基層官員犯罪的審理案件，還是有其特殊的時代背景，這個背景就是唐代中後期的「牛李黨爭」，從最後的處理結果來看，覆審此案的眞正目的，正如張采田、岑仲勉二氏所說的那樣，就是爲了徹底整垮李德裕，其實質仍不脫黨派分爭的範疇。

另外，一個品級極低的縣尉貪污案，在覆審之後，竟有如此之多的官員因此受到牽連，也值得我們特別關注，因為在這些受到牽連的官員中，不僅有縣令等地方基層官吏，還有節度使、觀察使、刺史等封疆大吏，以及中央專職監察官，甚至還包括前宰相等重臣。

二、「吳湘之獄」案情之剖析

「吳湘之獄」案情的眞實性如何？《資治通鑑》所載，與《舊唐書・宣宗紀》的記述有何異同？二者之間的異同，直接關係到我們對本案案情的認識與分析。

吳湘因何被治罪？吳湘所犯罪行，是否足以判處其死刑？這些都是本案十分關鍵的環節。根據《資治通鑑》的記述，我們可以明確看到，吳湘所犯罪行主要有二：一是盜取程糧錢，二是強娶所部百姓顏悅之女。要準確認識吳湘所犯兩條罪行，以及他因此所應受到懲罰，就必須首先瞭解「程糧錢」之內涵及其性質；其次，還要弄清楚唐朝法律對地方官員娶妻的相關規定。

（一）唐代「程糧錢」的性質及相關法律規定

唐代的程糧錢，大致包括如下五種：

第一種，與唐代外交活動有關，根據唐朝制度規定，凡是外國派來唐朝的使節，唐朝政府在他們返回的時候，都爲其提供返程的糧草資費，其中西南諸蕃使節，給「入海程糧」，西北諸蕃使節給「度磧程糧」，這類程糧錢的中央主管部門，爲禮部尙書下屬之主客郎中，程糧錢的數量、撥付、管理均由其負責。〔註6〕

第二種，官員因公事遠行，政府要提供程糧錢，相當於今天的因公出差補助。

第三種，官員犯罪，在流放過程中，如遇到本人半路生病、婦人哺乳、父母或祖父母死亡、兒女或奴婢亡故等情況，政府在給予他們一定假期的同時，還要給予一定的物資補助，讓他們去處理這些事務，這一類支出也可稱爲「程糧」。〔註7〕

〔註6〕 據《新唐書》卷四六《百官志一》「主客郎中」條：「主客郎中、員外郎各一人，掌二王後、諸蕃朝見之事……路由大海者，給祈羊豕皆一。西南蕃使還者，給入海程糧；西北諸蕃，則給度磧程糧。」（第1195～1196頁）可知，對外國派來唐朝的使節，在他們返回的時候，唐朝政府要爲他們提供返程所需的物資錢糧，給西南蕃客者，稱爲「入海程糧」，給西北諸蕃者，則稱爲「度磧程糧」。

〔註7〕 《新唐書》卷五六《刑法志》：「流移人在道疾病，婦人免乳，祖父母、父母喪，男女奴婢死，皆給假，授程糧。」（第1411頁）

第四種，支付給移民的「程糧錢」，這包括兩種情況，一種是政府性移民，如唐玄宗開元三年（715），突厥墨啜可汗被九姓拔曳固所殺，其部屬多數附塞降唐，王晙上疏請求將其部眾從河曲之地遷徙至淮南、河南等地安置，唐朝政府要承擔徙民過程中的「程糧」。〔註8〕另一種是人民的自發流動，例如史籍所記載之流民返鄉，唐朝規定：如果流民願意返回故土，在返鄉途中遇到經濟困難，政府也可以爲他們提供「程糧錢」。〔註9〕

第五種，地方政府給所屬將校或所由追捕盜賊時，所提供的「賞勸」等開支，相當於地方政府爲維護社會治安而支出的辦公經費。如唐德宗貞元二年（786）六月，規定州縣提供給「發遣官健」的程糧錢，從此以後由門下省負責監督檢查勘驗，查實後給牒發遣。〔註10〕唐文宗大和四年（830）的一道敕文中，就談到地方治安人員的程糧錢問題，凡當州或轄區將校所由，在巡檢非違、追捕盜賊的過程中，要給予「程糧」以示獎勵勸勉。〔註11〕

〔註 8〕 據《舊唐書》卷九三《王晙傳》載其上疏，略云：「望至秋冬之際，令朔方軍盛陳兵馬，告其禍福，啗以繒帛之利，示以麋鹿之饒，說其魚米之鄉，陳其畜牧之地。並分配淮南、河南寬鄉安置，仍給程糧，送至配所。雖復一時勞弊，必得久長安穩。二十年外，漸染淳風，持以充兵，皆爲勁卒。若以北狄降者不可南中安置，則高麗俘虜置之沙漠之曲，西域編甿散在青、徐之右，唯利是視，務安疆場，何獨降胡，不可移徙。」（第 2987 頁）由此可知，唐朝歷史上曾多次將歸附的少數民族遷徙安置於內地，在徙民的過程中，應該都曾爲他們提供途中所需的「程糧」。

〔註 9〕 《唐會要》卷八十五「逃戶」條載，武周時鳳閣舍人李嶠曾經上奏章，其中有云：「今天下之人，流散非一，或違背軍鎮，或因緣逐糧，苟免歲時，偷避徭役……臣以爲宜令御史督察檢校……雖有欠賦懸徭，背軍離鎮，亦皆捨而不問，寬而勿徵；其應還家而貧乏不能致者，乃給程糧，使達本貫。」（第 1850 頁）

〔註 10〕 《唐會要》卷六十一「御史臺中・館驛」條：「其年六月二十二日勅：諸道進奉卻迴，及準勅發遣官健家口，不合給驛券人等，承前皆給。路次轉達，牒令州縣給熟食程糧草料。自今以後，宜委門下省檢勘，憑據分明，給傳牒發遣。切加勘責，勿容踰濫。仍準給券例，每月一度具狀聞奏。」（第 1250 頁）

〔註 11〕 《唐會要》卷五十九「尚書省諸司下・比部員外郎」條載，唐文宗太和四年九月，比部奏：「准太和三年十一月十八日敕文，天下州府兩稅，占留支用有定額，其殘欠羨餘錢物，並合明立條件，散下諸州府者。伏以德澤弘深，優裕郡國，申明舊勅，曉示新規，使其政有準繩，法無差繆，實天下幸甚。又諸州應有城郭，及公廨、屋宇、器械、舟車、什物等，合建立修理，須創制添換。又當州或屬將校所由，有巡檢非違，追捕盜賊，須行賞勸，合給程糧者。又當州或百姓貧窮，納稅不逮，須矜放要添貨額者。又當州遇年穀豐熟，要收糴貯，備以防災歉者。」勅旨：宜依。（第 1219 頁）

上述五種「程糧錢」中，第一種涉及到外交事務中的財務管理制度，是唐代開展外交活動的一項重要內容，唐代外交成績卓著，與唐朝政府向外國使節提供程糧錢的優厚待遇，也有較大關係。〔註12〕後四種程糧錢，從性質上講，均屬政府辦公經費，直接涉及到社會救助、社會治安、官府辦案等領域。因此，上述五種程糧錢，全部列入國家財政預算，管理一向比較嚴格，有確鑿史料表明，在唐朝前期，程糧錢的日常管理多由「館驛使」負責，到唐代中期以後，除館驛使外，還曾設置專門的「行營糧料館驛使」，並以宦官中使充當；此外，在發布的眾多涉及「館驛」的敕文中，也每有加強程糧錢管理方面的內容，就是明證。〔註13〕

再來看唐朝法律中有關政府財物管理的相關規定。《唐律》卷十一「職制」、卷十五「廄庫」、卷十九「賊盜」諸篇，詳細羅列唐朝關於官府財物管理的法規，其中多條都對「監臨官」的職責作出嚴格限定，尤其是卷十九《賊盜》篇第283條明確規定：

> 諸監臨主守自盜及盜所監臨財物者，（自注：若親王財物而監守自盜，亦同。）加凡盜二等，三十疋絞。（自注：本條已有加者，亦累加之。）

> 【疏】議曰：假如左藏庫物，則太府卿、丞為監臨，左藏令、丞為監事，見守庫者為主守，而自盜庫物者，為「監臨主守自盜」。又如州、縣官人盜內部財物，是為「盜所監臨」。……「加凡盜二等」，一尺杖八十，一疋加一等，一疋一尺杖九十，五疋徒二年，五疋加

〔註12〕《新唐書》卷二二一下《西域傳下》：「贊曰：西方之戎，古未嘗通中國，至漢始載烏孫諸國，後以名字見者寖多。唐興，以次脩貢，蓋百餘，皆冒萬里而至，亦已勤矣！然中國有報贈、冊弔、程糧、傳驛之費，東至高麗，南至真臘，西至波斯、吐蕃、堅昆，北至突厥、契丹、靺鞨，謂之『八蕃』，其外謂之『絕域』，視地遠近而給費。開元盛時，稅西域商胡以供四鎮，出北道者納賦輪臺。地廣則費倍，此盛王之鑒也。」（第6264～6265頁）

〔註13〕詳參《唐會要》卷六十一「御史臺中‧館驛」條，第1247～1256頁。綜合分析這些以「館驛使」為敘事中心的詔敕政令，不難發現，在館驛使的諸多職掌中，實際包含著「程糧錢」管理方面的內容。僅就《唐會要》此處所提供的信息來看，「行營糧料館驛使」最早出現於唐穆宗長慶元年（821），是年九月「中使二人充行營糧料館驛使」，但在左補闕蔣防上疏以為「非故事，恐驚物聽」（第1252頁）之後，即罷去此職，蔣防上疏勸諫，所關注的重點，可能並不在於「館驛使」頭銜前面加上「糧料」字樣，而在於以宦官充任此職。鄙意，館驛使前加「糧料」，有可能意味著該職職掌範圍的正式擴張，以及突出了程糧錢管理方面的職能。

一等,是名「加凡盜二等,三十匹絞」。注云「本條已有加者,亦累
加之」,謂監臨主守自盜所監主,不計贓之物,計贓重者,以凡盜論
加一等,即是本條已有加於此,又加二等。〔註14〕

從中可知,唐代法律對於官員「監守自盜」的犯罪行為,在量刑上要加重處
罰。監臨官,即負有領導責任和直接管理責任的主管官員,一旦發現他們有
「監守自盜」之行為,《唐律》明文規定罪加二等。也就是說,主管官員如果
「監守自盜」,判罰起來比普通盜竊行為,要加二等治罪,而且監守自盜的財
物價值,只要達到折合 30 匹絹價值的數額,就要處以「絞刑」。

那麼,30 匹絹大約折合成多少錢呢?眾所週知,唐朝以銅錢和絹帛共為
貨幣,絹價在唐代前期折合為銅錢,大約每匹 210 文左右。〔註15〕唐朝中後
期的絹價,由於存在「實估」和「虛估」兩種計算方法,所以差別很大,如
果按照「虛估」,每匹大約折合銅錢 800~1000 文,如果按照「實估」,折合
每匹 200~250 文,與前期差不多。〔註16〕30 匹絹的實際價值,也就是「實估」,
折合銅錢 6000~7500 文。即使按照「虛估」,即虛高的價值,也不過只有 24000
~30000 文。客觀地說,這前後兩個數字,額度都不大,但是依照《唐律》卻
要判處「絞刑」,由此可知,唐朝對於包括「監守自盜」在內的官吏枉法貪贓
行為,處罰相對偏於嚴酷。

除此而外,我們還要特別注意,李德裕主政下的會昌時期,對吏治進行
了嚴厲整頓,對於官員貪贓處罰尤其嚴酷。〔註17〕會昌元年(841)正月,應
鹽鐵使柳公綽奏請,唐武宗下發一道詔書,其中特別申明對「官吏贓坐」的
懲罰,略云:

會昌元年正月詔曰:「朝廷典刑,理當畫一,官吏贓坐,不宜有

〔註14〕 【唐】長孫無忌等撰,劉俊文 點校:《唐律疏議》卷十九《賊盜》第 283 條
「監臨主守自盜」,第 358~359 頁,北京:中華書局,1983。
〔註15〕 據《新唐書》卷四二《食貨志二》載:唐玄宗天寶年間,「米斗之價錢十三,
青、齊間斗才三錢,絹一匹錢二百。」(第 1346 頁)按,《新志》所載絹一匹
值二百錢,很可能是指青、齊地區,不一定能夠說明全國物價狀況。不過,
全漢昇氏曾對唐代物價進行過深入探討,他認為唐代前期的絹價大概在 210
文錢左右。詳參氏著《唐代物價的變動》,載國立中央研究院《歷史語言研究
所集刊》第 11 本。
〔註16〕 魏道明撰:《論唐代的虛估與實估》,《中國經濟史研究》2002 年第 4 期,第
101~109 頁。
〔註17〕 李文才撰:《試論會昌時期的吏治建設》,《中國史研究》1997 年第 1 期,第
103~110 頁。

殊，內外文武官犯入已贓絹三十疋，盡處極法。惟鹽鐵、度支、戶部等司官吏，破使物數雖多，只遣填納，盜使之罪一切不論，所以天下官錢悉爲應在姦吏贓污，多則轉安。此弊最深，切要杜塞。自今以後，度支、鹽鐵、戶部等司官吏，及行綱腳家等，如隱使官錢，計贓至三十疋，並處極法，除估納家產外，並不使徵納，其取受贓亦准此一條。」從鹽鐵使柳公綽所奏也。〔註18〕

又，同年九月，庫部郎中、知制誥紇干泉等人，奏請「犯贓官五品以上抵死刑，准獄官令賜死於家者，伏請永爲定式」，結果也獲得唐武宗的批准。〔註19〕

據此可知，《唐律》規定官吏貪贓三十匹處以「絞刑」，在唐武宗會昌時期得到了嚴格執行，而且進一步擴大懲處的範圍，以前度支、鹽鐵、戶部等負責財務管理的官吏，如果犯有贓污罪，只要將所貪污的贓款補齊，即可免於處罰，會昌元年正月的這道詔書，則規定以上諸司官吏貪贓枉法，同其它官員一樣，也會處以極刑。由此可知，唐武宗會昌時期，明顯加大了對官吏貪污公款等犯罪行爲的懲處力度。

（二）唐代有關官員婚娶的法規條文

唐朝統治者非常重視運用法律手段以穩定婚姻秩序，《唐律》以封建倫常觀念爲指導思想，將「禮」與「法」有機結合，對婚姻作了系統、周密的限制和規定。其中有一條「官民不婚」的規定，值得我們關注。據《唐律疏議》卷十四第186條云：

1. 諸監臨之官，娶所監臨女爲妾者，杖一百；若爲親屬娶者，亦如之。其在官非監臨者，減一等。女家不坐。

   【疏】議曰：「監臨之官」，謂職當臨統案驗者，娶所部人女爲妾者，杖一百。爲親屬娶者，亦合杖一百。親屬，謂本服緦麻以上親及大功以上婚姻之家。既是監臨之官爲娶，親屬不坐。若親屬與監臨官同情強娶，或恐喝娶者，即以本律首從科之，皆以監臨爲首，娶者爲從。「其在官非監臨者」，謂在所部任官而職非統攝案驗，而娶所部之女及與親屬娶之，各減監臨官一等。女家，並不合坐。其職非統攝，臨時監主而娶者，亦同。仍各離之。

〔註18〕　《冊府元龜》卷六一三《刑法部・定律令五》，第7355頁下欄至7356頁上欄。
〔註19〕　《冊府元龜》卷六一三《刑法部・定律令五》，第7356頁上欄。

2. 即枉法娶人妻妾及女者，以姦論加二等；（自注：爲親屬娶者，亦同。）
行求者，各減二等。各離之。

　　【疏】議曰：有事之人，或妻若妾，而求監臨官司曲法判事，娶其妻妾及女者，以姦論加二等。其娶者有親屬，應加罪者，各依本法，仍加監臨姦罪二等。「爲親屬娶者，亦同」，皆同自娶之坐。「行求者，各減二等」，其以妻妾及女行求，嫁與監臨官司，得罪減監臨二等。親屬知行求枉法，而娶人妻妾及女者，自依本法爲從坐。仍各離之者，謂夫自嫁妻妾及女，與枉法官人，兩俱離之。妻妾及女理不自由，故並不坐。〔註20〕

又第194條云：

3. 諸違律爲婚，當條稱「離之」、「正之」者，雖會赦，猶離之、正之。定而未成，亦是。娉財不追；女家妄冒者，追還。

　　【疏】議曰：「違律爲婚」，謂依律不合作婚而故違者。……「定而未成，亦是」，假令雜戶與良人爲婚已定，監臨之官娶所監臨女未成，會赦之後，亦合離、正，故云「定而未成，亦是」。〔註21〕

眾所週知，《唐律》「戶婚」篇共3卷46條，其中有關婚姻家庭的法規21條。在這21條婚姻法規中，上述三條直接涉及到地方官吏的婚姻管理，唐律明確規定：在任之官不僅本人不得與所轄地區的民女爲婚，而且不能爲自己的親屬娶所轄地區的民女爲妾，如果違反規定，不僅要強制離婚，還要視情節輕重對涉案人員進行懲辦。而且十分明顯，上述三條律令針對的主要對象就是各級地方官吏，其用意則主要在於防止官吏仗勢強娶民女（按，指強納民女爲妾）。「監臨官不得娶監臨女」的規定，從某個角度來說，反映了唐律的進步性，在中國婚姻法制史上屬於首創。

（三）吳湘因何被判處死刑

　　根據上述第一部分的記述，可知：江都縣尉吳湘犯有「盜取程糧錢」、「違律嫁娶」兩條罪狀，淮南節度使李紳依據《唐律》的相關規定，判處其死刑。

　　吳湘生前任職江都縣尉，據唐代職官制度，縣令有兩個主要助手，一爲主簿，一爲縣尉，前者主管縣府文書簿籍，後者主管縣中武事，職掌捕盜緝

〔註20〕《唐律疏議》卷十四《戶婚》第186條，第265～266頁。
〔註21〕《唐律疏議》卷十四《戶婚》第194條，第272頁。

賊、維持治安。吳湘所盜取之「程糧錢」，是上述五種「程糧錢」的哪一種呢？我認爲最有可能是第五種，也就是地方政府給所屬將校、所由追捕盜賊時所提供的「賞勸」，相當於江都縣維護社會治安的辦公經費，因爲前四種都沒有可能。〔註22〕縣裏治安維持，既然由縣尉直接負責，那麼這批經費的使用及日常管理權，很可能就由其負責，縣令大概只負領導責任。吳湘有機會「盜取」程糧錢，正是因爲他直接掌管江都縣的這批辦公經費。這樣一來，吳湘就屬於「監守自盜」，性質十分嚴重，因爲按照《唐律》規定，對官吏監守自盜的犯罪行爲，要從嚴懲處。又如前文所說，30 匹絹所折合的價值，只有區區銅錢六、七千文（即使按照「虛估」，也不過二、三萬文），唐代揚州富庶無比，江都又是揚州大都督府的所在地，吳湘在這樣一個經濟實力雄厚的「望縣」擔任縣尉，貪污幾千文公款，實在不是什麼難事。〔註23〕

至於「違律嫁娶」，由於後來覆審時，認定吳湘所娶的阿顏，並非出身平民的一般「民女」，所以這個阿顏的身份可能存在爭論，而且前後兩審的分歧頗大。但無論哪一種情況，如果只根據違律娶阿顏爲妾這一犯罪情節，按照《唐律》對「違律嫁娶」的處罰規定，並不足以判處吳湘死刑。〔註24〕因此，

〔註22〕《資治通鑑》卷二四八唐武宗會昌五年（845）正月「淮南節度使李紳按江都令吳湘盜用程糧錢」條胡注云：「《新書·百官志》：主客郎中，主蕃客。東南蕃使還者，給入海程糧；西北蕃使還者，給度磧程糧。至於官吏以公事有遠行，則須計程以給糧，而糧重不可遠致，則以錢準估，故有程糧錢。」（第8014頁）在胡三省看來，唐代所謂「程糧錢」，主要有二種，即提供給外國使節和提供給官員外出辦理公務的費用，大概相當於本文所說的前二種。胡注明顯不夠全面，正如本文所述，唐代程糧錢的類型至少有五種，其中第一種屬於外交活動中的財務開支，由中央主管外交活動的有關部門直接管轄，地方政府即使有這方面的支出，也只有地方刺史府有這個權力；第二種屬政府一般性辦公財政支出；第三種、四種是政府提供給犯罪官員或流民的補助，是帶有「撫恤」性質的財政開支，這前四種財政經費支出，一般情況下，都需要經中央尚書比部勾檢審計之後，再由地方州府一級的政府負責發放，在具體發放過程中，縣一級政府也許可能參與，但不可能直接掌管這些經費。

〔註23〕據《舊唐書》卷四〇《地理志三》：「江都，漢縣，屬廣陵國。隋爲江都郡。武德三年，改爲兗州，七年改爲邗州，九年改爲揚州都督府，皆以江都爲治所。」（第1572頁）《新唐書》卷四一《地理志五》：揚州廣陵郡，大都督府，下轄七縣，其中江都、江陽、海陵、揚子、天長爲「望」縣，六合爲「緊縣」，高郵爲「上」縣。（第1051～1052頁）

〔註24〕據《唐律疏議》卷十四相關條文對於「違律嫁娶」的處罰來看，在強制離婚的同時，一般都是處以杖刑、流刑、徒刑等。凡是因爲婚姻犯罪被處以死刑的，情況都較爲特殊，多是因爲案犯涉嫌強姦罪，如第 195 條「嫁娶違律」

淮南節度使李紳在辦理吳湘一案時，怎麼會根據「違律嫁娶」來定吳湘的罪行呢？

由此我們可以推斷，李紳在量刑時，肯定是以貪污「程糧錢」作為斷罪根據。不過，李紳在判處吳湘死刑的時候，確實又在他的案情上加上「違律嫁娶」這一條罪狀。對於李紳此舉，如果從單純的司法審判程序來看，我認為純屬畫蛇添足，因為只需要把吳湘貪污程糧錢的罪狀坐實，就足以判處其死刑，何必多此一舉再給他另外添上一條無關疼癢的「違律嫁娶」之罪。當然也有可能，李紳原本就是一個辦事嚴肅認真的官員，他在接到報案之後，如實將所審知的所有情況全部記錄下來，儘管李紳最後以貪污程糧錢之罪判決吳湘死刑，但是在判決書上卻將這兩條罪狀同時陳列，並將審理此案的錄狀如實呈報給上級部門。

三、覆審「吳湘之獄」之真相

「吳湘之獄」本極平常，卻因為事涉所謂「牛李黨爭」，造成後來覆審案情出現迥然不同的情節，從而造成這一案件顯得撲朔迷離。

會昌年間，李紳初審吳湘一案，是以貪污程糧錢作為量刑的主要依據，違律娶親只是附帶罪行。然而，到唐宣宗大中二年（848）吳湘案覆審結果出來後，案情卻與初審時大相徑庭。覆審結案報告與初審案情的最大差異，就在於對吳湘貪污程糧錢的事實輕描淡寫，對違律嫁娶的情節則大加渲染，將二者主次完全顛倒。也就是說，大中二年的覆審結論，把「違律娶親」作為吳湘的主要犯罪情節，貪贓枉法則成為次要犯罪情節。兩次審理所得出的案情差異十分明顯，其中原因何在？

覆審「吳湘之獄」，是大中元年（847）九月，由吳湘的哥哥吳汝納提出。據《舊唐書・宣宗紀》記載，吳汝納是在朝會的時候，當殿向唐宣宗陳述「冤

注云：「本條稱以姦論者，各從本法，至死者減一等。」【疏】議曰：「假令父與其子娶子之從母，依《雜律》，姦從母者，流二千里；強者，絞……其子若自犯，有官者仍除名……若強娶從母為妻，或婚寡伯叔母被出及改嫁者，本條合死，今減一等，合流三千里。」（第 272～273 頁）所謂「從母」，就是母親的姐妹，這條規定是說，娶母親的姐妹（也就是姨娘）為妻妾者，要按照《雜律》的規定，流放到二千里之外；如果涉嫌強姦，則要判處絞刑；如果是強迫手段（而非強姦罪）娶從母或與寡（被休、或已改嫁）伯叔母結婚者，按照本條規定則要判處死刑，但後來也減一等，改為判處流放到三千里之外。如果案犯有官職，還可以抵銷一些刑罰。可見，因為婚嫁而被判處死刑的情況，在唐代確實比較少見，除非事涉強姦，而強姦實際上又屬於另外一種性質的犯罪了。

情」，在聽完吳汝納的陳述以後的第三天，唐宣宗即下詔令御史臺重新審理此案。吳汝納在陳述中聲稱，弟弟吳湘貪贓是淮南節度使李紳的「誣奏」，在李紳將「誣奏」的案情上報中央以後，宰相李德裕附和李紳，從而將吳湘處死。〔註25〕據諸《舊紀》，則吳湘並沒有貪污，他完全是被李紳、李德裕聯手迫害致死。此事，前揭《資治通鑑》則表述為：吳汝納承認吳湘確實有罪，但罪不致死，吳湘之死由李紳和李德裕內外勾結，陷害致死。

前後兩次審理，為何會有這種明顯不同的結論呢？分歧就在於：到底是依據哪一條罪狀，給吳湘定罪？唐宣宗大中二年覆審，對於貪污程糧錢之情節避而不談，對違律娶親卻大加渲染，用意十分明顯，因為如前文所言，監臨官娶監臨女，罪行再大也不至於死。若是能夠說明李紳當初主要以此定吳湘之罪，那就正好說明吳湘之死為冤案。一旦將「吳湘之獄」原來的審判結果推翻，也就可以據此追究當初與此案有牽涉的人員。我認為，這才是大中二年覆審「吳湘之獄」的真正動機。

大中二年覆審吳湘一案，從上述《舊紀》所載來看，是由吳汝納發起，他是為了給弟弟吳湘申冤。實則，細思之下，不難發現其中隱情：吳汝納官不過永寧縣尉，職務實同胥吏，若非背後另有「高人」主使或導引，根本就不可能有面見皇帝的機會，更不可能當著滿朝公卿，站在大殿之上，將一個原本十分普通的官吏貪污案直接上達天聽。在聽完吳汝納申訴不久，唐宣宗即在朝會時頒下詔書，命令御史臺重新審理此案。大中二年（848）二月，御史臺即將最後覆審結果上奏，然後由唐宣宗以詔敕的形式下達對涉案人員的處理決定。

讓我們想像一下，皇帝以九五至尊之貴，竟當著滿朝文武大臣的面，如此耐心地傾聽一個小小的縣尉在大殿之上陳述案情，之後又立即下詔令御史臺覆審案件，最後又下發詔書，公佈覆審結果。大中元年、二年覆審「吳湘

〔註25〕 《舊唐書》卷一八下《宣宗紀》：「九月，前永寧縣尉吳汝納詣闕稱冤，言：『弟湘會昌四年任揚州江都縣尉，被節度使李紳誣奏湘贓罪，宰相李德裕曲情附紳，斷臣弟湘致死。』詔下御史臺鞫按。」（第 618 頁）又據《資治通鑑》卷二四八唐宣宗大中元年（847）九月：「乙酉，前永寧尉吳汝納，訟其弟湘罪不至死，『李紳與李德裕相表裏，期罔武宗，枉殺臣弟，乞召江州司戶崔元藻等對辨。』丁亥，敕御史臺鞫實以聞。」（第 8031 頁）查陳垣氏《二十史朔閏表》，大中元年九月癸亥朔，乙酉為二十三，丁亥為二十五，也就是說，九月二十三日朝會時吳汝納詣闕喊冤，二十五日朝會時，唐宣宗即下詔令御史臺覆審此案。

之獄」的前後情節，難道不是匪夷所思，令人費解嗎？基於此，我認爲大中元年吳汝納訴訟吳湘一案，背後絕對另有「高人」主使。

這個主使人到底是誰？他的最終目的又要幹什麼？我認爲都值得認眞推敲。已經有學者指出，這是牛黨想利用此案打擊以李德裕爲首的李黨。〔註26〕從諸史記載來看，一號主使人應該是白敏中，二號主使人應該是令狐綯，蓋此二人係此時牛黨之中堅，也是唐宣宗朝牛黨之領袖人物。〔註27〕他們指使吳汝納訴訟吳湘之獄，以對李德裕爲首的李黨進行打擊報復，自是可以理解。從當時情況來看，唐宣宗上臺以後，牛黨全面得勢，並對李黨進行打擊報復，也確是事實。但我認爲，徹底扳倒李德裕，不僅僅是白敏中等爲首的牛黨人物十分想幹的事，實際上，唐宣宗本人也迫切想置李德裕於萬劫不復之地。爲何這麼說呢？原因就在於，唐宣宗對李德裕同樣仇恨，而且還帶有一種變態的報復心理。

我們知道，唐宣宗李忱是以唐武宗皇太叔的身份繼承帝位，諸多史實顯示，唐宣宗一向不爲唐武宗李炎所禮待，因此他的內心深處對唐武宗一直充滿怨恨。由於李德裕乃是唐武宗最爲倚重的大臣，故如城門池魚而遭唐宣宗所憎惡。對此，司馬光就有所記述，云：「（會昌六年二月）甲子，上崩。以李德裕攝冢宰。丁卯，宣宗即位。宣宗素惡李德裕之專，即位之日，德裕奉冊；既罷，謂左右曰：『適近我者非太尉邪？每顧我，使我毛髮洒淅。』（胡注：洒淅，肅然之意，言可畏憚也。）」〔註28〕正因如此，所以唐宣宗一即位，就將李德裕相位罷去，對於李德裕罷相，宋以後每有學者論列，如宋人孫甫就說：

> 李德裕以傑才爲武宗經綸夷夏，屢成大功，振舉法令，致朝廷
> 之治，誠賢相矣。但宣宗久不得位，又不爲武宗所禮，舊怨已深，

〔註26〕如張采田、傅璇琮兩氏均持此說，詳參前揭張著《玉谿生年譜會箋》卷三、傅著《李德裕年譜》大中二年。

〔註27〕據《舊唐書》卷一七四《李德裕傳》：「白敏中、令狐綯，在會昌中德裕不以朋黨疑之，置之臺閣，顧待甚優。及德裕失勢，抵掌戟手，同謀斥逐，而崔鉉亦以會昌末罷相怨德裕。大中初，敏中復薦鉉在中書，乃相與持搆致，令其黨人李咸者，訟德裕輔政時陰事。乃罷德裕留守，以太子少保分司東都，時大中元年秋。尋再貶潮州司馬。敏中等又令前永寧縣尉吳汝納進狀，訟李紳鎮揚州時謬斷刑獄。明年冬，又貶潮州司戶。」（第4527～4528頁，《新唐書》卷一八○《李德裕傳》與此同）從中可知，白敏中、令狐綯、崔鉉等人均爲大中時期詆毀李德裕之主要人物，尤以白敏中爲最，至於李咸、吳汝納等人，不過是受他們操控的馬前卒而已。

〔註28〕《資治通鑑》卷二四八唐武宗會昌六年（846）二月，第8023頁。

德裕是用事大臣，自不容矣……如白敏中、令狐綯輩，才能望德裕
絕遠，又固寵保位，無至公之心，於德裕雖無隙意，然德裕用，不
便於己，故乘人主有不容之意，盡力陷之也，無隙者尚爾，常不足
者可知矣。〔註29〕

此外，宋人洪邁在《容齋五筆》〔註30〕、清人秦篤輝在《讀史賸言》〔註31〕
等書中，也都或是引用或是參考司馬溫公所據材料的基礎上，對唐宣宗畏懼
而又忌恨李德裕的心態，進行了揭示。基於此，我認爲：吳汝納訴訟弟弟吳
湘一案的背後主使，可能不止於白敏中、令狐綯等牛黨領袖人物，甚至唐宣
宗本人也想利用覆審吳湘一案徹底搞垮李德裕，因爲要貶斥李德裕這樣功德
彪炳的重臣，需要拿出一個讓人信服的理由，如果僅憑几句空洞無物、毫無
實際內容的說辭，畢竟難以堵住天下人之滔滔眾口！〔註32〕

　　如此一來，吳汝納訴訟吳湘的案件，就顯得意義非同尋常，可以說案件
不大、案情也並不複雜，卻涉及到朝廷的最高級官吏，甚至是皇帝也涉嫌插
手，這才是造成覆審與初審案情結論迥異的關鍵原因。覆審吳湘案，並不是
眞的要爲死者吳湘洗刷冤情，也不是爲了維護法律的公正性，而是爲了打擊
報復政敵，這就是覆審「吳湘之獄」的眞實動機。

四、從「吳湘之獄」看唐代官員犯罪之司法審判程序

　　在等級制度森嚴的封建社會，官員犯罪之司法審判，歷來都比平民犯罪

〔註29〕　《唐史論斷》卷下「貶李德裕」條，上海古籍出版社縮印文淵閣四庫全書《史
　　　　　部十五》，第 685 冊第 696 頁上欄至 697 頁上欄。）
〔註30〕　【宋】洪邁撰：《容齋隨筆‧容齋五筆》卷一「人臣震主」條有云：「李德裕功
　　　　　烈光明，佐武宗中興，威名獨重，宣宗立，奉冊太極殿，帝退謂左右曰：『向
　　　　　行事近我者，非太尉邪？每顧我，毛髮爲之森豎。』明日罷之，終於貶死海外。
　　　　　若郭崇韜、安重誨皆然也。」（第 817～818 頁，上海，上海古籍出版社，1996。）
〔註31〕　【清】秦篤輝撰：《讀史賸言》卷二：「李德裕之相武宗，削平澤潞，駕馭河
　　　　　朔，幾於中興。宣宗初立，謂左右曰：『適近我者，非太尉邪？每顧我，毛髮
　　　　　洒浙。』此如霍光之驂乘也，不貶何待？德裕去而唐不振矣。」《叢書集成初
　　　　　編》第 3568 冊，第 19 頁，北京，中華書局，1985。
〔註32〕　如《資治通鑑》卷二四八唐武宗會昌六年（846）二月記述李德裕罷相，云：
　　　　　「壬申，以門下侍郎、同平章政事李德裕同平章事，充荆南節度使。德裕秉
　　　　　權日久，位重有功，眾不謂其遽罷，聞之莫不驚駭。」（第 8023～8024 頁）
　　　　　可見，對於唐宣宗登基後罷黜李德裕，朝野上下均感到十分震驚，對於朝野
　　　　　的這種反應，唐宣宗及牛黨骨幹分子，不可能完全置之不顧，必然要考慮下
　　　　　一步措施。

案件難以處理。對「吳湘之獄」進行研究，除有助於我們加深對唐代政治史，尤其是唐代中後期統治集團內爭真相的認識和理解外，案件的初審、覆審過程，也在一定程度揭示了唐代官吏犯罪的司法審判程序。

《舊唐書》卷一七三《李紳傳》、《新唐書》卷一八一《李紳傳》均記有李紳初審吳湘案的大致概況，以下結合新、舊傳並參諸《資治通鑒》所載，對唐代官吏犯罪的司法審判程序剖析如下：

江都縣尉吳湘在任職期間，因為貪污所部的程糧錢，被人舉報，不知是否出於為加重吳湘的罪行，舉報人同時還舉報吳湘違律強娶所部民女阿顏。案情上達淮南節度使李紳，李紳隨即委派府使下屬的專職司法官員——觀察判官魏鏗，負責調查並審理此案。魏鏗經過審理之後，認定：吳湘所犯兩罪，事實明白無誤，按照《唐律》及會昌時期懲治官員貪贓的有關法令規定，吳湘應該判處死刑。

根據唐代法律規定，凡判處死刑，均須上報中央，由中書門下進行覆核。淮南節度使李紳遂按照規定，讓使府所屬之司法部門將案情整理成卷，上報到中書門下。「吳湘之獄」案卷上報中書門下，當時就有人提出疑議，原因是案犯吳湘與執政者宰相李德裕素有世仇，因此懷疑揚州地方法官審理此案的公正性，諫官據此向朝廷提出異議。於是，中央派出御史崔元藻前往揚州，對吳湘案進行覆審。

崔元藻到揚州後，對吳湘案進行了覆審。覆審結果如下：吳湘貪污程糧錢屬實，與以前所呈報的案情無異；不同的是，前番案卷所載吳湘娶民女阿顏的情況不實，阿顏的父親顏悅是前任青州衙推，阿顏母親王氏也是衣冠人家，並非平民，阿顏為王氏所生，並非顏悅的繼室阿焦所生，因此阿顏不能算作民女，阿顏既非民女，那麼，吳湘違律嫁娶之罪名，也就不能成立。

崔元藻回京城後，將覆審結果呈報中書門下。宰相李德裕認為崔元藻「無與奪」，亦即認為他首鼠兩端，有意為吳湘開脫罪責，遂將崔元藻貶為崖州司戶。

在這裏我們要注意，無論是李紳呈報的初審結論，還是崔元藻覆審的結論，都一致認定吳湘貪污程糧錢的罪行明白無誤，這也是李紳當初量刑的主要依據。所不同者，乃是阿顏身份的認定，揚州一審認定阿顏是民女，御史崔元藻覆審則認定阿顏並非民女。

從案情處理過程來看，在前兩審過程中，李紳與李德裕在原則問題上並無過失，兩次審理均符合唐代司法審判程序。吳湘身為江都縣尉，卻監守自

盜，被部屬訴訟以後，揚州地方長官李紳按照規定，派觀察判官魏鉶進行鞠審，魏鉶審理的結果，吳湘貪污程糧錢明白無誤。按照法律規定，應當判處死刑。又由於唐朝規定：「凡決死刑，皆於中書門下詳覆。」〔註33〕於是，揚州在審理結果出來後，立即整理成案卷，上報中書門下進行覆核。中書門下在覆核對時，有諫官提出異議，宰相李德裕即按照規定，派出專職御史崔元藻前往揚州覆審。崔元藻覆審的結果，依然是：吳湘貪污程糧錢的犯罪行為屬實，揚州一審判決「計贓準法」，完全符合法律規定。

李德裕唯一處理不當的地方在於，當崔元藻覆審提出異議，他還應該再派出司法人員前往揚州，進行第三次覆審。因為按照唐代規定，對於判處死刑的案件，原則上應該三覆奏甚至是五覆奏。〔註34〕這還是指沒有異議的案件，如果兩審案情結果有所差異，就更加要進行再次覆審。但是，李德裕沒有這麼做，反而因為崔元藻覆審對次要犯罪情節的認定與揚州初審結論不同，而將其貶斥。

由此看來，吳湘案的審理過程，前兩審均符合司法審判程序。但是，當崔元藻覆審的結論，與揚州一審結論出現差異時，李德裕的處理就明顯不夠妥當，他不僅沒有再派人進行第三次覆審，還將二審的司法官員崔元藻貶官。我認為，這才是諫議大夫柳仲郢、敬晦一直上疏不止的關鍵性原因。

柳仲郢、敬晦從崔元藻覆審吳湘案受到貶黜後，就一直向唐武宗諫諍不止。他們究竟是認為吳湘屬於冤獄，而為其鳴冤叫屈？抑或對李紳或李德裕心懷不滿，而借題發揮？徵諸史載，柳仲郢、敬晦二人，均屬正人君子，既非有意為難李德裕，也不是為吳湘喊冤，所爭者純屬法律本身的問題。〔註35〕何以言之？

因為依據唐代制度規定，「凡決死刑，雖令即殺，仍三覆奏。」〔註36〕也就是說，當覆審與初審結論出現不一致的情況以後，應該第三次派人進行推

〔註33〕《舊唐書》卷四三《職官志二》，第 1838 頁。（《唐六典》卷六《尚書刑部》所載與此同，第 188 頁。）

〔註34〕《舊唐書》卷四三《職官志二》：「凡決大辟罪，在京者，行決之司，皆五覆奏；在外者，刑部三覆奏。若犯惡逆已上，及部曲奴婢殺主者，一覆奏。」（第 1838 頁）這個規定，《唐六典》及其自注有更為詳細的表述，據卷六《尚書刑部》云：「凡決大辟罪，在京者，行決之司五覆奏；在外者，刑部三覆奏。（自注：在京者，決前一日二覆奏，決日三覆奏；在外者，初日一覆奏，後日再覆奏。縱臨時有敕不許覆奏，亦準此覆奏。）」（第 188 頁）

〔註35〕前揭拙撰：《關於吳湘案的幾點考釋》，《揚州師院學報》1995 年第 1 期。

〔註36〕《舊唐書》卷五○《刑法志》，第 2139～2140 頁。

勘。然而，李德裕卻「不復更推，亦不付法司詳斷，即如（李）紳奏，處（吳）湘死。」〔註37〕這應當是柳仲郢、敬晦二人上疏諫諍的一個原因。另外，崔元藻奉命覆審吳湘案，發現初審過程中吳湘違律嫁娶與事實不符，李德裕不但沒有重新派人再加詳察，反而將崔元藻貶黜，這樣處理明顯不妥，這應當也是柳仲郢、敬晦二人上疏諫諍的又一個原因。〔註38〕

不過，我認爲以上兩點都不是柳仲郢、敬晦二人上疏諫諍的主要原因，主要原因還在於第三點，即：按照唐代法律規定，從立春到秋分期間，不得奏決死刑，吳湘之死，恰好在二、三月間，正處於這個時間段。〔註39〕鄙意這才應當是柳仲郢、敬晦二人上疏諫諍的主要原因，也就是說，柳仲郢、敬晦二人所以上疏諫諍，乃是他們認爲吳湘之死，不得其時。柳、敬二人上疏諫諍，並非爲吳湘鳴冤叫屈，而是認爲李德裕在處理吳湘案的過程中，有違反法律的情節，破壞了法律的嚴肅性，他們上疏諫諍的根本目的，乃是爲了維護唐朝國家法律的權威。

〔註37〕 《資治通鑒》卷二四八唐武宗會昌五年（845）二月，第8014頁。

〔註38〕 《新唐書》卷一七七《敬晦傳》：「敬晦字日彰，河中河東人……武宗時，趙歸眞以詐營周天子，御史平吳湘獄，得罪宰相。晦上疏極道非是，不少回縱。」（第5289頁）

〔註39〕 《舊唐書》卷四三《職官志二》：「每歲立春後至秋分，不得決死刑。大祭祀及致齋、朔望、上下弦、二十四氣，雨未晴、夜未明、斷屠月日及休假，亦如之。」（第1838頁）前揭《唐六典》卷六《尚書刑部》：「每歲立春後至秋分，不得決死刑。（自注：若犯惡逆及奴婢、部曲殺主，不依此法。）」（第189頁）又《唐律疏議》卷三〇《斷獄》第496條：「諸立春以後、秋分以前決死刑者，徒一年。其所犯雖不待時，若於斷屠月及禁殺日而決者，各杖六十。待時而違者，加二等。」【疏】議曰：「依《獄官令》：『從立春至秋分，不得奏決死刑。』違者，徒一年。」（第571頁）由此可見，按照唐代法律制度規定，在不准奏決死刑的時間裏奏決死刑者，主持者要承擔相應的法律責任，違反者一般要被判處杖刑或徒刑一年。

田伾及其與夫人冀氏合祔墓誌銘考釋

　　清朝道光（1821～1850）年間，揚州灣頭鎮出土田伾及其夫人冀氏合祔墓誌，其一為田伾墓誌，其二為田伾與其夫人冀氏合祔墓誌。如今兩方誌石均已亡佚，唯有拓片傳世。兩方墓誌錄文，清人陸增祥所撰《八瓊室金石補正》（以下簡稱《補正》），民國十五年（1926）所修《江都縣續志》（以下簡稱《續志》）、以及後來學者整理的相關唐代墓誌文彙編等金石文獻，均有完整記述。〔註1〕通過比對，可知《續志》所錄墓誌銘文，不排除有鈔自陸氏《補正》錄文的可能，至於其他相關金石文獻所載，則或據諸拓片，或轉錄已有之錄文。寡見所及，迄今學界並無對此兩方墓誌文稍作探研者，故不揣譾陋，錄此兩文，並參諸前賢之相關考釋，對墓誌銘文所透露的史料信息稍加探析，俾有補於唐史研究之一二焉。

一、墓誌錄文

　　田伾墓誌銘（以下簡稱「田伾墓誌」），墓石已佚，筆者又未能親見拓片。此

〔註1〕　【清】陸增祥撰：《八瓊室金石補正》卷六十六《唐故淮南節度討擊副使光祿大夫試殿中監兼泗州長史上柱國北平縣開國伯田府君墓誌銘并序（左衛率府騎曹參軍桑叔文撰　右金吾衛兵曹參軍儲彥琛書）》，第 455 頁上欄至中欄；《唐故泗州長史試殿中監京兆田府君墓誌銘并序》，第 459 頁下欄至 460 頁上欄。北京，文物出版社，1985。又，民國十五年（1926）錢祥保、桂邦傑等人纂修：《江都縣續志》卷十五《金石考》，亦有錄文（見《中國地方志集成‧江蘇府縣志輯67》，第 595 頁下欄—第 597 頁上欄，南京，江蘇古籍出版社，1991。）今人周紹良主編《唐代墓誌彙編》（以下簡稱《彙編》）亦有錄文，編號分別為「貞元〇一三」、「〇六七」，第 1846 頁、第 1884～1885 頁。至於兩石拓片，據《唐代墓誌彙編》所提供的信息，兩方墓誌的拓片，周紹良氏均有收藏；合祔墓誌拓片，今揚州博物館亦有收藏。

處鈔錄《續志》卷十五《金石考》所載墓誌銘全文如下，並與其他錄文相互校勘，文字轉行據周紹良《彙編》錄文所載，並以「　」標識，：

> 唐故淮南節度討擊副使、光祿大夫、試殿中監兼泗州長史、上柱國、北平縣開國伯田府君墓誌銘并序　左衛率府騎曹參軍桑叔文撰　右金吾衛兵曹參軍儲彥琛書」

> 公諱偁，京兆府涇陽人也。鍾鼎之族，被於前史。高祖宏，皇」光祿大夫，靈、冀等刺史；祖崇，朝散大夫、恒王府司」馬；父仁俊，朝議大夫、朔州刺史。並公望驟歸，德映臺閣，冰」囊表節，水鏡居心。公惟岳降神，妙年獨秀，才高捧日，詞美」朝天，懷百勝之謀，有七擒之略，故淮南節度使、工部尚書」、潁川陳公特達見許，殊禮相遇，屈公入幕，補節度討擊副」使，累奏光祿大夫、試殿中監兼泗州長史、上柱國、北平縣開」國伯。且楚有子玉，文公爲之側席；漢有汲黯，當朝爲之正色」。若非功高衛、霍〔註2〕，名比〔註3〕關、張，孰能有此榮貴？方將匡贊臺階」，克隆元老，何期智士石折，賢人星殞，積善無徵，奄然辭位」。貞元三年七月七日，告終於江都縣贊賢坊之私第，春秋」五十有一。未得歸其枌榆，且欲卜其宅兆，即以其年八月四日」葬於江都縣山光寺南原之塋，禮也。公孝德純深，風」表牆仞，舒卷風雲之際，從容淮海〔註4〕之間，挺身不群，保此全德。一」朝休息，平生已矣。豪梁之上，無復魚臺；仲蔚之園，空餘」榛棘。嗚呼哀哉！乃爲銘曰：

> 森然秀氣，郁爾嘉猷。彎弧月滿，長劍流星。肅肅轅門，稜稜」霜氣。日耀金戈，雲連鐵騎。南陽菊散，西鄂芝沉。摧殘壯志」，埋沒雄心。琴覆弦寬，書埋簡落。平陵松樹，潁川石槨。曠野蕭條，悲風寂寞」。〔註5〕

田偁及夫人冀氏合祔墓誌銘（以下簡稱「合祔墓誌」），拓片今藏揚州博物館，周紹良氏亦有收藏。天津古籍出版社編《隋唐五代墓誌彙編》（江蘇山東卷）有

〔註2〕 按，「衛、霍」，《補正》同；《彙編》作「霍、衛」，未知拓片如此，還是印刷之誤。

〔註3〕 按，「比」字，《補正》爲空缺。

〔註4〕 按，「淮海」，《彙編》作「淮淮」，當係印刷錯誤，應作「淮海」爲是。

〔註5〕 《續志》卷十五《金石考》，《中國地方志集成·江蘇府縣志輯67》，第595頁下欄—第596頁上欄。

收錄，作《田佖及妻合祔墓誌》，拓片清晰可辨（未知出版社何所據也）。茲據以鈔錄全文如下：

田佖墓誌中還有一字需加辨析，「故淮南節度使、工部尚書、潁川陳公特
達見許」，其中「淮」字，《續志》作「沲」（按，經細緻辨認，該字爲三點水旁邊一

唐故泗州長史、試殿中監京兆田府君墓誌銘并序」

府君諱佖，京兆涇陽人也。曾祖宏，唐故光祿大夫，驃騎大將軍」，靈、冀等州刺史；祖崇，朝散大夫、恒王府司馬；父仁俊，朝」議大夫、祥州刺史之次子也。公豁達英才，氣雄志勇，少參戎武」，累著勳業。至如攻必取，戰必勝，安危定難，只在談笑。則公之德」歟」，世不絕賢，尋拜泗州長史、試殿中監，又歷諸府幕，權揔職司，則」翰墨不能縷載。夫人清河冀氏，淮南節度押衙、開府儀同三」司、檢校太子賓客景城郡王弈之長女也，皆軒冕盛族，令德備」聞，輔佐君子，實謂秦晉耳。公久主強兵，屢清淮海，功高望重，日」冀遷榮。所謂公祿及二千石，壽逾百歲。奈河上天不仁，屈公以短」曆。哀哉！貞元三年七月七日寢疾，歿於揚州江都縣贊賢坊之」私第也，享年五十。其時道路艱阻，未獲還鄉，權卜葬於揚州江」陽縣臨灣坊之原也。積善無慶，夫人小因沉痼，於貞元十一年」六月廿五日又終舊室。嗚呼！漂然寄家，親故乖遠，數歲之內」，淪謝相望。夫人作腹不孕，□又無別息，以姪孫益繼副其後，益」罄其餘產，奉舉大事，以其年八月廿七日合祔於府君舊塋」，禮也。慮恐歲月遷邁，陵谷變移，所銘貞石，期於不朽。辭曰」：

功成業就兮身之云亡，事不可問兮悠悠彼蒼，駿馬錦衣兮淪形減影」，寶劍金甲兮沉氣銷光。孤墳峨峨兮倚雲臨水，新柏蕭蕭（兮）滴露凝霜」。親友哭送兮從茲一別，永無返期兮泉路何長」！〔註6〕

按，此兩方墓誌銘文，《補正》、《續志》、《彙編》均有收錄，第一方田佖墓誌，筆者未得見拓片。第二方田佖與其夫人冀氏合祔墓誌，拓片收藏於今揚州博物館，將拓片與《續志》錄文相比較，基本沒有誤差，唯個別用字略有區別。如「親友哭送兮從茲一別」，其中的「茲」字，拓片作「茲」，而《續志》作「滋」，當係刻板之誤。

〔註6〕《唐故泗州長史試殿中監京兆田府君墓誌銘并序》，《隋唐五代墓誌彙編》（江蘇山東卷）第60頁拓片圖版，天津，天津古籍出版社，1991。

個「亻」，一個「三」)，因爲唐代只有「淮南節度使」，而絕無「洴南節度使」一職，因此該字很可能是出於避諱所致，又由於其時爲民國十五年，若果眞出於避諱的原因，那麼最大的可能當是刻板工避個人私諱，從而導致將「淮南」刻爲「洴南」。〔註7〕

二、墓誌出土時間及清代學者的相關考釋

田佖墓誌與合祔墓誌之出土，距今並不算久遠，且有拓片及墓誌銘錄文存世，然關於其出土具體時間，已然含混不清矣。按，前揭陸增祥《補正》卷六十六田佖墓誌錄文下有一段文字，說明墓誌發現之始末，略云：

> 道光丙申三月，揚州灣頭鎮治河夫取土出四石。吾友江都梅植之過之，載以歸，洗滌讀志文，乃知爲唐節度田公及冀夫人墓，遂封土立碣，以表之後此修志乘者補采入書，庶幾可永其傳焉。是年七月，予來揚州，梅君出示四石，記始末。安吳包世臣書。(刻誌蓋左方邊紋上) 〔註8〕

《光緒江都縣續志》卷二十下所載《田府君墓誌銘》下，亦附有一段說明文字，與前揭陸氏說明文字大同小異，略云：

> 包氏世臣云，道光甲午正月，揚州灣頭鎮治河夫取土，出四石。吾友江都梅植之過之，載以歸，洗滌讀誌文，乃知爲唐節度田公及冀夫人墓，遂封土立碣。以表之後此修志乘者，補採入書，庶幾可永其傳焉。是年七月，予來揚州，梅君出示四石，爲記始末。〔註9〕

如此，則關於墓誌出土之時間，清人已有兩說矣。如據陸增祥氏所記，則墓誌出土時間爲道光丙申三月，亦即清宣宗道光十六年 (1836) 三月；如據《光緒江都縣續志》之說，則墓誌出土於道光甲午年正月，亦即清宣宗道光十四年 (1834) 正月。而且這兩說均來自於包世臣之轉述。但墓誌發現過程，兩者記述則幾無不同，係揚州灣頭鎮治河民夫取土時，無意中發現，適逢江都

〔註7〕 按，《補正》錄文、《彙編》「貞元○一三」號《田府君墓誌銘》，該字均直接寫成「淮」，應當根據拓片錄文而來，由此可證民國十五年修《江都縣續志》時，刻成「洴」實有意爲之，很可能就是出於避諱的原因。

〔註8〕 《八瓊室金石補正》卷六十六田佖墓誌銘陸氏跋語，第 455 頁中欄，括號中的文字爲雙行小字。

〔註9〕 【清】謝延庚修，【清】劉壽曾纂：《光緒江都縣續志》卷二十下《田府君墓誌銘》，《中國地方志集成・江蘇府縣志輯67》，第 248 頁上欄，南京，江蘇古籍出版社，1991。

人梅植之路過此地，遂載之以歸。梅氏讀誌文後，遂在民夫取土處重新封土立碣，以爲標記。同年七月，包世臣來揚州，梅氏向他出示墓誌「四石」，這「四石」當包括兩志兩蓋，包氏遂將此事始末記錄下來。儘管從兩書修撰時間來看，陸著在前，《光緒江都縣續志》修撰在後，故而無法排除《光緒江都縣續志》的修撰者或曾參考過陸氏著作這一可能。﹝註 10﹞但由於修撰者均生活在同一時代，他們都有可能見過包世臣的跋語原文，因此據之仍難以判斷孰是孰非。

今揚州博物館所藏田侁及夫人冀氏合祔之墓誌銘（即《唐故泗州長史試殿中監京兆田府君墓誌銘并序》）拓片，拓片尾部有「江都鄉貢士梅植之獲石道光壬寅六月記」字樣，誌石邊框外又有「光緒壬午年儀徵張丙炎購藏榕園」等字，而在陸增祥《八瓊室金石補正》墓誌錄文以後，只有一行說明文字：「江都鄉貢士梅植之獲石道光壬寅六月記（在標題并序之下）」，這表明陸增祥所見到的或由梅植之拓印之墓誌銘文，要早於今揚州博物館所藏之拓片，因爲上面還沒有張丙炎購藏榕園等字樣。有學者根據這些文字遂做出判斷，認爲該墓誌出土於道光二十二年（1842）六月。﹝註 11﹞另外，還有學者將田侁墓誌、田侁與夫人冀氏合祔墓誌銘的出土時間，分別標示爲道光十六年（1836）六月、道光二十二年（1842）六月，亦即這兩方同出於一墓的碑石，竟然先後分兩次出土，這顯然更是於理不通。﹝註 12﹞

田侁墓誌究竟出土於何時？竊意道光十四年（1834）與道光十六年（1836），兩者必有其一，而絕無道光二十二年（1842）之可能。又，前揭民國十五年所修《江都縣續志》在田府君墓誌銘錄文後，有一段說明文字，略云：

> 以上田府君墓誌，共四石，道光十六年在灣頭鎮山光寺側出土，安吳包世臣、江都梅植之皆有跋，考證詳碻，前誌已節載其文。今永鎮鄉之宦家橋南有雙柱石坊，上題田公墓三字，或疑即田侁墓。

﹝註 10﹞ 按，陸增祥出生於嘉慶二十一年（1816），卒於光緒八年（1882）。《光緒江都縣續志》修成於光緒十年（1884），由此可知，陸氏《八瓊室金石補正》撰著在前，而《光緒江都縣續志》修成於後。

﹝註 11﹞ 如前揭天津古籍出版社所編《隋唐五代墓誌彙編》江蘇山東卷第 60 頁《田侁及妻合祔墓誌》拓片下說明文字，云：「唐貞元十一年（公元 795）八月二十七日葬。清道光二十二年六月出土於江蘇省揚州市灣頭鎮。拓片誌長 56 釐米，寬 55 釐米；蓋長、寬均 30 釐米。正書。」

﹝註 12﹞ 吳煒、田桂棠撰：《江蘇揚州唐五代墓誌簡介》，第 12、16 頁，未刊稿。

案，灣頭鎮在宦家橋東北，與田公墓石坊相去六七里，田府君墓誌
中明言葬於山光寺南原。山光寺，隋大業間煬帝北宮所改建，宋天
禧中改爲勝果寺，山光之名可爲最古，嘉慶中，阮文達公始改從舊
名。且冀夫人銘詞有「孤墳峨峨倚雲臨水」之句，是今日山光寺側
之情形也。據此左證，當與宦家橋南之田公墓分別觀之。〔註13〕

是民國所修縣志明確記錄，田府君墓誌出土的地點爲灣頭鎮山光寺旁邊，指
出包世臣、梅植之等人皆曾寫有跋語，並將墓誌出土時間明確定爲道光十六
年（1836）。因此，關於此兩方墓誌銘出土時間，需要先期辨明。

　　按，梅植之，字蘊生，道光十九年（1839）舉人，梅氏先世自安徽宣城
徙居江都仙女廟，成爲江都著名家族，後與青溪舊屋儀徵劉氏結爲姻親，前
揭《光緒江都縣續志》有《梅植之傳》，史料即源於《青溪舊屋文集・傳雅堂
文集》。〔註14〕據《梅植之傳》記載，梅氏生性簡傲，平素以經書爲業，和安
吳包世臣、儀徵吳熙載等人「同昌江左遺法，鍛鍊舊拓」，由此可知，梅氏對
於所見之古代碑誌素有搜訪蒐集，田佽及夫人冀氏合祔墓誌銘，當即梅氏眾
多收藏之一。又，青溪舊屋第五代傳人劉葆儒所編纂之《青溪舊屋金石拓本
集》，〔註15〕收錄有唐代墓誌銘 30 余方，其中就包括田佽墓誌銘——《泗州
長史田府君墓誌貞元三年》在內，因此我們有理由相信，青溪舊屋所藏田佽墓
誌銘，很有可能就是輾轉獲自其姻家梅氏。上引墓誌銘拓片尾部「江都鄉貢
士梅植之獲石道光壬寅六月記」，其中稱梅植之爲「鄉貢士」，而據前揭《梅
植之傳》，梅氏道光十九年舉人（1839），因此，梅氏在拓片尾部標注這些字
樣的時間，應當是在道光十九年（1839）之後，這可能正是上述學者據以判
斷墓誌出土時間爲道光二十二年的理由。但我以爲，這樣判斷不夠令人信服，

〔註13〕　《續志》卷十五《金石考》，第 597 頁上欄。
〔註14〕　《光緒江都縣續志》卷二十五上《梅植之傳》，第 292 頁上欄至下欄。
〔註15〕　楊麗娟撰：《新見揚州青溪舊屋劉氏藏書目錄》，《揚州文化研究論叢》第六輯，
　　　　第 23～31 頁，揚州，廣陵書社，2008。又，劉文淇在所撰《青谿舊屋文集》
　　　　卷七《江陽米氏女墓碑跋》中亦有云：「近今揚州所得唐石甚夥。孟慈所得萬
　　　　氏墓誌云燮於揚子縣界，而關南陳氏所得劉府君夫人墓碑（石今藏田季華
　　　　所），梅蘊生所得田府君墓碑，及沈君所得此碑，按文皆在江陽，固已奇矣……」
　　　　（《清代詩文集彙編》第 564 冊，第 53 頁下欄至 54 頁下欄，上海，上海古籍
　　　　出版社，2010。）其中所說「梅蘊生所得田府君墓碑」，即指田佽墓誌，這表
　　　　明梅植之獲得田府君墓碑不久，青溪舊屋之主人劉文淇可能就得睹墓誌原
　　　　石，及梅氏拓印，劉氏獲贈而有所收藏，自屬順理成章之事。

因爲梅植之所標注的「道光壬寅六月記」，只表明他記錄此事的時間爲「道光壬寅（二十二年）六月」，並不能說明此墓誌銘出土時間爲道光二十二年六月。換言之，田佽及夫人冀氏合祔墓誌可能早在道光十四年（1834）正月或道光十六年（1836）三月即已出土，並被恰巧路過的梅植之獲得，梅氏獲取志石以後，直到道光二十二年六月拓印墓誌銘時，方才加以標注。

那麼，在道光十四年（1834）正月和道光十六年（1836）三月兩說之間，哪一種更有可能呢？這一點可以結合民俗民情加以合理推測。按，墓誌係由揚州灣頭鎮治河民夫取土時，無意中所發現。考歷代之治河史，通常情況下均取農閒時節進行，從這個角度來說，「道光甲午正月」，「道光丙申三月」，均處於冬春之交的農閒期，也是江淮流域修治河渠的季節，因此包世臣所說的灣頭鎮治河夫取土，恰好符合揚州本地的實際情況，如果記載爲五、六月間治河夫取土，那就顯然有悖常理。在農曆正月與三月之間，三月可能更爲可取，原因是正月十五之前，基本還處於農曆春節的節日氣氛中，這個時候即下河開工，似於理不合。而農曆三月，新年已過，又處於農閒，正是開河上工的季節。據此我認爲，墓誌出土於道光十六年（1836）三月的可能性更大，陸增祥的記載應該可以據信。

田佽與夫人冀氏合祔墓誌出土以後，作爲最早的收藏者，梅植之就對墓誌銘文進行過初步研究。據前揭《光緒江都縣續志》所載《田府君夫人冀氏合祔墓誌銘》下文字云：

> 梅氏植之云：田君夫人清河冀氏，淮南節度押衙、開府儀同三司、檢校太子賓客、景城郡王弈之長女也。按，《古今姓氏書辯證》「冀」字下但有太原房，而無清河房，故不載弈之世系。據《舊唐書・地理志》，清河郡即貝州，景城郡即滄州，蓋弈爲清河人，而封號稱景城者，疑景城亦冀氏之郡望也。誌云以侄孫繼副其後，益罄其餘產，奉舉大事，又云田君爲仁俊次子。蓋本有兄弟也，或者益即其兄之孫歟？碑「奈何」作「奈河」，按《毛詩・商頌》「景員維河」，鄭箋：「河之言何也。」漢《吳仲山碑》、《童子逢盛碑》並云奈河，《隸釋》謂以「奈何」作「奈河」。

梅植之當時主要關注到墓誌中的如下三個問題：其一，田佽夫人冀氏的郡望問題，爲此，梅氏徵引《古今姓氏書辯證》、《舊唐書・地理志》等記載，經過分析後，梅氏認爲冀氏的郡望，有可能是清河，也有可能是景城；其二，

以姪孫益繼嗣的問題，分析認爲田益有可能即田俉兄長的孫子，如此則田俉本有兄弟；其三，碑中文字「奈河」，抑或作「奈何」的問題，舉《毛詩》鄭箋，以及漢代《吳仲山碑》、《童子逢盛碑》以及《隸釋》爲據，說明「奈河」一詞並非失誤。

　　除梅植之、包世臣等人曾對田俉及其夫人合祔墓誌銘文進行過初步考釋外，前揭《八瓊室金石補正》的作者陸增祥氏也曾對此墓誌不無措意。如陸氏在田俉墓誌錄文後，對墓誌文的內容有一段考辨性文字，云：

　　　　誌敘先世有高祖而無曾祖，後冀氏合祔誌云：曾祖宏，唐故光
　　祿大夫、驃騎大將軍、靈冀等州刺史。然則此誌，高祖乃曾祖之誤，
　　特不言驃騎大將軍耳。「濠梁」作「豪梁」，案：濠州字本作豪，元
　　和三年始改從水，貞元初尚未改也。「琴覆弦寬」，不作系旁，猶知
　　古字。碑中「楚有子玉」數語，雜糅不倫，非能文者。〔註16〕

又同卷合祔墓誌錄文後，也有一段說明文字，云：

　　　　誌敘田氏先世云，父仁俊，朝議大夫、祥州刺史，與田俉誌言
　　朔州刺史者不同。朔州屬河東道，未嘗改名祥州，《唐書‧地理志》
　　亦無祥州，蓋誤也。至曾祖宏，前誌作高祖，彼誤此不誤。惟光祿
　　大夫爲文階，驃騎大將軍爲武階，不知何以並授，殊爲可疑。〔註17〕

按，陸氏考證之文，其說多可從也。如田俉墓誌「高祖宏」實爲「曾祖宏」之誤，蓋由兩墓誌敘述田氏世系可以推知，陸氏之說可信。又，關於俉父仁俊任職祥州刺史一事，查兩《唐書》之地理志，有唐一代確無祥州之設置，故知田俉墓誌所言朔州刺史是，而合祔墓誌云祥州誤。再如，關於濠州本爲豪州之考證，也完全符合唐代之史實。

　　不過，陸氏之評論也有可以商榷之處，如關於田俉曾祖父田宏，曾並授文武階官事，陸氏認爲「殊爲可疑」。陸氏的這個懷疑不能成立，這可能因爲他對唐代職官制度不甚熟悉所導致。按，唐代文武階官雙授的情況，其實並不罕見，且從唐代初年就已有之，如錢九隴追隨唐高祖晉陽起兵，「以軍功授金紫光祿大夫……從平薛仁杲、劉武周，以前後戰功累授右武衛將軍」〔註18〕，是錢九隴以軍功，先後得授金紫光祿大夫（文階）、右武衛將軍（武

〔註16〕　《補正》卷六十六，第455頁中欄。
〔註17〕　《補正》卷六十六，第460頁上欄。
〔註18〕　《舊唐書》卷五七《錢九隴傳》，第2299頁。

階）。再如丘行恭，唐高祖武德年間，曾官拜光祿大夫（文階），後來又憑藉一系列戰功，授「左一府驃騎」（武階）；及唐高宗嗣位，歷遷右武侯大將軍（武階）、冀陝二州刺史，及其致仕，又拜光祿大夫（文階）。〔註 19〕由此可見，文武階官雙授的現象，自唐初已然，因此田宏並授「光祿大夫」（文階）、「驃騎大將軍」（武階），實不足為異。

至於「琴覆弦寬」，之「弦」字不作系旁，為使用古字，則反映出陸氏在文字學方面所具有的深厚功底。另外，陸氏以碑中「楚有子玉」數語，從而判斷撰寫碑文者「雜糅不倫，非能文者」，則純屬見仁見智，無需評價其是非也。

此外，陸增祥還詳細標注了兩方墓誌的形制、字數等信息，如田佚墓誌下有雙行小字，云：「方一尺五寸，四周有花紋，廿三行，行字不一，徑五分餘，行書，蓋題田府君墓誌銘六字，字徑二寸，正書。在江都梅氏。」〔註 20〕合祔墓誌下亦雙行小字，云：「方一尺四寸三分，廿行，行廿三字至廿七字不等，字徑四分，蓋題故田府君夫人冀氏合祔墓誌十二字，周有花紋。在江都梅氏。」〔註 21〕關於墓誌形制及字數問題，前揭民國《江都縣續志》卷十五《金石考》亦有標注，如田佚墓誌下云：「石高廣皆一尺五寸，有蓋，刻田府君墓誌銘六字，正書二十三行，行二十三字。」〔註 22〕合祔墓誌下云：《唐故田府君夫冀氏墓誌銘》下云：「石高廣皆一尺四寸，有蓋，刻故田府君夫人冀氏合祔墓誌十二字，正書二十行，行二十五字。」〔註 23〕從文字表述來看，陸增祥所記更為細緻，不僅標出行數、字數，且字跡大小也有描述。

當然，陸氏對於墓誌形制、字數的記述，與《江都縣續志》的記述也存在差異，如田佚墓誌共 23 行，雙方記載一致，但是每行字數，陸氏云「行字不一」，即每一行字數不等；而《江都縣續志》云「行二十三字」，即每行 23 字。合祔墓誌共 20 行，雙方記載一致，每行字數陸氏云「行廿三字至廿七字不等」，《江都縣續志》云「行二十五字」。兩者的記載，誰更為準確一些呢？由於田佚墓誌銘拓片未見，因此我們只能依據合祔墓誌銘的拓片加以驗證。經核查拓片，合祔墓誌共 20 行，每行除去空格不算，字數從 18 字到 27 字不

〔註 19〕 《舊唐書》卷五九《丘和附子行恭傳》，第 2326 頁。
〔註 20〕 《補正》卷六十六《淮南節度討擊副使田佚墓誌》，第 455 頁上欄。
〔註 21〕 《補正》卷六十六《泗州長史田佚妻墓誌合祔誌》，第 459 頁下欄。
〔註 22〕 《續志》卷十五《金石考・唐田府君墓誌》，第 595 頁下欄。
〔註 23〕 《續志》卷十五《金石考・唐故田府君夫冀氏墓誌銘》，第 596 頁上欄。

等，第 20 行字數最少，共 18 字，第 18 行字數最多，共 27 字，其他或 20、21、22、23、24、25，字數不一。由此我們可以判斷，陸增祥關於墓誌形制及字數等信息的記述，與事實更爲接近。

三、墓誌銘文所載史實考釋

下面結合相關史籍，對墓誌銘文所記載的史實略加考釋。

（一）田佽祖上三代歷官考

墓主人田佽的生卒年，兩墓誌所載微有差異，田佽墓誌以爲享年五十一歲，合祔墓誌以爲享年五十歲。我以爲，田佽的年齡當依田佽墓誌爲準，因爲田佽墓誌銘文係田佽卒時所刻寫，而合祔墓誌則是八年以後，其夫人冀氏卒時追憶所寫，故從常理而言，前者應當更爲準確。田佽卒於唐德宗貞元三年（787），時年五十一，由此可以推知，田佽出生於 737 年，即唐玄宗開元二十五年。由此縱觀田佽一生，既經歷過唐玄宗開元、天寶之際的極度繁榮時期，也遭逢了「安史之亂」及其之後的動蕩不堪，作爲親身經歷大唐王朝由盛轉衰的人物，田佽的人生無疑應該也充滿著對現實動亂景象的質疑和對往昔繁華的追憶。

兩篇墓誌銘文，均有對田佽家世的追述，唯田宏爲佽曾祖，抑或是高祖，兩誌不同，前揭陸增祥氏已經辯明，田佽墓誌云「高祖」誤，應以合祔墓誌所云「曾祖」爲是。兩誌述田佽曾祖田宏、祖父田崇、父親田仁俊，名諱、官銜簡潔明瞭，然而檢諸兩《唐書》，並參諸其他相關文獻，卻均不見田宏、田崇、田仁俊之任何事迹，因此墓誌所載宏、崇、仁俊之任職情況，無法印證眞僞。唯田佽之父田仁俊，曾任朔州刺史事，似爲學者所認可，如郁賢皓氏所著《唐刺史考全編》，就將田仁俊擔任朔州刺史一事坐實，不過他所據的史料正是陸增祥氏《八瓊室金石補正》所收錄的田佽墓誌銘文，郁氏判斷田仁俊擔任朔州刺史的時間，大約在唐肅宗、代宗之際。〔註24〕

眾多隋唐史文獻中，均難覓田佽曾、祖兩代之蛛絲馬跡，因而不能排除墓誌文對其曾、祖兩代事跡的敘述，有溢美之可能，但墓誌銘文的記述也不應該全屬虛無。因此，對於田佽曾、祖兩代，還是依墓誌所載，對其事迹略作考述。

〔註24〕郁賢皓撰：《唐刺史考全編》卷九六，第 1354 頁，合肥，安徽大學出版社，2000。

田佚曾祖田宏，事跡他書無考。據田佚墓誌，田宏的散官職位爲光祿大夫，職事官爲靈、冀等州刺史。另外，據合祔墓誌，田宏還有「驃騎大將軍」的頭銜，係從一品的武散官。假定田佚墓誌所載田宏官銜屬實，則他已然廁身高級官吏之列。〔註25〕

田佚祖父田崇，事跡相對有蹤可尋。據墓誌銘文載，田崇的官職爲「朝散大夫，恒王府司馬」。查兩《唐書》諸紀傳，唐皇室成員曾封「恒王」者，先後有二人：一爲唐睿宗李旦之子李成義，一爲唐玄宗李隆基之子李溰（後改名李璵）。李成義封恒王，時在垂拱元年（685）五月，是月己酉，「封皇帝子成義爲恒王。」〔註26〕天授元年（690）九月，武則天稱帝，改國號爲周，長壽二年（693）十二月，原李唐子孫封親王者，依例降低級別，李成義由恒王降封爲衡陽郡王。〔註27〕及唐睿宗復位，成義又進封爲申王，唐玄宗開元二年（714）以避諱故，改名撝，開元十二年（724）病逝，冊封惠莊太子。〔註28〕是李成義封爵爲恒王的時間爲：685 年五月至 693 年十二月，即武則天執政及稱帝時期。

李溰封恒王事，載諸《舊唐書》本傳：李溰，唐玄宗第二十七子，性好道，常服道士衣。開元二十三（735）年七月，封恒王，二十四年（736）二月改名璵。天寶十五年（756），從幸巴蜀，不復衣道士衣。〔註29〕是李溰（璵）封爵爲恒王的時間爲：735 年七月至 756 年（或其後）之間。

那麼，田崇所任恒王府司馬，應該是哪一個恒王呢？按，唐人婚齡較小，根據唐代法律規定，一般情況下男十五歲、女十三即可成婚。這裏我們假定

<hr>

〔註25〕 按，光祿大夫作爲文散官的職位，品級頗高，唐武德年間及貞觀初期，左光祿大夫爲從一品，右光祿大夫爲正二品。貞觀十一年（637），光祿大夫的品級有所降低，分別爲：光祿大夫從二品，金紫光祿大夫正三品，銀青光祿大夫從三品。驃騎大將軍爲從一品武散官。（《舊唐書》卷四二《職官志一》，第1784～1785 頁）唐代刺史的品級，則依州的級別而有不同，上州（戶滿四萬以上）刺史爲從三品、中州（戶滿二萬以上）刺史爲正四品上、下州（戶不滿二萬）刺史爲正四品上。（《舊唐書》卷四四《職官志三》，第 1917～1918 頁）靈州、冀州均爲上州，且都曾設置大都督府，因此無論靈州刺史，還是冀州刺史，品級均爲從三品。（《舊唐書》卷三八《地理志一》第 1415～1416 頁、卷三九《地理志二》第 1503～1504 頁）
〔註26〕 《新唐書》卷四《則天皇后紀》，第 85 頁。
〔註27〕 《新唐書》卷四《則天皇后紀》：長壽二年臘月，「丁卯，降封皇孫成器爲壽春郡王，恒王成義衡陽郡王，楚王隆基臨淄郡王，衛王隆范巴陵郡王，越王隆業彭城郡王。」（第 93 頁）
〔註28〕 《舊唐書》卷九五《睿宗諸子·惠莊太子撝傳》，第 3015～3016 頁。
〔註29〕 《舊唐書》卷一○七《玄宗諸子·恒王璵傳》，第 3271 頁。

田氏成婚稍晚，均以 20 歲作爲其成婚時的年齡，由此我們向上推算。田佚出於唐玄宗開元二十五年（737），假設其父田仁俊 20 歲成婚，2 年以後田佚出生，由此向上推算 22 年，則田仁俊大概出生於 716 年（唐玄宗開元四年）前後；假設田崇情況相同，也是 20 歲成婚，2 年後生子，那麼向上推算 22 年，田崇就應該出生於 697 年（武則天萬歲通天二年）前後。而如前所述，李成義封爵爲恒王，時間在 685 年五月至 693 年十二月，更在田崇出生之前。由此我們可以斷定，田崇所任的恒王府司馬一職，只能是在唐玄宗之子李漬（後改名瑱）的恒王府中，任職時間則在 735 年七月至 756 年（或其後）之間，亦即開元後期至天寶年間。

又，根據唐代品官制度規定，親王府司馬的品級爲從四品下。〔註30〕李漬（李瑱）係唐玄宗之子，其所封恒王屬於親王級別，因此田崇的職事官恒王府司馬，品級爲從四品下。又，唐制規定，凡九品以上職事官均需同時帶散官銜，謂之本品。田崇的散官爲文職的朝散大夫，從五品下。因此，無論從職事官的品級，還是從散官的品級來看，田崇都只能算是中央中級官吏。

田仁俊的散官銜爲朝議大夫，正五品下；職事官爲朔州刺史，據諸史載，朔州爲下州〔註31〕，故朔州刺史的品級爲正四品下。因此，綜合田仁俊的職事官及散官的官品來看，他也只能算是地方中級官吏。

（二）田佚仕宦生涯考述

田佚祖上三代，事跡基本可以考實的只有祖、父兩代，一爲中央中級官吏，一爲地方中級官吏，均非官宦顯達，這就決定了田佚在仕途上並無強大家族背景可資依靠。以下先分析田佚的歷任官銜。

據諸墓誌，田佚的歷官官銜：淮南節度討擊副使、光祿大夫（文散官，從二品）、試殿中監（監中監爲職事官，從三品，「試」爲臨時代理，故相當於加官）、泗州長史（職事官，正六品上）、上柱國（勳官，正二品），北平縣開國伯（封爵，相當於正四品上，縣伯食邑爲 700 戶）。我們知道，唐代職官制度中，具有決定意義的是職事官，散官、勳官、爵位只是爲了標明身份，一個人的仕途發展如何，主要取決於他所擔任的職事官。因此，田佚的散官

〔註30〕據《舊唐書》卷四二《職官志一》，從四品下階的文職事官包括：國子司業、少府少監、將作少匠、京兆‧河南‧太原府少尹、大都督府大都護府親王府司馬、上州別駕。（第 1794 頁）
〔註31〕《新唐書》卷三九《地理志三》：「朔州馬邑郡，下。」（第 1007 頁）

光祿大夫、勳官上柱國，儘管都是二品職位，北平縣開國伯的爵位也並不算低，但決定其實際權力大小者，仍然是他的職事官「試殿中監」、「兼泗州長史」，以及他所擔任的使職「淮南節度討擊副使」。

嚴格說來，「試殿中監」一職，並非唐代職官序列中的正式成員。我們知道，「殿中監」爲中央文職事官，從三品，品級頗高。然而，田佚的這個職銜前面卻加了一個「試」，在唐代職官制度中，「試」、「攝」、「守」等，均具有臨時代理的意思。不過，更爲關鍵的是，田佚本人並非在中央任職，他只是在淮南節度使治下擔任「試殿中監」之職，所以「試殿中監」之職只能屬於榮譽性的職銜。對田佚仕途具有實際意義的是「兼泗州長史」和「淮南節度討擊副使」。泗州爲下州，唐制規定，下州長史的品級爲正六品下，因此，從職事官的品級來說，田佚至多只能屬於地方中級官吏。

這裏需要稍加詳論的是「淮南節度討擊副使」一職。按，「討擊副使」乃是一種使職差遣，唐代官制序列中並沒有這一類官銜。討擊副使，顧名思義，應當還有討擊使，副使者，討擊使之副貳也。另外，有史實表明，討擊使有時可能也稱討擊大使。檢諸兩《唐書》，曾留下姓名的討擊使、討擊大使、討擊副使，僅有如下幾例，分別爲：1. 唐九徵，姚巂道討擊使〔註32〕；2. 李千里，嶺南（安撫）討擊使〔註33〕；3. 裴懷古，招慰討擊使〔註34〕；4. 沙陀金山，墨離軍討擊使〔註35〕；5. 尙恐熱，落門川討擊使〔註36〕；6. 王毛仲，朔

〔註32〕《舊唐書》卷七《中宗紀》：神龍三年（707，是年九月甲辰，改元爲景龍）六月，「戊子，姚巂道討擊使、侍御史唐九徵擊姚州叛蠻，破之，停虜三千計，遂於其處勒石紀功焉。」（第144頁）另外，《新唐書》卷四《則天皇后紀》、卷二一六《吐蕃傳上》也均記載此事。

〔註33〕《舊唐書》卷七六《太宗諸子·吳王恪附子仁傳》：吳王李恪長子李仁，後改名千里，「時皇室諸王有德望者，必見誅戮，惟千里褊躁無才，復數進獻符瑞事，故則天朝竟免禍。長安三年，充嶺南安撫討擊使，歷遷右金吾將軍。」（第2650頁）又，《舊唐書》卷一八四《高力士傳》、《新唐書》卷二〇三《高力士傳》均作「嶺南討擊使」。

〔註34〕《舊唐書》卷一八五下《良吏下·裴懷古傳》：武則天聖曆年間，「時始安賊歐陽倩擁徒數萬，剽陷州縣，授懷古桂州都督，仍充招慰討擊使。」（第4808頁，《新唐書》卷一九七《裴懷古傳》所載同）

〔註35〕《新唐書》卷二一八《沙陀傳》：「龍朔初，以處月酋沙陀金山從武衛將軍薛仁貴討鐵勒，授墨離軍討擊使。」（第6154頁）

〔註36〕《新唐書》卷二一六下《吐蕃傳下》：唐武宗會昌年間，「別將尚恐熱爲落門川討擊使……約三部得萬騎，擊鄯州節度使尚婢婢，略地至渭州，與宰相尚與思羅戰薄寒山。」（第6105頁）

方道防禦討擊大使〔註37〕；7. 許欽寂，龍山軍討擊副使〔註38〕；8. 王忠嗣，河西討擊副使〔註39〕。

以上共計：討擊使共 5 例、討擊大使 1 例、討擊副使 2 例，其中尚恐熱係吐蕃官職，與唐朝無關，可不予以置論。另外，檢諸《全唐文》，這方面的例子要稍多一些，以篇幅的關係，茲不一一具列。根據以上所列，並參諸《全唐文》所載諸例，對於「討擊（大）使」一職的性質及其職能，可作如下認識：

其一，「討擊（大）使」只是一種使職差遣，任職者均有本職，討擊副使亦然。其二，唐代中前期，討擊（大）使、副使均置於邊疆地區，且一無例外都是因為唐與少數民族政權發生戰爭而設置，其中唐玄宗開元天寶時期為其設置的集中期，武周時期其次。其三，討擊使或稱「安撫討擊使」，或稱「招慰討擊使」，或稱「防禦討擊大使」，則是因為這些使職不僅承擔軍事征討的任務，還同時負有安撫、綏靖、籠絡少數民族的責任。其四，以「某某軍」、「某某道」命名的討擊（大）使或副使，表明該使職受該軍或該道長官的管轄，或負責該軍、該道的軍事行動。其五，唐代中前期，內地從未出現過討擊（大）使這一類軍事使職，及「安史之亂」爆發，隨著內地軍事行動的頻繁展開，內地節度使及一些方鎮也開始出現「討擊（大）使」、「討擊副使」等軍事使職，但總體來看，內地節度使轄區或方鎮設置此職並非普遍現象，數量相對較少。其六，討擊（大）使、討擊副使作為一種使職差遣，本身並無品級，故其品級應該是由其本職官品決定。

墓誌所載田佚曾任「淮南節度討擊副使」的事實，至少具有兩個方面的意義：

〔註37〕《舊唐書》卷一○六《王毛仲傳》：「（開元）九年，持節充朔方道防禦討擊大使，仍以左領軍大總管王晙與天兵軍節度張說，東與幽州節度裴伷先等計會。」（第 3253～3254 頁，《新唐書》卷一二一《王毛仲傳》所載同）

〔註38〕《舊唐書》卷五九《許紹附曾孫欽寂傳》：「萬歲登封年為夔州都督府長史。時契丹入寇，以欽寂兼龍山軍討擊副使，軍次崇州，戰敗被擒。」（第 2329 頁，《新唐書》卷九○《許紹附曾孫欽寂傳》、卷二一九《北狄·契丹傳》均有相同記載。）

〔註39〕《舊唐書》卷一○三《王忠嗣傳》：「（開元）二十一年再轉左領軍衛郎將、河西討擊副使、左威衛將軍、賜紫金魚袋、清源男，兼檢校代州都督。」（第 3197～3198 頁）

一，印證我們關於內地設置討擊（大）使、副使等軍事使職差遣始於「安史之亂」以後的判斷；二，淮南節度使轄區既然設有「淮南討擊副使」，依理而論，應該同時設有「淮南節度討擊使」，而且極有可能，「淮南節度討擊（大）使」就由淮南節度使本人擔任。

田伾擔任「淮南節度討擊副使」之職，正好印證其憑藉武功立世的仕途特點，而他的這個仕宦經歷，又與他出自京兆涇陽有某些關係。涇陽地處西北邊鄙，這一帶自古以來就崇尚武功，多能征善戰之輩，蓋以其地居衝要，與西北諸胡族密邇相連之故也。田伾「少參戎武，累著勳業」，表明他很早就投身行伍，執戈從戎。至如墓誌所謂「懷百勝之謀，有七擒之略」、「攻必取，戰必勝，安危定難，只在談笑」等句，其中雖不無溢美，但也並不可能全屬墓誌作者一味的阿諛之詞，因爲田伾畢竟是以武功立身。那麼，墓誌銘文所說田伾「攻必取，戰必勝」、「少參戎武，累著勳業」，其立功何時何地？就成爲我們所要重點關注的問題。

由於兩《唐書》等基礎文獻，均無關於田伾事跡的些許記錄，因此我們只能通過墓誌銘文的相關內容加以推測。田伾墓誌有云：「故淮南節度使、工部尚書、潁川陳公特達見許，殊禮相遇，屈公入幕，補節度討擊副使，累奏光祿大夫、試殿中監兼泗州長史、上柱國、北平縣開國伯。」也就是說，田伾的武功主要是擔任淮南節度討擊副使期間所建立。另外，田伾後來的一系列任職，也都是得益於進入「淮南節度使、工部尚書、潁川陳公」幕府之後，因此這位「陳公」就成爲破解謎題的關鍵。

如前所述，田伾出生於唐玄宗開元二十五年（737），卒於唐德宗貞元三年（787），如果以18歲作爲田伾成年並參與政治活動的起始年份，那麼，田伾活動於政治舞臺的時間，正好橫跨唐肅宗、代宗，以至唐德宗初期，即大約從 755 年（天寶十四年）至貞元三年（787），也就是「安史之亂」以後的動亂初間。查755～787 年之間的淮南節度使，只有陳少遊一個陳姓節度使，據吳廷燮所撰《唐方鎮年表》，唐代宗大曆九年（773）至唐德宗興元元年（784），淮南節度使爲陳少遊。〔註 40〕證之以《舊唐書》之《代宗紀》、《德宗紀》，可知：大曆八年（773）十月，陳少遊出任淮南節度使〔註 41〕；興元

〔註40〕《唐方鎮年表》卷五「淮南」條，第 719～721 頁。
〔註41〕《舊唐書》卷十一《代宗紀》：大曆八年十月乙丑，「以浙東觀察使、越州刺史陳少遊爲揚州大都督府長史，充淮南節度使。」（第 303 頁）按，《舊紀》

元年（784）十二月，陳少遊卒於江南節度使任上。〔註42〕《舊紀》印證吳表所載屬實。據之我們或可以初步推斷：田偌墓誌所言「陳公」，當為陳少遊。

不過，要將「陳公」就是陳少遊之事坐實，還有一些問題需要加以辯明。查兩《唐書·陳少遊傳》，可知：陳少遊籍貫博州（今山東聊城），並非潁川；另外，在陳少遊所歷的眾多職官中，禮部尚書、兵部尚書等職銜均有，而絕無工部尚書一職。因此，墓誌稱之為「工部尚書」，「潁川陳公」，就與正史記載不相吻合。這個情況應該作何解釋？

我們注意到，在陳少遊的歷官中，唐代宗大曆八年（733），陳少遊「遷揚州大都督府長史、淮南節度觀察使。仍加銀青光祿大夫，封潁川縣開國子。」唐德宗即位後，陳少遊又「累加檢校禮部、兵部尚書。」〔註43〕據此，我們可以解答上面的疑問。稱陳少遊為「潁川陳公」，並非指其郡望為潁川，而是因為他曾受封「潁川縣開國子」，由此可知，唐人應當有以封爵地望來代稱其郡望的習慣。陳少遊的職銜中，曾有「檢校禮部、兵部尚書」的加官，墓誌云「工部尚書」，應當是記憶失誤所致，因為田偌墓誌之鐫刻，是在陳少遊去世三年之後（按，陳少遊去世於784年，田偌787年去世），田氏家人撰刻墓誌，對於田偌已故長官職銜的記憶，未必能夠做到百分之百的準確，將禮部尚書或兵部尚書誤記為工部尚書，這種可能性很大。由此，我們可以斷定，田偌墓誌銘文所說的幕主「陳公」，就是時任揚州大都督府長史、淮南節度使的陳少遊。如此，我們就可以對田偌的事功作進一步的梳理。

此處言陳少遊出任淮南節度使的時間為十月乙丑，即十月二十三日（是月癸卯朔，乙丑為二十三日），可能不太準確。因為據《全唐文》卷三九五載劉太真所撰《為陳大夫謝上淮南節鎮表》，其中有云：「臣某言：今月二十日，中使輔懷恩送告身至，伏見恩制特加臣銀青光祿大夫、揚州大都督府長史、充淮南節度使，仍封潁川縣開國子、食邑五百戶者……臣即以今月二十五日發赴揚州，其浙東使事，已差觀察使、殿中侍御史盧翰權智留後。無任感戴戰越之至。」（第4015頁下欄至4016頁上欄）據此，則陳少遊接到告身的時間為十月二十日（壬戌），並準備於二十五日（丁卯）赴揚州上任。抑或任命陳少遊為淮南節度使的時間為八年十月乙丑（二十），但中使持告身送達越州的時間，要到下個月的二十日？因為以當時之交通手段，命令從長安下達，送至越州，行程所需要的時間，大概也要到一個月以後，因此，劉太真代陳少遊撰寫謝上表的時間，也可能是在命令下達的一個月以後，亦即十一月二十日前後。俟考。

〔註42〕　《舊唐書》卷十二《德宗紀上》：興元元年十二月乙亥（初八，是月戊辰朔），「淮南節度使、檢校司空、平章事陳少遊卒。」（第347頁）

〔註43〕　《舊唐書》卷一二六《陳少遊傳》，第3564頁。

　　據諸《舊唐書·陳少遊傳》載，陳少遊擔任淮南節度使期間，其轄區內所經歷過的重大軍事行動主要有兩次，一次是建中三年（782），李納反叛，陳少遊率軍進攻徐州、海州，不久之後又放棄，後撤至盱眙。另一次，建中四年（783）十月，朱泚之亂，唐德宗駕幸奉天，不久之後李希烈攻陷汴州，揚言準備進攻江淮地區，陳少遊主動請降於李希烈，並派人結好李納。〔註44〕田侁墓誌所說「功高霍衛，名比關張」，或合祔墓誌所云「久主強兵，屢清淮海」，應當主要就是指上述《舊傳》所載的這兩次軍事行動，特別是建中三年攻取徐州、海州之役。田侁本職品官中，最重要有職務，莫過於泗州長史。那麼，他擔任此職的時間，大約在何時？

　　按，「安史之亂」以後，唐代地方行政區劃大變，事實上形成若干方鎮各制一方的局面，每個方鎮各轄數州，節度使則成爲實際上的行政長官（負責軍事、政治、經濟、民政）。又，其時唐朝中央政權賴以維繫生命的財政源泉，又是以揚州爲中心的江淮八道，因此，確保運河交通線的安全，就成爲決定大唐王朝生死存亡的關鍵。在這條溝通南北的交通線上，有幾個關鍵性的節點如徐州、泗州等，唐朝中央政府必須牢牢控制的戰略要地。由於地緣構成的關係，泗州（治臨淮，今江蘇盱眙西北）通常都是由坐鎮徐州的節度使管控，以唐肅宗、代宗、德宗時期而言，泗州多歸徐、泗、濠節度使、徐泗節度指揮。徐泗濠節度獨立成使，一方面確實有利於加強對運河漕運線黃淮段的控制，但是它與以揚州爲中心的淮南節度使之間，在某些時候又顯得不太協調，這也直接影響到漕運的效率。我們注意到，唐德宗建中二年（781），唐朝中央下令將泗州劃歸淮南節度使管轄。〔註45〕其後，又幾經反覆，這表明唐朝統治者對於如何處理徐泗地區與淮南節度使的關係，確實一直處於探索之中。〔註46〕不過，這裏我們還是回到前面所討論的主題，即，田侁何時擔任泗州長史？按，建中二年（781）淮南節度使增領泗州，其時的淮南節度區正

〔註44〕《舊唐書》卷一二六《陳少遊傳》，第3564～3566頁。

〔註45〕《新唐書》卷六八《方鎮表五》，第1908頁。

〔註46〕據《新唐書·方鎮表》：建中二年（781），淮南節度增領泗州（卷六八《方鎮表五》，第1908頁）；貞元四年（788），置徐泗濠三州節度使，治徐州（卷六五《方鎮表二》，第1811頁），淮南節度領廬、壽二州，以泗州隸徐泗節度（卷六八《方鎮表五》，第1910～1911頁）；貞元十六年（800），廢徐泗濠三州節度使，未幾，復置泗濠二州觀察使，隸淮南，徐州領本州留後（卷六五《方鎮表二》，第1813頁）；元和二年（807），廢泗濠二州觀察使，置武寧軍節度使，治徐州，領徐泗濠三州（卷六五《方鎮表二》，第1814頁），以泗州隸武寧節度使。

是陳少遊主政，因此，田伾兼任泗州長史，應當就是始於此時。

田伾在入陳少遊幕府以後，除參與淮南節度使轄區內的軍事征討行動外，還有合祔墓誌中所說「歷諸府幕，權總職司」之事。如前所言，泗州地理位置之重要性，不僅表現在其軍事戰略地位之重要性，更在於其處在南北物資轉運的樞紐，是漕運線上溝通黃河與淮河兩大水系的重要節點，因此，對於泗州長官的人選，唐朝政府歷來都十分重視。〔註47〕建中二年，將泗州劃歸淮南節度使管轄，一個主要目的就是爲加強對泗州的控制，特別是強化對運河漕運的控制力度。田伾出任泗州長史一職，適足表明淮南節度使陳少遊對他的信任，田伾兼任此職的一個重要任務，當然就是「權總職司」，亦即負責與漕運轉輸江淮財物，以供中央所需。

陳少遊就任淮南節度使任之際，也正是揚州物資積纍較爲豐厚的時期，由度支汴東兩稅使包佶在任期間所積聚的賦稅收入，折合財物至少有八百萬貫之多。建中四年（783）因爲發生「朱泚之亂」，唐德宗避難奉天（今陝西寶雞），陳少遊到揚州上任以後，感到長安已被叛軍佔領，一時不能收復，因此，就打起了這批財賦的主意。陳少遊先是派遣手下判官，向包佶索要財賦收入賬薄，同時要求包佶爲自己提供二百萬貫錢物，以充淮南地區的軍費。包佶以需要朝廷敕命爲藉口，拒絕了陳少遊的提議。陳少遊遂以武力相威脅，包佶不敢堅持己見，於是「財帛將轉輸入京師者，悉爲少遊所奪」，不久，陳少遊又將原屬包佶統領，負責管護財物的三千軍士，全部奪歸自己屬下。〔註48〕此事後被唐德宗知曉，但唐德宗對陳少遊並未稍加責備。據此我以爲，田伾在陳少遊幕府中「權總職司」，其中一個重要任務就是參與此次攘奪上供物資的行動。合祔墓誌中所謂「翰墨不能縷載」，表面上是指田伾所立功勳無法詳細記載，實則在於它所隱含的言外之意，因爲陳少遊所主導的這次攘奪上供物資的行爲，從性質上看，實際上是一次對抗中央的反叛行動，如果不是因

〔註47〕 泗州在運河漕運線上的重要地位，唐人頗多闡述，如：白居易所撰《柳經李褒並泗州判官制》中，有云：「瀕淮列城，泗州爲要，控轉輸之路，屯式過之師。」（《全唐文》卷六五七，第6685頁上欄）又，白氏所撰《李諒除泗州刺史兼團練使當道兵馬留後兼侍御史賜紫金魚袋張愉可岳州刺史同制》，其中云：「扼淮壓湖（一作湘）之列城，曰泗與岳，州車會焉，軍戎屯焉，是二郡守，不易爲政。」（《全唐文》卷六六三，第6738頁上欄至下欄）徐鉉所撰《左領軍將軍孔昌祚可泗州刺史制》，其中有云：「長淮北偏，隔闊戎夏。惟彼泗口，實當要衝。凡爲守臣，固不慎選。」（《全唐文》卷八〇，第9200頁上欄）
〔註48〕 《舊唐書》卷一二六《陳少遊傳》，第3565頁。

為當時朝廷力不能討，唐德宗決不會如此姑息。〔註49〕試想，如此行為，又如何能夠直接寫在墓誌銘之上呢？

四、餘論

從敘事風格來看，田佖墓誌、合祔墓誌兩文還是有所差異。田佖墓誌的敘述重點，為田佖本人事跡，以及對他的功業、品行所進行的評價。合祔墓誌則除了田佖本人的功業、品行之外，還交待了其夫人冀氏的死亡時間，以及姪孫益嗣後的情況。兩方墓誌銘文的共同之處，則是都有對田佖祖上三代名諱、官銜的記述。

還需要指出的是，類似田佖墓誌這樣一墓二誌或一墓雙石的做法，並非獨一無二的個例。在揚州地區所出土的唐代墓誌中，至少還有崔克讓墓誌，也是這樣。〔註50〕這種一墓雙石的做法，一般情況下都是男主人先去世，其夫人後來去世，子孫將其合祔時，再製作一方墓誌銘，以為紀事，如田佖及其夫人冀氏、崔克讓及其夫人張氏，都是如此。不過，比較一下，田佖及夫人冀氏合祔墓誌銘，與崔克讓及夫人張氏墓誌銘，在行文內容也有較大不同：田佖及其與夫人冀氏合祔墓誌銘文，都有對田佖祖上三代，以及墓主人田佖事跡的情況介紹；而崔克讓夫張氏墓誌銘文，則只敘述張氏夫人的籍貫、張氏的優雅品德，以及子女的情況，並未有關於其丈夫崔克讓情況的記述。

田佖墓誌銘文，標明撰文者（左衛率府騎曹參軍桑叔文）與書寫者（右金吾衛兵曹參軍儲彥琛）的姓名，合祔墓誌則沒有標出，這也是兩方墓誌銘的一個重要區

〔註49〕據《舊唐書》卷一二六《陳少遊傳》載：「（包）佶於彈丸中置表，以少遊脅取財帛事。會少遊使繼至，上問曰：『少遊取包佶財帛，有之乎？』對曰：『臣發揚州後，非所知也。』上曰：『少遊國之守臣，或防他盜，供費軍旅，收亦何傷。』時方隔阻絕，國命未振，遠近聞之大驚，咸以聖情達於變通，明見萬里。少遊後聞之，乃安。」（第3565頁）這段文字表明，對於自己的所作所為，陳少遊心中是有所擔心的，因為他對自己行為的性質十分清楚，而唐德宗「達於變通」的處置方法，也是出於無奈。

〔註50〕《大唐故定州都尉知隊使崔（克讓）府君墓誌銘并序》、《大唐故冀州都尉崔府君夫人清河郡張氏墓誌銘并序》，前揭《隋唐五代墓誌彙編》第46、第50頁分別有拓片，均注明出土於揚州，國家圖書館等單位藏有拓片，皆未注明出土時間。據《續志》卷十五《金石考》《崔府君墓誌銘》下說明文字云：「崔府君墓誌銘，寬長不及一尺，正書，無蓋，光緒十八年與夫人張氏墓誌同時出土。」（第592頁下欄）張氏墓誌銘下說明文字大同小異，云：「右崔府君夫人張氏墓誌，小正書，近歐體，其石寬長不足一尺，光緒十八年與崔府君墓誌同時出土。」據此可知，崔克讓及其夫人墓誌出土於光緒十八年（1892）。

別。當然，書與不書撰文、書寫者的姓名，在眾多唐代墓誌中，都屬於正常情況，其中原因無足爲異。但這裏卻可能透露出一個重要信息，因爲田佚與冀氏並無親出子女，後來只能以侄孫繼嗣。田佚去世時，由於冀氏還在，尚足以主持大事，故而田佚的同僚故舊還可以爲其撰文書寫，及冀氏去世，雖有侄孫益繼嗣，並「奉舉大事」，但官宦場上素來是人走茶涼，故而墓誌銘文的撰寫鐫刻大概也就只能一切從權。

最後，從墓誌銘文所提供的信息來看，田佚生前可能有歸葬故鄉的願望。如田佚墓誌有云「未得歸其枌榆，且欲卜其宅兆」，合祔墓誌則有「其時道路艱阻，未獲還鄉，權卜葬於揚州江陽縣臨灣坊之原也」、「漂然寄家，親故乖遠」等句，均清楚地表明，墓主人生前的願望是希望能夠魂歸故土，葉落歸根。然而，由於時逢動亂，田佚及其夫人冀氏回鄉的願望只能悵然落空，從而安身於揚州的土地上了。

參考文獻

一、古籍史料

1. 【漢】班固撰,【唐】顏師古注:《漢書》,北京:中華書局,1962。

2. 【唐】房玄齡等撰:《晉書》,北京:中華書局,1974。

3. 【北齊】魏收撰:《魏書》,北京:中華書局,1974。

4. 【唐】姚思廉撰:《梁書》,北京:中華書局,1973。

5. 【唐】令狐德棻等撰:《周書》,北京:中華書局,1971。

6. 【唐】李延壽撰:《南史》,北京:中華書局,1975。

7. 【唐】李延壽撰:《北史》,北京:中華書局,1974。

8. 【唐】魏徵,令狐德棻撰:《隋書》,北京:中華書局,1973。

9. 【後晉】劉昫撰:《舊唐書》,北京:中華書局,1975。

10. 【宋】歐陽修、宋祁撰:《新唐書》,北京:中華書局,1975。

11. 【宋】薛居正等撰:《舊五代史》,北京:中華書局,1976。

12. 【宋】司馬光編著,【元】胡三省 音注:《資治通鑒》,北京:中華書局,1959。

13. 【唐】李吉甫撰,賀次君點校:《元和郡縣圖志》,北京:中華書局,1983。

14. 【宋】宋敏求編:《唐大詔令集》,北京:中華書局,2008。

15. 【宋】王溥編:《唐會要》,上海:上海古籍出版社,1991。

16. 【唐】長孫無忌等撰,劉俊文點校:《唐律疏議》,北京:中華書局,1983。

17. 【唐】李林甫等撰,陳仲夫點校:《唐六典》,北京:中華書局,1992。

18. 【唐】杜佑撰,王文錦、王永興點校:《通典》,北京:中華書局,1988。

19. 【唐】徐堅撰:《初學記》,北京:中華書局,1962。

20.【唐】劉肅撰:《大唐新語》,北京:中華書局,1984。

21.【唐】劉禹錫撰,卞孝萱校訂:《劉禹錫集》,北京:中華書局,1990。

22.【唐】杜牧撰,陳允吉校點:《樊川文集》,上海:上海古籍出版社,2009。

23.【唐】李德裕撰,傅璇琮、周建國 校箋:《李德裕文集校箋》,石家莊:河北教育出版社,2000。

24.【唐】張彥遠撰:《歷代名畫記》,文淵閣四庫全書本。

25.【唐】劉蛻撰:《文泉子集》,文淵閣四庫全書本。

26.【唐】孫樵撰:《孫可之集》,文淵閣四庫全書本。

27.【清】董誥編:《全唐文》,北京:中華書局,1983。

28.【清】彭定球等編校:《全唐詩》,北京:中華書局,1960。

29.【宋】計有功輯:《唐詩紀事》,上海:上海古籍出版社,2013。

30.【日】圓仁撰,顧承甫、何泉達 點校:《入唐求法巡禮行記》,上海:上海古籍出版社,1986。

31.【宋】程大昌撰,黃永年點校:《雍錄》,北京:中華書局,2002。

32.【清】徐松撰,李健超增訂:《增訂唐兩京城坊考》,西安:三秦出版社,1996。

33.【宋】盧憲撰:《嘉定鎮江志》,南京:江蘇古籍出版社(影印清·阮元輯《宛委別藏》本),1988。

34.【清】徐松撰:《西域水道記》,北京:中華書局,2005。

35.【宋】王欽若等編:《冊府元龜》,北京:中華書局,1960。

36.【宋】李昉等編:《文苑英華》,北京:中華書局,1966。

37.【宋】王讜撰,周勛初校證:《唐語林校證》,北京:中華書局,1987。

38.【宋】郭若虛撰:《圖畫見聞志》,文淵閣四庫全書本。

39.【戰國】孫武撰,曹操等注:《孫子十家注》,上海:上海書店,1986。

40.【南齊】曇景譯:《佛說未曾有因緣經》,佛陀教育基金會印:《大正新修大藏經》卷一七。

41.【唐】道宣撰:《四分律刪繁補闕行事鈔》,《大正藏》卷四十。

42.【唐】義淨譯:《根本說一切有部毗奈耶》,《大正藏》卷二三。

43.【宋】宗頤撰,蘇軍點校:《禪苑清規》,鄭州:中州古籍出版社,2001。

44.【宋】贊寧撰,范祥雍點校:《宋高僧傳》,北京:中華書局,1987。

45.【清】王仁俊輯:《敦煌石室真迹錄》,清宣統元年(1909)國粹堂石印本。

46.【清】蔣斧輯:《沙州文錄》,清宣統元年(1909)抄本。

47. 【宋】孫甫撰：《唐史論斷》，文淵閣四庫全書本。

48. 【宋】洪邁撰：《容齋隨筆》，上海：上海古籍出版社，1996。

49. 【清】秦篤輝撰：《讀史賸言》，《叢書集成初編》第 3568 冊，北京：中華書局，1985。

50. 【清】王太岳等纂輯：《欽定四庫全書考證》，文淵閣四庫全書本。

51. 周紹良主編：《唐代墓誌彙編》，上海：上海古籍出版社，1992。

52. 【清】陸增祥撰：《八瓊室金石補正》，北京：文物出版社，1985。

53. 羅振玉輯：《西陲石刻錄》，瀋陽：遼陽書社，1990。

54. 張維輯：《隴右金石錄》，蘭州：俊華印書館，1944（民國 33 年）。

55. 【清】謝延庚修，【清】劉壽曾纂：《光緒江都縣續志》，《中國地方志集成·江蘇府縣志輯67》，南京：江蘇古籍出版社，1991。

56. 【清】劉文淇撰：《青谿舊屋文集》（《清代詩文集彙編》第 564 冊），上海：上海古籍出版社，2010。

57. 唐耕耦、陸宏基編：《敦煌社會經濟文獻眞蹟釋錄（第二輯)》，北京：全國圖書館文獻縮微複製中心，1990。

58. 唐耕耦、陸宏基編：《敦煌社會經濟文獻眞蹟釋錄（第三輯)》，北京：全國圖書館文獻縮微複製中心，1990。

59. 魯迅整理：《唐宋傳奇集》，北京：人民文學出版社，1999。

60. 錢祥保、桂邦傑等編著：《江都縣續志》，《中國地方志集成·江蘇府縣志輯67》，南京：江蘇古籍出版社，1991。

二、近人、今人論著（專著類）

1. 岑仲勉撰：《唐史餘瀋》，上海：上海古籍出版社，1979。

2. 岑仲勉撰：《通鑒隋唐紀比事質疑》，北京：中華書局，1964。

3. 陳國燦，劉健明主編：《〈全唐文〉職官叢考》，武漢：武漢大學出版社，1997。

4. 陳寅恪撰：《金明館叢稿二編》，上海：上海古籍出版社，1980。

5. 陳寅恪撰：《唐代政治史述論稿》，上海：上海古籍出版社，1982。

6. 陳寅恪撰：《元白詩箋證稿》，上海：上海古籍出版社，1978。

7. 【日】池田溫撰，龔澤銑譯：《中國古代籍帳研究》，北京：中華書局，2007。

8. 【英】崔瑞德主編：《劍橋中國隋唐史》，北京：中國社會科學出版社，1990。

9. 傅璇琮撰：《李德裕年譜》，石家莊：河北教育出版社，2001。

10. 郝春文撰:《唐後期五代初敦煌僧尼的社會生活》,北京:中國社會科學出版社,1998。

11. 郝春文撰:《中古時期社邑研究》,臺北:新文豐出版公司,2006。

12. 黃永年撰:《六至九世紀中國政治史》,上海:上海古籍出版社,2004。

13. 黃永年撰:《文史探微》,北京:中華書局,2000。

14. 姜伯勤撰:《唐五代敦煌寺戶制度》(增訂本),北京:中國人民大學出版社,2011。

15. 金寶祥撰:《隋史新探》,蘭州:蘭州大學出版社,1989。

16. 黎虎撰:《魏晉南北朝史論》,北京:學苑出版社,1999。

17. 李福長撰:《唐代學士與文人政治》,長沙:嶽麓書社,2005。

18. 李鴻賓撰:《唐朝朔方軍研究——兼論唐廷與西北諸族的關係及其演變》,長春:吉林人民出版社,2005。

19. 李文才撰:《李栖筠及其政治生涯》,北京:社會科學文獻出版社,2011。

20. 李正宇撰:《敦煌史地新論》,臺北:新文豐出版公司,1996。

21. 呂思勉撰:《兩晉南北朝史》,上海:上海古籍出版社,1983。

22. 呂思勉撰:《隋唐五代史》,上海:上海古籍出版社,1984。

23. 榮新江撰:《歸義軍史研究——唐宋時代敦煌歷史考索》,上海:上海古籍出版社,1996。

24. 史念海撰:《中國古都和文化》,北京:中華書局,1998。

25. 史念海、曹爾琴撰:《中國歷代地理學家評傳》,濟南:山東教育出版社,1990。

26. 孫繼民撰:《唐代行軍制度研究》,臺北:文津出版社,1995。

27. 湯承業撰:《李德裕研究》,臺北:學生書局,1977。

28. 唐耕耦撰:《敦煌寺院會計文書研究》,臺北:新文豐出版公司,1997。

29. 唐長孺撰:《山居存稿續編》,北京:中華書局,2011。

30. 王國維撰:《觀堂集林》,北京:中華書局,1959。

31. 王景琳撰:《中國古代僧尼生活》,臺北:文津出版社,1992。

32. 王炎平撰:《牛李黨爭》,西安:西北大學出版社,1996。

33. 王永興撰:《陳門問學叢稿》,南昌:江西人民出版社,1993。

34. 王永興撰:《唐代前期軍事史略論稿》,北京:崑崙出版社,2003。

35. 王永興撰:《唐代前期西北軍事研究》,北京:中國社會科學出版社,1994。

36. 吳廷燮撰:《唐方鎮年表》,北京:中華書局,1980。

37. 吳宗國撰:《唐代科舉制度研究》,瀋陽:遼寧大學出版社,1986。

38. 【法】謝和耐撰:《五至十世紀中國社會佛教經濟概況》,西貢:法國遠東學院出版,1956。

39. 姚薇元撰:《北朝胡姓考》,北京:科學出版社,1958。

40. 袁剛撰:《隋唐中樞體制的發展演變》,臺北:文津出版社,1994。

41. 郁賢皓撰:《唐刺史考全編》,合肥:安徽大學出版社,2000。

42. 章群撰:《唐代蕃將研究》,臺北:聯經出版事業公司,1986。

43. 張采田撰:《玉谿生年譜會箋》,上海:上海古籍出版社,1983。

44. 張錫厚撰:《王梵志詩校輯》,北京:中華書局,1983。

45. 張一兵撰:《明堂制度研究》,北京:中華書局,2005。

46. 趙文潤、王雙懷撰:《武則天評傳》,西安:三秦出版社,2000。

47. 《中國軍事史》編寫組編:《中國軍事史》,北京:解放軍出版社,1985。

三、近人、今人論著(論文類)

1. 安彩鳳撰:《試論唐代朔方軍的歷史作用》,《唐都學刊》,1998年第2期。

2. 卞孝萱撰:《「牛李黨爭」正名》,《中國史研究》,1993年第3期。

3. 董理、李文才撰:《試評李栖筠的政治生涯——兼及李氏三代(栖筠、吉甫、德裕)政風之比較》,《陝西歷史博物館館刊》第12輯,西安:三秦出版社,2005。

4. 樊文禮撰:《唐朔方節度使略論》,《內蒙古大學學報》,1988年第3期。

5. 馮培紅撰:《唐五代敦煌地區的酒行、酒戶和酒司》,《青海社會科學》,2001年第1期。

6. 高國藩撰:《敦煌唐宋時代酒文化考述》,《西夏研究》,2011年第4期。

7. 黃永年撰:《唐肅宗即位前的政治地位和肅代兩朝中樞政局》,《唐史研究會論文集》,西安,陝西人民出版社,1983。

8. 孔祥軍撰:《唐代「北門學士」新探》,《武則天與廣元》,北京:文物出版社,2014。

9. 李方撰:《唐李元規墓誌所見的北門學士》,《文物》,1992年第9期。

10. 李鴻賓撰:《僕固懷恩充任朔方節度使及其反唐諸問題——兼論肅代之際朔方軍變化及唐廷對策》,《民大史學》第1輯,北京:中央民族大學出版社,1996。

11. 李鴻賓撰:《李懷光之叛與中唐政局——兼論朔方軍的變化》,《民大史學》第2輯,北京:民族出版社,1998。

12. 李鴻賓撰:《羈縻府州與唐朝朔方軍的設立》,《中央民族大學學報》,1998年第3期。

13. 李鴻賓撰：《朔方軍的建置發展與胡兵蕃將》，《北大史學》第 5 輯，北京：北京大學出版社，1998。

14. 李鴻賓撰：《論唐德宗時期朔方軍的改制與政治走向》，《中央民族大學'97學術研討會獲獎論文學術論文集》，北京：中央民族大學出版社，1998。

15. 李鴻賓撰：《唐朝後期的朔方軍及其走向——兼論穆宗至宣宗時期的政治形勢及其矛盾的轉化》，《法門寺文化研究通訊》第 13 期，陝西扶風 1998 年。

16. 李鴻賓撰：《唐朝後期的朔方軍與西北邊防格局的轉變——以德、順、憲三朝爲例》，《唐研究》第五卷，北京：北京大學出版社，1999。

17. 李鴻賓撰：《東突厥的復興與唐朝朔方軍的設置——兼論唐朝控制北部邊地的方式及其轉化》，《民族史研究》第 1 輯，北京：民族出版社，1999。

18. 李樹桐撰：《唐代帝位繼承研究》，《唐代研究論集》第一輯，臺北：新文豐出版公司，1992。

19. 李文才撰：《讀〈太平廣記〉卷二七七「代宗」條引〈杜陽雜編〉——兼論唐玄宗與李輔國之死》，《文史》，2003 年第 4 輯。

20. 李文才撰：《關於吳湘案的幾點考釋》，《揚州師院學報》，1995 年第 4 期。

21. 李文才撰：《「會昌之政」研究》，陝西師範大學歷史學碩士學位論文，1995年。

22. 李文才撰：《論唐代河西、隴右、朔方三節度使的軍事地位及其成因》，《陝西師範大學學報》2012 年第 3 期。

23. 李文才撰：《試論赤水軍的軍事地位及其成因》，《唐史論叢》第 14 輯，西安：陝西師範大學出版總社有限公司，2012。

24. 李文才撰：《試論會昌時期的吏治建設》，《中國史研究》，1997 年第 1 期。

25. 李文才撰：《試論〈元和郡縣圖志〉的成就及特點》，《江蘇科技大學學報》，2006 年第 1 期。

26. 李文才撰：《試析唐代贊皇李氏之門風——以李栖筠、李吉甫、李德裕政風之比較爲中心》，《揚州大學學報》，2005 年第 5 期。

27. 李文才撰：《隋煬帝三征高麗的背景》，《江漢論壇》，2005 年第 3 期。

28. 李文才撰：《晚唐五代沙州淨土寺相關籍帳文書試釋》，《寒山寺佛學》第 8 輯，蘭州：甘肅人民出版社，2013。

29. 李文才撰：《武德、貞觀時期明堂興造諸問題的討論》，《中華歷史與傳統文化論叢》第 1 輯，北京：中國社會科學出版社，2015。

30. 李文才、王琪撰：《試論唐高宗龍朔三年「移宮」的原因及影響》，《陝西歷史博物館館刊》第 20 輯，西安：三秦出版社，2013。

31. 李永寧撰：《敦煌莫高窟碑文錄及其相關問題（一）》，《敦煌研究》（創刊號），1983 年第 1 期。

32. 李正宇撰：《晚唐至北宋敦煌僧尼普聽飲酒——敦煌世俗佛教系列研究之二》，《敦煌研究》2005 年第 3 期。

33. 李宗俊撰：《唐代安北單于二都護府再考》，《中國史研究》，2009 年第 2 期。

34. 劉健明撰：《論北門學士》，《中國唐史學會論文集》，西安：三秦出版社，1989。

35. 陸離撰：《吐蕃統治時期敦煌釀酒業簡論》，《青海民族學院學報》，2004 年第 1 期。

36. 陸巍、張秀芝、吳寶魯撰：《唐九成宮夏季氣溫的重建》，《考古》，1998 年第 1 期。

37. 馬得志撰：《唐代長安與洛陽》，《考古》，1982 年第 6 期。

38. 【日】那波利貞撰：《梁戶考》，《支那佛教史學》第二卷第一、二、四號，1938 年。

39. 潘春輝撰：《晚唐五代敦煌僧尼飲酒原因考》，《青海社會科學》，2003 年第 4 期。

40. 【日】仁井田陞撰：《唐末五代敦煌寺戶佃戶有關文書——關於人身不自由的規定》，《中國法制史研究》第三部，東京：東京大學東洋文化研究所，1962。

41. 任士英、朱士光撰：《從隋、唐長安城看中國古代都城空間演變的功能趨向性特徵》，《中國歷史地理論叢》，2005 年第 4 期。

42. 【法】沙畹撰：《中亞的十種漢文碑銘》（Ed. Chavannes, Dix inscription chinoises de l' Asie Central）巴黎，1902 年。

43. 施萍婷撰：《本所藏〈酒帳〉研究》，《敦煌研究》（創刊號），1983 年第 1 期。

44. 石璋如撰：《敦煌千佛洞遺碑及其相關的石窟考》，《中央研究院歷史語言研究所集刊》第 34 本上冊，1962 年。

45. 蘇萬青撰：《〈楊太真外傳〉考索》，《古代文獻研究集林》第三集，西安：陝西師範大學出版社，1995。

46. 【日】藤枝晃撰：《沙州歸義軍節度使始末》，《東方學報》第 12 冊第 3、4 分冊，第 13 冊第 1、2 分冊，京都，1942～1943 年。

47. 王吉林撰：《唐代的朔方軍與神策軍》，《第一屆國際唐代學術會議論文集》，臺北：臺灣唐代研究學者聯誼會，1989 年。

48. 王永興撰：《試論唐代前期的河西節度使》，《國學研究》第 2 卷，北京：北京大學出版社，1994。

49. 魏道明撰：《論唐代的虛估與實估》，《中國經濟史研究》，2002 年第 4 期。

50. 烏廷玉撰：《唐代傑出的政治家李德裕》,《唐史研究會論文集》,西安：陝西人民出版社,1983。

51. 吳繼芬撰：《唐代朔方軍之研究》,臺灣政治大學邊政研究所碩士學位論文,1987 年。

52. 吳煒、田桂棠撰：《江蘇揚州唐五代墓誌簡介》,未刊稿。

53. 楊麗娟撰：《新見揚州青溪舊屋劉氏藏書目錄》,《揚州文化研究論叢》第六輯,揚州：廣陵書社,2008。

54. 袁剛撰：《會昌毀佛和李德裕的政治改革》,《中國史研究》,1988 年第 4 期。

55. 鄭炳林、魏迎春撰：《晚唐五代敦煌佛教教團僧尼違戒——以飲酒爲中心的探討》,《敦煌學輯刊》,2007 年第 4 期。

56. 周建國撰：《李德裕與牛李黨爭考述》,《唐研究》第五卷,北京：北京大學出版社,1999。

57.【日】竺沙雅章撰：《論敦煌的寺戶》,《史林》第 44 卷第 5 期,1961 年。

四、近人、今人論著（工具書類）

1. 陳垣著：《二十史朔閏表》,北京：中華書局,1962。

2. 丁福保主編：《佛學大辭典》,北京：文物出版社,1984。

3. 廣東・廣西・湖南・河南辭源修訂組、商務印書館編輯部編：《辭源》,北京：商務印書館,2009。

4. 漢語大字典編輯委員會編：《漢語大字典》,武漢：湖北辭書出版社、(成都：)四川辭書出版社,1986。

5. 羅竹風主編：《漢語大詞典》,上海：上海辭書出版社,1986。

6. 季羨林主編：《敦煌學大辭典》,上海：上海辭書出版社,1998。

7. 任繼愈主編：《佛教大辭典》,南京：江蘇古籍出版社,2002。

8. 譚其驤主編：《中國歷史地圖集》(第五冊),北京：中國地圖出版社,1982。

後　記

　　自 1992 年到陝西師範大學攻讀隋唐史專業碩士學位，我就和隋唐史結下了不解之緣，其後的二十多年時間裏，儘管學術研究方向曾有所調整，但隋唐史始終是我重點關注的學術領域之一。2004 年到揚州大學工作，迄今已經十年有餘，在這十餘年裏我一直從事魏晉南北朝史、隋唐史的教學研究工作。十多年的蹉跎歲月，值得回味的事情頗有一些，就我個人而言，黑髮之間已不經意增添了些許白髮，從而立之年跨入不惑之歲，歲月真是不饒人啊。

　　十餘年裏，學校發生了很大變化，中國發生了很大變化，世界也發生了很大變化。冷暖自知，最讓我有切身之感的，還是學術環境所發生的變化，就如同中國的社會和自然環境一樣，學術生態的惡化也呈加速趨勢。且不說大學生、研究生越來越沒有讀書的耐心和興趣，早就多如牛毛的所謂教授、學者，又有幾人能夠真正靜心於學問之研治？從前還有所謂「學而優則仕」一說，如今早就被「官大學問大」取而代之。若你無心或無力於治學，又想當教授，那最佳途徑就是先做院長、處長，一旦混上個某官某長，且不說教授的名號很快就有，就是碩導、博導、帶頭人之類的頭銜也是接踵而至。於是，我們就看到了這樣的景象，端居書齋、潛心治學的教授，直如鳳毛麟角，日漸其少；「不學而有術」、「不作而名至」的官教授、僞教授，卻如過江之鯽，日漸其多，他們或遊走於會所宴席，或驅馳於官長府邸，或高談闊論、豪言壯語於講壇沙龍，或搖脣鼓舌於院長處長之競聘場……真是「術業有專攻」！彼等研究學術的時間越來越少，學問卻越來越大，甚至是無所不知、無所不能，一切學科都在其專業指導範圍！君不見，那左一個工程、右一個基地，那東一撥學術骨幹、西一撥學術帶頭人，疊床架屋，又有誰人不是某長、某

書記耶？據說，中國的學術研究，早就趕英超美，正處於空前發展繁榮的階段，端的讓人咋舌！

不敏如我，在學術研究的道路上至今仍是步履蹣跚，學業上既無突飛猛進之「力」，生活中亦乏擺平各色關係之「術」。唯有每日端坐數時，揣摩古人心得，久而久之，竟或不無一得。這本名爲《隋唐政治與文化研究論文集》的冊子，是近十餘年我在隋唐史研究領域所發表的部分學術論文之彙編，共收錄 21 篇論文，如今將它們結集整理，也算是對自己從事隋唐史研究所作的一個階段性總結。

在這 21 篇論文中，前兩篇屬於隋史範圍，其中第一篇《隋初北邊形勢及隋文帝之對策》，係當年攻讀碩士學位時的習作，但一直拖到我工作數年以後才公開發表，前後相距已十年有餘矣。《仁壽宮與隋文帝晚年政治之關係》一文，爲近年所撰寫，係應邀參加「2011 麟遊·中國第二屆九成宮學術研討會」，向大會提交的論文，當時曾在大會上做主題發言，因爲研究生張琛曾幫忙收集過資料，故後來發表時，也將其署名。其餘 19 篇論文均屬唐史範圍，全部完成於 2000 年以後，其中《唐高宗龍朔三年「移宮」之背景及影響》，係參加「2013 中國廣元·國際武則天學術研討會暨中國武則天研究會第十屆年會」時，所提交的論文，當時也在大會上做了主題發言，並同海內外學者進行了交流探討，後與研究生王琪聯名發表。圍繞河西節度使、朔方節度使立論的 4 篇文章，則是我對唐代西北地區軍事政治相關問題的探索之作，這也將是我未來幾年可能會重點關注的研究方向之一。關於沙州淨土寺的 3 篇文章，則是我近年研讀敦煌文獻，偶有所得而撰寫的學術論文，也是我在敦煌吐魯番學領域的嘗試之作，由於初涉敦煌學研究領域，故這些文章恐不免幼稚膚淺。和李吉甫、李德裕有關的 5 篇文章，則是我關於「贊皇李氏」學術探索的系列學術論文之組成部分，未來幾年我希望能夠在這方面做較爲系統的研究，其中《「吳湘之獄」再探討》一文，是對早年一篇相關論文的拓展，所以將它收入文集，目的之一是希望通過它提醒自己，在學術的道路上沒有捷徑可走，唯有耐心與持久，方爲治學之正途。《武德年間唐與突厥在馬邑的爭奪》一文，主要通過唐與突厥在馬邑地區的爭奪，探討馬邑對其時唐與突厥關係所造成的影響，進而分析唐初北部邊疆安全中的地緣構成等問題。《唐肅宗時期建寧王李倓之死的真相》一文，關注的是「安史之亂」初期唐朝統治集團內部的權力之爭，因爲研究生王琪曾幫助搜集史料，故當初公開發表時，也將其署

名於後。《唐玄宗的後宮政策及其承繼》一文，撰寫時間相對較早，最初是我為歷史學專業高年級學生開設《隋唐史研究專題》課程中的一個專題，因該文係在講稿基礎上成文，故行文措辭相對較為輕鬆，不似其它專題論文那樣略嫌枯燥。《武德、貞觀時期明堂興造問題的討論》、《明堂創制的構想與唐高宗的政治心態》、《田佚及其與夫人冀氏合祔墓誌銘考釋》三篇文章，完成時間最晚。其中《武德、貞觀時期明堂興造問題的討論》一文，是 2014 年夏參加東北大學「《中華歷史與傳統文化研究論叢》創刊學術討論會」時，所提交的參會論文，大約完成於 2014 年四、五月間，主要圍繞唐初武德、貞觀時期是否興造明堂、明堂形制、明堂告朔禮等問題展開討論；《明堂創制的構想與唐高宗的政治心態》，可視為前者的姊妹篇，圍繞唐高宗時期明堂創制的構想等相關問題，剖析唐高宗努力實現政治去貞觀化，以及他企圖通過明堂創制樹立明君聖主形象的政治心態。上述兩篇文章均以唐代明堂禮儀為研究對象，並涉及現實政治問題，以鄙見之淺陋，學界對此迄今並無專文探研，本人也自覺所論不無一得之見，故不懼淺薄之譏，今亦公之於眾。《田佚及其與夫人冀氏合祔墓誌銘考釋》一文，則是應揚州大學淮揚文化研究中心《淮揚文化研究輯刊》創刊所提交的論文，大致完成於 2014 年十一月，主要是對揚州出土的兩方唐代墓誌銘文進行考釋，在考鏡墓誌出土時間、條疏清季學人有關著錄說明的基礎上，對墓誌銘文所蘊含的歷史信息作全面解讀，寡見所及，學界迄今並無對此二誌進行研究之專文，以鄙之不敏，自忖相關考論，應該能夠經得起時間檢驗。

又是一年春來到，不知不覺間，又到了揚州煙花三月的時節，彌漫天空的，是片片飛舞的柳絮楊花，臨近學校的瘦西湖，已然是人山人海。在這春光燦然的日子裏，本書稿的整理修訂工作，也悄然接近了尾聲，或許在這個時候，我也該放下手中的鍵盤，去到那一片花海，尋那春意盎然了，因為春天萬物萌發，總是能夠給人們帶來許多希望。

值此春意盎然的美好時光，謹向臺島花木蘭文化出版社表達由衷的感謝，花木蘭文化出版社素以發掘傳統文化、弘揚民族學術為己任，所出版的大批學術著作，嘉惠海內外學林，筆者也是受惠者之一。如今拙撰能夠系列出版規劃，倍感榮耀，在此請允許我向高小娟社長、楊嘉樂博士、邱亞麗女士、許郁翎編輯表示深深的敬意和衷心的感謝！其次，謹向業師黎虎先生致以崇高的敬意和誠摯的謝意，先生已屆杖朝之年，仍潛心學術並不斷推出創

新性學術成果，實令愚駑若我油然而生崇敬之情；先生於百忙之中不辭辛勞，賜予嘉序，不惟爲拙作增色，亦復令愚駑若我倍感榮耀！復次，謹向孔祥軍博士致以感謝，此番拙撰得以榮列花木蘭出版計劃，實得孔君推薦相助之功，孔君年富力強且專心於學術，成就斐然而用功益堅，實爲遠到之器，他日必有大成！復次，還要向我的妻子賀春燕女士表達感激之情，回首我們相識相伴的二十多年，無論我遇到多少困難，她始終如一地予以堅定支持，正是有了她在背後的默默付出和扶助，才有了我在學術道路上的堅守，人生不易，且行且珍惜，有妻若此，夫復何求！復次，還要感謝揚州大學圖書館文史研究至的尹一雋、姚海英、趙宣、吳庭宏、朱青五位老師，對於筆者所需研究資料，他們總是不厭其煩地幫助查閱，並且每日供備雲華之飲，助人解渴滌煩。謹向他們致以眞誠的感謝！在本書校對過程中，歷史學專業的鄭鵬程君幫忙核對了部分引文資料，鄭君風華正茂、才思敏捷，於文史之學興味頗濃，秋日將赴廈門大學深造，騏驥千里，積於跬步，其鄭君之謂乎？在此謹向他表達誠摯的謝意，並預祝他日學有所成！最後，謹向所有予以我眞誠幫助的朋友們，表示眞誠的感謝！

驀然回首，青春已逝，步履匆匆，追求不已。縱然前途風雨難料，我依然會堅持自己的選擇。因爲學術公器，不爲權而媚，不因勢而傾，不由術而捷，唯志慮忠純者可至也。況夫身邊尚有二三友朋，可言者歟！「路漫漫其修遠兮，吾將上下而求索」，在學術研究的道路上，雖窮而不悔，我願奉之以爲圭臬。

李文才
2015 年春於揚州瘦西湖畔玄素閣